기문둔갑 사주풀이

제2권 세기의 살인마들

기문둔갑

사주풀이

제2권
세기의 살인마들

제 35대 민강 손혜림 지음
예곡 공저

기문둔갑 사주풀이

제2권 세기의 살인마들

■ **책소개**

   제2권에서는 세계적으로 유명한 살인마들의 사주를 다루고자 한다.

   살인마들은 과연 명성에 맞게 유달리 흉격(凶格)과 삼형(三刑)이 많이 발견된다. 그러나 주의해야 할 점은, 이렇게 흉격과 삼형이 많다고 해서 반드시 살인마로 크는 것은 아니라는 것이다. 흉격과 삼형이 카리스마와 권위로 승화시킬 수 없는 환경에서 자라, 흉격이 살인으로 치환되어 쾌락을 느낀 일부 사람들이 살인마로 크는 것이다.

   1권에 나온 사람과 비슷한 사주를 가졌는데도 2권에 나온 사람도 있다. 본문에서 서술하겠지만, 예를 들면 살인마 리처드 라미레즈와 아이돌 가수 저스틴 비버의 사주는 놀라울 정도로 비슷하다. 유명 여배우 샤론 테이트를 죽인 미녀 살인마 수잔 앳킨스는 영화 〈트와일라잇〉 시리즈로 유명한 배우 크리스틴 스튜어트와 사주가 비슷하다. 또한 미디어 재벌 뉴스코퍼레이션의 루퍼트 머독과 여대생 살인마 에드먼드 캠퍼의 사주도 상당히 비슷하다.

흉격이 정말 흉한 사건으로 나타나느냐, 아니면 끼나 권위, 언론계의 재능으로 나타나느냐는 성장환경과 자신의 선택이 상당히 큰 비중을 차지한다. 자신이 속해야 할 독특한 세계를 가수의 길로 택하느냐, 언론계로 택하느냐, 살인으로 택하느냐에 따라, 그리고 자신이 택한 길을 걸어 나갈 환경이 되느냐에 따라 이렇게 극명하게 달라지는 것이다.

2권에 나오는 사람들은 실수로 살인을 저지른 사람들이 아닌, 확실한 악의를 갖고 자의로 살인한 사람들이다. 살인의 세계를 자신의 천명으로 선택한 사람들답게 대부분이 아무런 죄책감도 없고, 오히려 살인이 자신의 권리라고 생각하는 사이코들이다.

하지만 똑같은 사주를 가진 사람이 무조건 이렇게 천하의 몹쓸 사이코가 되는 것은 아니다. 아마도 이 책의 독자들 중에는 기문둔갑을 배워서 상담을 하려는 사람도 있을 것이다. 그러한 사람들이 이 책에서 본 살인마와 비슷한 사주를 가진 사람에게 "당신은 살인을 할 위험이 있으니 정신 치료를 받으세요"라고 말하지 않기를 바란다. 그러한 이유로 필자는, 만일 이 사주로 정상적인 삶을 살았다면 어떤 직업을 갖는 것이 좋을지에 대해서도 때때로 언급하도록 하겠다.

■ 일러두기

* 책에 나오는 시간들은 외국 사이트를 참고해 찾은 자료이며, 되도록 시간정확도 A등급 이상의 것을 해단하여 대부분이 A등급 이상의 정확도 높은 시간들이나, 해단 내용이 해당 인물과 많이 일치할 경우엔 B나 C등급의 시간도 간혹 해단하였다.
* 서머타임제 같은 외국의 시간적용제도의 특성을 고려하여 일광절약시간(DST, Daylight Saving Time), 전쟁타임(War Time, 미국은 제2차 세계대전 당시 한 시간 앞당긴 시간을 적용하였다), 더블 전쟁타임(Double War Time, 미국은 전쟁타임 당시 여름에는 전쟁타임에서 한 시간 더 앞당긴 시간을 적용하였다) 등을 계산하였다.
* 경계선에 걸린 시간의 경우, 해당 인물의 특징이 더욱 뚜렷하게 드러난 것을 임의로 선택하여 해단하였다. 경계선 전후의 특징이 확연히 다르지 않아서 판단하기 모호한 인물은 생략하기도 하였으나, 워런 버핏이나 케네디 대통령 같은 인물은 워낙 유명하므로 두 시간 모두 해단하였다.
* 기문둔갑 프로그램은 한국 나이를 기준으로 삼았기 때문에 해단할 때도 한국 나이를 기준으로 하였다. 대신 중요한 사건일 경우엔 나이 옆에 괄호를 치고 연도를 표기하였다.
* 기문학에서 생시(生時)는 '위도에 따라 설정된, 태어난 나라의 표준시간'을 말한다.

■ 머리말

사람은 태어나면서부터 명국(命局, 생년월일시)의 영향을 받는다. 이는 동서양이 별반 다르지 않다.

외국 사람들이라고 해서 별달리 살아가는 것도 아니므로 굳이 따로 해석해야 할 필요는 없다. 다만, 각 나라마다 표준시가 다르므로 각자가 태어난 나라의 표준시를 좇아 생년월일시가 정해진다는 사실에 유념해야 한다. 또한 각 나라마다 환경적 차이가 있으므로 같은 문제나 사건이라도 그 처리 방법이나 판단의 기준이 달라질 수는 있다.

그렇지만 세계 어느 나라를 막론하고 성공한 사람의 기준과 악행을 저지른 사람의 기준을 가늠하는 잣대는 같을 것이므로, 이러한 사람들의 사주가 기문명국(奇門命局)에서는 어떻게 나타나는지를 이번에 발간한 《기문둔갑 사주풀이 1·2》를 통해 조명해 보았다.

다만, 필자가 직접 상담한 사례자들이 아니므로, 외부에 알려진 생년월일시가 실제와 다를 경우에는 해설이 달라질 수는 있겠다.

이 책이 나오기까지 수고를 아끼지 않은 예곡에게 감사의 인사를 전한다.

단기 4349년(2016) 병신년(丙申年) 11월
민강(旼岡) 손혜림

■ 기문둔갑 포국을 보는 간단한 꿀팁!

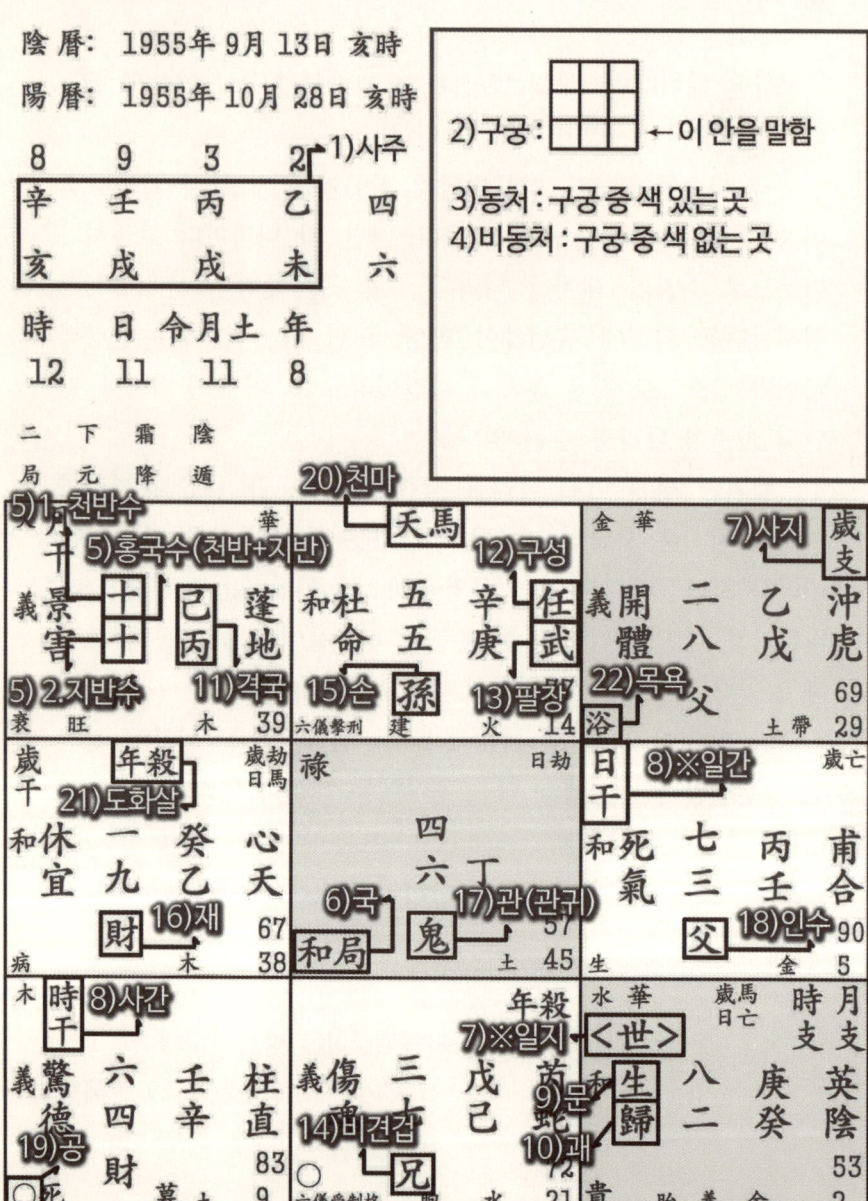

1) 사주(四柱)
   자신이 태어난 연월일시(年月日時)를 말한다. 사람은 이 사주의 영향을 받고 살아가게 되는데, 기문에서는 구궁을 세우는 기초에 해당한다.

2) 구궁(九宮)
   인간과 세상과의 공간(空間) 관계를 나타낸다.

3) 동처(動處)
   연월일시와 중궁에 해당하는 곳은 항상 서로 간에 교류하며 움직이므로, 이를 '동처'라 한다.

4) 비동처(非動處)
   동처를 제외한 모든 곳을 '비동처(혹은 정처)'라 하는데, 평상시에는 영향을 끼치지 않다가 해당 정처에 도래한 시기가 되면 동처와 합류하여 새로운 관계를 형성하게 된다.

5) 홍국수(洪局數) [자세한 해설☞ 338쪽 '홍국수' 해설]
   숫자(一六, 二七, 三八, 四九, 五十)로 표기. 중국 기문에는 없고 우리나라의 동국기문에만 있는 세계 유일의 오행법으로, 운(運)의 50% 이상을 주관한다. 특히 홍국수의 오기(五氣) 유통법은 제34대 전맥자이신 수봉 이기목 선생님께서 정립하신 독창적인 이론이다.
   1. 지반수(地盤數) : 인생의 전반기 운(1~45세)을 주관한다.
   2. 천반수(天盤數) : 인생의 후반기 운(46~90세)을 주관한다.
   - 목(木)은 삼(三)과 팔(八), 화(火)는 이(二)와 칠(七), 토(土)는 오(五)와 십(十), 금(金)은 사(四)와 구(九), 수(水)는 일(一)과 육(六)이다. 이중 홀수는 양(陽), 짝수는 음(陰)이다.

6) 국(局)

홍국수의 배열 방법에 따라 다섯 가지 유형으로 분류된다. 즉 화국(和局), 전국(戰局), 충국(冲局), 원진국(怨嗔局), 형파국(刑破局) 등이며 각 국(局)의 특성에 따른 특징이 나타난다.

7) 사지(四支) [자세한 해설☞ 337쪽 '육친' 해설]
   - 세지(歲支), 월지(月支), 일지(日支), 시지(時支)를 말한다. 육친(六親).
   - '세지(歲支)'는 부모, 우두머리, 직업궁, '월지(月支)'는 형제나 때로는 연인, '시지(時支)'는 자식, 새로운 것 등으로도 나타난다.
   ※ 일지(日支) : 세〈世〉로 표기. 일지의 지반수는 '자기 자신'을 나타내므로 가장 먼저 보며, 부부 가택궁도 상징한다.

8) 사간(四干)
   - 세간(歲干), 월간(月干), 일간(日干), 시간(時干)을 말한다.
   - 세간(歲干)은 부모, 월간(月干)은 형제, 시간(時干)은 자식으로도 나타난다.
   ※ 일간(日干) : 대외적인 자기 자신을 말한다. 사간 중 가장 큰 영향을 끼친다.

9) 문(門)

팔문(八門)은 천인지(天人地) 중에서 인(人)을 말하며, 대인관계를 나타낸다.

10) 괘(卦)

팔괘(八卦)는 천인지(天人地) 중에서 지(地)를 말하며, 자신이 처한 입지적 관계를 나타낸다. 문과 괘는 합쳐서 문괘(門卦)라고 한다.

11) 격국(格局) [자세한 해설☞ 339쪽 '격국' 해설]
육의(六儀) 삼기(三奇)를 말한다. 영향력이 큰 내격(內格)은 길격 14격과 흉격 34격이 있고, 영향력이 다소 적은 외격(外格)이 있다.

12) 구성(九星)
구성은 천인지(天人地) 중에서 천(天)을 말하며, 주로 직업궁에 참고한다.

13) 팔장(八將)
팔장은 구성(九星)의 신하로서 인간의 내면적인 성격을 파악하는 데 참고한다.

14) 비견겁(比肩劫)
자신과 같은 오행을 말한다. 동료, 친구, 경쟁자, 형제 등으로도 나타난다.

15) 손(孫)
자신이 생(生)해주는 오행을 말하며, 식신(食神)과 상관(傷官)이 있다. 자손, 아랫사람 등으로도 나타난다.

16) 재(財)
자신이 극(剋)하는 오행을 말하며, 정재(正財)와 편재(偏財)가 있다. 남자에게는 여자를 뜻하기도 한다.

17) 관(官)과 귀(鬼)
자신을 극(剋)하는 오행을 말하며, 정관(正官)과 편관(偏官)이 있다. 직장, 학교 등으로도 나타나며, 여자에게는 남자를 뜻하기도 한다.

18) 인수(印綬)

부(父)로 표기. 자신을 생(生)해주고 키워주는 오행을 말하며, 정인(正印)과 편인(偏印)이 있다. 인복, 부모복 등과 상관이 있다.

19) 공(空)

○으로 표기. 공망은 해당 자리의 흉은 증폭시키고 길은 감소시키며 문젯거리를 일으킨다.

20) 천마(天馬)

역마(驛馬)의 일종으로, 하늘을 날아다니는 말로서 주행(走行)의 폭이 가장 넓은 비행기에 해당한다. 외국 등을 상징한다.

21) 도화살(桃花殺)

연살(年殺)로 표기. 끼의 본산(本産)이며, 이성을 매료시키는 특징이 있다.

22) 목욕(沐浴)

욕(浴)으로 표기. 목욕(沐浴)은 도화살(桃花殺)의 일종이기도 하지만 패살(敗殺)에 해당하기도 한다.

■ **차례**

1부. 세계적인 연쇄살인마

- 맨슨 패밀리 - 만삭의 유명 여배우를 처참히 살해한 사이코 집단 ········ 21
- 테드 번디 - 엘리트 미남 사이코패스 캐릭터의 원형 ········ 43
- 앤드류 커내넌 - 베르사체를 살해한 베르사체의 연인? ······ 49
- 리처드 라미레즈 - 균등기회의 살인마, 나이트 스토커 ······ 59
- 제프리 다머 - 밀워키의 식인종 ········ 65
- 에드워드 게인 - 시체공예가 ········ 71
- 데니스 닐슨 - 남자 시체를 사랑한 남자 ········ 77
- 존 웨인 게이시 - 어릿광대 살인마 ········ 83
- 데이비드 버코위츠 - '샘의 아들 법'을 탄생시킨 악마의 아들 ········ 89
- 에드먼드 캠퍼 - 여대생 연쇄살인마 ········ 95
- 허버트 멀린 - 비조직적 살인마의 전형 ········ 103
- 로베르토 쥬코 - 부모를 죽인 패륜 연쇄살인마 ········ 109
- 윌리엄 보닌 - 고속도로 킬러 ········ 113
- 아치볼드 맥카파티 - 일곱 명을 죽이면 아들이 살아난다고 믿은 미친개 ········ 117
- 랜디 크래프트 - 희생자의 점수를 매긴 점수표 살인마 ···· 121
- 잔느 웨버 - 어린이 전문 여자 오우거 ········ 125
- 지안프랑코 스테바닌 - 머리를 다쳐 살인마가 된 테라조의 괴물 ········ 131
- 조셉 베쳐 - 프랑스의 잭 더 리퍼 ········ 135
- 페터 퀴르텐 - 뒤셀도르프의 뱀파이어 ········ 141
- 클리포드 올슨 - BC주의 짐승 ········ 147
- 존 에드워드 로빈슨 - 사이버 섹스 킬러 ········ 151
- 마르크 뒤트루 - 샤를루아의 괴물 ········ 155

- 찰스 올브라이트 - 안구 킬러 ··· 161
- 데이비드 카펜터 - 등산로 살인마 ··· 165
- 리처드 코팅햄 - 토르소 매춘부 살인 사건 ···························· 171
- 패트릭 키어니 - 쓰레기봉투 살인자 ····································· 175
- 알프레드 게이너 - 코카인 중독 강간 연쇄살인마 ················ 179
- 가이 조르주 - 바스티유의 야수 ·· 185
- 로버트 블랙 - 파렴치한 소아성애 살인마 ···························· 189
- 도나토 빌란차 - 매춘부 연쇄살인 ··· 193
- 리처드 팅글러 - 강도에서 살인까지 ····································· 197
- 이반 켈러 - 여성 노인만 노린, 살인 베개 ···························· 201

2부. 대량학살범과 테러범
- 티모시 맥베이 - 오클라호마 폭탄테러범 ····························· 207
- 안데르스 베링 브레이빅 - 노르웨이 최악의 테러범 ··········· 213
- 제임스 이건 홈즈 - '다크 나이트 라이즈' 총기난사 ··········· 219
- '유나바머' 테드 카진스키 - '더 테러 라이브'의 현실 버전, 테러범이 된 천재 ·· 225
- 모하메드 메라 - 프랑스 연쇄 총격테러 ······························· 231
- 제임스 휴버티 - 맥도날드 대학살 ·· 235
- 리처드 스펙 - 시카고 대학살 ·· 239
- 마틴 브라이언트 - 호주 역사상 최악의 대량학살범 ··········· 243
- 하워드 언러 - 무차별 총기난사 ·· 247

3부. 천사의 탈을 쓴 의료계의 악마
- 요제프 멩겔레 - 매드 사이언티스트 ···································· 253
- 마르셀 프티오 - 악마의 의사 ·· 259
- 도널드 하비 - 죽음의 천사 ·· 263
- 콜린 노리스 - 살인 간호사 ·· 267
- 크리스틴 말레브 - 안락사 전문 간호사 ······························· 271

4부. 희대의 살인마 커플
- 제럴드 갈레고와 샬린 갈레고 - 성노예 변태 킬러 부부·· 277
- 찰스 스타크웨더와 카릴 안 퓨게이트
  - 네브래스카의 연인 살인마 ················· 283
- 이안 브래디와 마이라 힌들리 - 커플 강간살인마 ········· 291
- 폴 베르나르도와 칼라 호몰카 - 캐나다 변태 살인 부부·· 299

5부. 유명 연쇄살인 용의자
- 아론 코스민스키 - '잭 더 리퍼'의 가장 유력한 용의자 ····· 311
- 마리 베나르 - 완전범죄의 독살자 ··················· 317
- 피에트로 파찌니 - 카섹스 연인들만 죽인, 피렌체의 괴물 323
- 알버트 드살보 - 그린맨인 건 진짜,
  보스턴의 교살자인 건 가짜 ······················· 327

부록
- 기문둔갑 Q&A ································· 334
- 기문둔갑 기초지식 ····························· 337
- 태청궁 청구태학당(太淸宮 靑邱太學堂) 역대 전맥자 ········ 356
- 태청궁 청구태학당에서 개발한 기문둔갑 프로그램의 종류 358
- 태청궁 청구태학당 강의 안내 ······················· 360

1부
세계적인 연쇄살인마

맨슨 패밀리

Manson Family

만삭의 유명 여배우를 처참히 살해한 사이코 집단

　1969년 8월 9일, 미국 할리우드 비버리힐스 실로드라이버 10050번지에서 무시무시한 비명소리가 울려 퍼졌다. 그날, 다섯 명의 사람들이 처참하게 죽임을 당하였다. 그중 가장 유명한 피살자는 로만 폴란스키 감독의 아내이자 1960년대 최고의 미녀 배우 샤론 테이트였다. 세간의 주목을 받으며 한창 잘 나가던 그녀는 사건 당시 임신 8개월이었다.

　그 자리에는 커피 제조회사 폴거의 상속녀 아비게일 폴거와 그녀의 애인인 영화 제작자 워지시에치 프라이코스키, 헤어 디자이너 J. 세브링, 시중드는 소년 스티븐 패런트 등이 있었다. 그들 모두 총탄과 칼질로 잔인하게 살해당하였다.

　이것은 히피 집단 맨슨 패밀리가 일으킨, 그 유명한 '폴란스키가 살인 사건'이다.

　이들은 원래 음반 제작자가 찰스 맨슨의 데모 테이프를 혹평했다는 이유로, 그에게 복수하기 위해 저택에 침입한 것이었다. 하지만 그 음반 제작자는 이미 다른 곳으로 이사를 가버렸고, 폴란스키 감독이 그 집으로 이사 와서 살고 있었다. 재수 없게도 잘못 이사 온 탓에 변고를 당한 것이다. 덕분에 맨슨 패밀리는 연쇄살인으로는 극히 드물게 세계적인 유명인을 잔혹하게 죽이게 되었다.

마지막 피해자인 샤론 테이트가 "뱃속의 아기라도 살려 달라"고 빌자, 열렬한 맨슨 광신도로 고작 스물한 살이었던 수잔 앳킨스는 "넌 살아 봐야 소용없어. 죽어서 더 쓸모 있을 거야"라고 하면서 16번의 칼질로 임신 8개월의 그녀를 무참하게 난도질해 죽였다.

 직접 살인에 가담하지 않고 이들을 뒤에서 조종한 인물은 찰스 맨슨이었다. 이 끔찍한 살인 사건을 저지른 이들은 찰스 맨슨을 무조건적으로 숭배하는 광신도 집단이었다.

 그럼, 맨슨 패밀리의 사주를 살펴보도록 하자.

奇門

陰曆: 1934年 10月 6日 申時
陽曆: 1934年 11月 12日 申時

5	4	2	1	
戊	丁	乙	甲	三
申	亥	亥	戌	八
時	日	令月	水年	
9	12	12	11	

九局　中元　立冬　陰遁

찰스 맨슨
(Charles Milles Manson)

Born on   12 November 1934
        at 16:40 (= 4:40 PM)
Place   Cincinnati, Ohio,
          39n10, 84w27
Timezone EST h5w
          (is standard time)

火 歲亡 和 日馬 休 九 戊 英蛇 命 二 癸 鬼 死墓　　　64 　　　　　木 37	時干 制 開 四 壬 禽直 祿 害 七 戊 　　官 　　　　　　79 ○病　　　　火 22	金華 迫 杜 一 庚 時支柱天 氣 十 丙 　　父 　　　　　　73 ○旺衰　　　土 34
日干 義 景 十 癸 甫陰 魂 一 丁 　　孫 　　　　　　72 胞　　　　　木 35	伏日亡 三 八 壬 　　財 　　　　　　55 戰局　　　　土 45	和 生 六 辛 心地 體 五 庚 　　父 　　　　　　90 建　　　　　金 9
木 歲干 迫 傷 五 丁 沖合 歸 六 己 　　孫 　　　　　　84 胎養　　　　土 15	月干 年殺 歲馬 和 驚 二 己 任虎 宜 九 乙 　　兄 　　　　　　75 生　　　　　水 31	水 <世> 華 和 死 七 乙 歲支蓬武 德 四 辛 月支 　　貴 　　　　　　52 浴　　　帶　金 4

24 1부 세계적인 연쇄살인마

① 찰스 맨슨

맨슨 패밀리의 리더, 찰스 맨슨의 사주다.

그의 사주에서 가장 먼저 눈에 띄는 것은 청룡도주(青龍逃走, 청룡이 백호의 등을 타고 도망가는 격), 즉 을가신(乙加辛)의 흉격(凶格)이다. 이는 4대 흉격 중 하나로, 인망가패·패가망신 등의 흉흉한 사건을 일으킬 수 있다.

그다음으로 눈에 띄는 것은 일간(日干)에 있는 등사요교(螣蛇妖嬌), 즉 계가정(癸加丁)의 흉격이다. 역시 4대 흉격 중 하나인 등사요교는 요사스러움과 사기꾼 기질의 최고봉이다.

현대에 와서 이 흉격은 재능 있는 방송 연출자(PD)나 진행자(MC) 등에게서 발견되기도 하고, 예술가에게서 발견되기도 한다. 이 점으로 봐서는 등사요교가 창조적 재능으로 발현될 수도 있는 것으로 짐작된다. 하지만 발현되지 않은 등사요교는 가장 음란하고 흉악한 흉격이다.

기문둔갑에서는 세지(歲支)·일지(日支)·일간에 흉격이 있고, 홍국수(洪局數)가 금목충(金木冲)이나 수화충(水火冲)이 될 경우 정신적 문제가 있을 가능성이 큰 것으로 본다. 맨슨의 사주에는 세지·일지·일간 모두에, 보통 흉격도 아니고 기문둔갑 흉격들 중에서 최고로 치는 4대 흉격이 두 개나 들어 있다. 거기에 금목

충과 수화충이 모두 있다. 정신적 이상이 있을 조건을 하나도 빠짐없이 넘치게 충분히 가지고 있다. 한마디로 사주상으로도 제대로 미친놈이 맞다.

특히 등사요교는 사기꾼 기질이 아주 풍부하다. 재밌는 점은 등사요교를 제외하고도 끼가 대단히 많다는 것이다. 도화살(桃花殺=年殺)과 욕(浴)끼를 타고 있어서 연예인스러운 재능이 아주 많다.

물론 이러한 사주를 가졌다 해서 무조건 사기꾼이나 살인마로 성장하는 것은 아니며, 그렇잖아도 흉격이 많은 바탕의 사주로 유년 시절이 불우하면 미친 정도가 더욱 증폭되는 것으로 보인다. 정상적인 부모 밑에서 올바르게 크면서 방송계로 진출했을 경우, 제법 잘나가는 예능방송 PD나 B급 저질 프로그램을 이끄는 인기 진행자가 됐을 수도 있다. 아마도 이러한 사기꾼 기질과 방송계 쪽의 끼와 재능, 카리스마가 맨슨 패밀리를 이룩하여, 패밀리들을 광신도로 만드는 데 큰 도움이 됐을 것이다.

도화살도 있어서 이성을 끄는 매력이 있고, 끼가 정말 지나치게 많다. 연예인 중에서도 이 정도로 끼가 많은 사람은 드물다. 이 요사스러운 난잡한 끼가 연예인으로 승화되지 못했으니, 사기꾼 기질과 함께 아주 난잡한 사생활로 변질되었다. 이 요사스럽고 음란한 징조와 지나친 끼와 도화살 등으로 인해서인지, 소년원 시절과 수감 시절부터 성적 학대의 표적이 되었다고 알려져 있다. 등사요교는 원래 이성 문제로 많이 발생하는데, 이렇게 성적 학대로도 나타날 수 있다.

독특한 것은 어떤 일이든 극단적으로 가지 않는다는 사지화살(四支化殺)의 귀인격(貴人格)이 있다는 점이다. 이러한 귀격이 잘못 풀리면 남들보다 높은, 남들보다 특별한 존재가 되고 싶다는 욕망을 잘못된 방향으로 표출시킬 수 있음을 볼 수 있다. 극단적으로는 가지 않는다는 사지화살의 특성상, 운 좋게 사형을 면한 것도 이러한 사지화살의 작용이 있었을 것이다.

　원래의 정상적인 사지화살은 끔찍한 것이나 잔인한 것, 비참한 것을 보기 싫어하는 경향이 있다. 반면 청룡도주, 백호창광(白虎猖狂) 등의 흉격은 이러한 것을 즐기거나 가까이 하는 경향이 있다. 이 두 경향이 한데 있을 경우, 결국 흉한 쪽이 이기는 것을 확인해 볼 수 있다.

　저 유명한 로만 폴란스키가 살인 사건 때 맨슨은 추종자들에게 살인을 교사했고, 본인은 그 자리에 있지 않았다. 이것으로 보아 '사지화살로 인해 죽이는 행동 자체는 유쾌하지 않아서 직접 살인까지는 저지르지 않았을 수도 있나' 하는 생각을 해보았다. 하지만 단독 행동으로 직접 살인을 저지른 테드 번디 역시 사지화살임을 보고, 사지화살이 살인자에게 적용될 경우엔 살인 대상의 수준을 볼 수도 있다는 생각을 하게 되었다.

　물론 이 두 사례만 보고 그렇다고 정의 내릴 수는 없겠지만, 사지화살이라는 공통점을 가진 맨슨과 번디는 살해 대상이 창녀나 노숙자가 아닌 수준 높은 사람들이었다는 점, 그리하여 살인 숫자나 정도에 비해 여타 연쇄살인마보다 훨씬 어마어마한 유명세를 획득했다는 점에서 비슷한 모습을 띤다. 이것은 뒤에 나올 테드 번디의 사주 해단에서 다시 이야기하도록 하자.

　마지막으로 눈여겨본 점은 중궁재(中宮財)를 충하는 기질이다. 이것은 영조의 사주에서도 발견된 바 있는, 군왕으로서 신하를 부리는 재능과 신하될 재목을 알아보는 기질로 나타나기

찰스 맨슨

도 한다. 참 엉뚱하게도 이 기질은 맨슨에게서, 자신의 충실한 수족이 되어 움직일 사람을 알아보고 제대로 홀려서 광신도로 만들어 버리는 기질로 나타났다. 그리고 재밌는 사실은 폴란스키가 살인 사건을 도맡아 처리한 정예 광신도들이 모두 충직한 신하의 기질을 갖고 있다는 점이다.

奇門

陰曆: 1948年 3月 29日 子時
陽曆: 1948年 5月 7日 子時

7	9	4	5	
庚	壬	丁	戊	七
子	辰	巳	子	四
時	日	令月	火年	
1	5	6	1	

七局 下元 立夏 陽遁

수잔 앳킨스
(Susan Atkins)

Born on 7 May 1948
       at 01:03 (= 01:03 AM)
Place San Gabriel, California,
       34n06, 118w06
Timezone PDT h7w
       (is daylight saving time)

火 <世> 月 月	時	歲馬	金	日	歲亡
傷 三 乙 心	杜 八 辛 蓬		開 五 己 任		
歸 八 丁 天	德 三 庚 直		宜 六 壬 蛇		
48	71		57		
貴 浴 帶 木 8	六儀擊刑 ○生 兄 火 27		義 六儀擊刑 ○祿 父 胎 養 土 38		
迫 驚 四 戊 柱		七 丙	歲 天馬 年		
體 七 癸 地		四	干 生 癸 沖		
52		鬼	和 魂 十 戊 陰		
六儀擊刑 建 孫 木 45		90 12 戰局 土		82 胞 十 父 金 22	
木 制 九 壬 芮		時 歲	水		
休 二 己 雀		景 六 庚 英	死 一 丁 甫		
命		氣 五 辛 陳	害 十 乙 合		
旺 衰 孫 土 80 24		63 病 財 水 32	死 墓 財 金 83 21		

② 수잔 앳킨스

수잔 앳킨스는 찰스 맨슨의 광신도로, 만삭의 샤론 테이트가 뱃속의 아기라도 살려 달라고 애원하자 "넌 죽어서 더 쓸모 있을 것"이라는 말을 남기며 직접 16번의 난도질로 살해한 장본인이다. 또한 찰스 맨슨이 자신의 데모 테이프를 혹평한 음반 제작자에게 이를 갈고 있을 때 직접 음반 제작자의 주소를  수소문해서 이미 그가 이사 간 줄도 모르고 맨슨에게 알려 준, 한마디로 폴란스키 살인 사건의 원흉을 제공한 인물이기도 하다. 물론 이 모든 사건을 일으킨, 진정한 리더이자 지시자는 찰스 맨슨이었지만 말이다.

수잔 앳킨스는 중궁관귀(中宮官鬼)에게 얻어맞는 사주로, 전형적인 남이 시키는 일 잘하는 유형의 사람이다. 소속 기관이 있어야만 안정감과 편안함을 느끼는데, 그 소속 기관을 잘못 골라서 비극이 된 사례라고 할 수 있다. 어떤 남자를 만나고 어떤 남자에게 꽂히느냐에 따라, 또 어떤 곳에 소속되느냐에 따라 인생의 경로가 결정되는, 사실상 그것이 운명을 좌우하는 사주라고 할 수 있을 것이다.

앳킨스는 그 아름다운 용모로도 꽤 유명하다. 청순한 얼굴에 아름다운 몸매를 가진, 갓 스무 살의 미녀가 너무나 죄책감 없이 자신이 한 짓을 자랑하고 떠벌려서 많은 사람들을 놀라게 하였다.

앳킨스는 사주에서 보건대, 연예계 활동을 해도 될 정도로 충분한 끼와 매력을 갖고 있다. 연예인들 중에서는 크리스틴 스튜어트와 사주가 상당히 비슷하다. 물론 외모가 다르고 배경과 환경이 다르니, 연예인이 되었더라도 무조건 크리스틴 스튜어트처럼 된다는 보장은 없다. 그래도 유년운을 잘 만나고 부모를 잘 만나서 흘러갔으면 끼와 매력을 발휘해 제법 유명세를 얻는 연예인이 되었을 가능성도 있긴 한데, 잘못 흘러가 엉뚱한 유명세를 얻었다.

원래부터도 유명세에 대한 욕망이 있었을 수 있고, 그런 맥락에서 철없는 나이에 자신이 한 짓이 얼마나 끔찍한 짓인 줄도 모르고 자랑스럽게 생각하여 자랑하고 다녔을 수 있다. 연예인스러운 끼와 탤런트적인 사교성이 뛰어난데, 그러한 재능이 맨슨 패밀리를 유지하기 위한 성적 접대나 문란한 생활 등으로 잘못 발휘되었다.

실제 인터뷰를 찾아보면 그녀의 연예인 기질을 꽤 볼 수 있다. 범죄 직후의 영상만 봐도 그냥 철없는 여자아이로 보이는데, 거기서도 자신의 대답이 얼마나 멋져 보일까에 집중하는 듯한 모습을 엿볼 수 있다. 대표적으로 샤론 테이트를 죽이기 전에 자신이 한 말을 거리낌 없이 발설하는 행동이라든가, 사람을 여덟 명씩이나 살해한 것이 중요한 일이라고 생각지 않느냐는 질문에 "네이팜탄으로 수천 명을 죽인 일은 중요했나요?"라고 반문한 일화를 봐도 그렇다. 이 말은 거의 명언처럼 유명해지기도 하였다. 아마도 이것은 자신의 철학에 근거해 논리적으로 생

각해서 한 말이라기보다는 자기가 한 말이 얼마나 멋져 보일 수 있는지에 집중해서 한 말일 것이다. 이 사실만 봐도 앳킨스의 연예인 기질을 알 수 있다.

감옥에 수감된 후 몇 년 또는 수십 년이 지난 뒤의 방송 인터뷰를 보면, 그 와중에도 화장을 하고 머리와 손톱도 완벽하게 손질한 모습으로 화면에 나오는 것을 볼 수 있다. 이러저러한 점을 고려해 볼 때, 폴란스키가 살인 사건은 연예인 기질이 있는 철없는 여자아이가 소속될 곳과 숭배할 대상을 잘못 선택해 저지른 짓인 듯하다. 물론 그렇다 할지라도 그녀가 한 짓이 덜 끔찍하다는 이야기는 아니다.

중궁관귀에게 얻어맞는 여자는 중궁재를 치는 남자와 사랑에 빠지는 것을 종종 볼 수 있다. 앞서 말한 크리스틴 스튜어트만 하더라도 중궁재를 치는 사주를 가진 로버트 패틴슨과 오랫동안 사귀었다(이 둘의 사주 해단은 '손혜림 블로그'에서 볼 수 있다). 찰스 맨슨이 중궁재를 치는 것으로 보아선 패밀리에 속해 있을 동안 앳킨스는 맨슨에게 운명적 끌림을 느끼며, 사랑에 가깝게 진심으로 숭배했을 것이다.

소속 기관을 감옥으로 바꾼 후 그녀는 소속 기관에 충실한 사주의 특성상 교화 프로그램에 성실하게 참여하고, 결국 숭배할 대상을 종교로 바꾸었다. 이후 깊이 참회하여 180도 다른 사람이 되었다고 알려져 있다.

유년기 운을 보면 특히 10세 전후로 매우 힘들었고, 이후 10대 시설을 매우 힘들게 보냈음을 알 수 있다. 가정환경이 매우 좋은 사람도 이러한 시기에 대단히 힘들어 하는 모습을 본 적이 있는데, 가정환경이 불우했던 앳킨스로서는 삶을 포기하고 싶을 정도로 힘든 시기였을 것이다. 그러다 삶을 포기하지 않도록 해주는 소속처를 골라잡을 것이 하필 맨슨 패밀리였다.

더군다나 범죄를 저지른 시기가 22세(1969년)의 인수운(印綬運 = 父) 때로, 스스로는 패밀리 안에서 소속감을 크게 느끼며 충성하는 시기였고 우두머리이자 남자인 맨슨에게서 사랑을 받는다고 느꼈던 시기였을 수 있다. 이 해에 실제 맨슨이 가장 총애했던 사람은 앳킨스였을 수도 있다. 인수운은 여자 스스로도 남자에게 사랑받으려 애쓰는 시기이므로, 이러한 기질이 맨슨의 사랑을 독차지하기 위한 일환으로 폴란스키 살인 사건에 적극적으로 개입한 모습으로 잘못 나타난 것일 수 있다.

결국 앳킨스는 어찌 보면 크리스틴 스튜어트와도 비슷하다고 볼 수 있는 사주를 가졌지만, 끔찍한 범죄를 저질러 잘못된 유명세를 얻고 평생을 감옥에 갇혀 살다 죽었다.

감옥 안에서도 앳킨스의 끼와 매력은 계속 발휘되어, 특히 33~38세 때의 인수운에 결혼까지 한 것으로 알려져 있다. 물론 감옥에서 한 결혼이라 정상적인 의미의 결혼은 아니었을 것이고, 결국 이혼을 하였다. 수잔 앳킨스의 '외모'를 좋아했던 남자였다고 한다.

사주라는 것은 결국 자신이 처한 환경과 자신이 선택한 틀 안에서 그 흐름이 진행됨을 볼 수 있다. 수잔 앳킨스는 끔찍하게 불행한 환경 속에서 맨슨 패밀리라는 틀을 선택하였고, 범죄 집단 속에서 넘쳐나는 끼를 이상한 쪽으로 발휘하다가 잘못된 유명세를 얻는 것으로 흘러가고 말았다.

奇門

陰曆: 1945年 10月 28日 亥時
陽曆: 1945年 12月 2日 亥時

4	2	4	2	
丁	乙	丁	乙	三
亥	巳	亥	酉	四
時	日	令月水	年	
12	6	12	10	

二局 下元 小雪 陰遁

텍스 왓슨
(Charles "Tex" Watson)

Born on   2 December 1945
          at 21:05 (= 9:05 PM)
Place   Dallas, Texas,
        32n47, 96w48
Timezone   CST h6w
           (is standard time)

火 <世>				年殺		歲劫 日劫	金			歲馬 日馬
傷歸	九八	乙丙	沖陰	義德	四三兄	甫蛇 丙庚	死宜	一六父	庚戊	英直
			54			69			63	
浴	祿	帶	木 8	生		火 27	胎		養土	38
日干 迫	歲干 驚體	十七孫	辛乙	任合	時干	月干	三四鬼	丁	伏歲亡 伏日亡	天馬 制 杜魂 貴	六一父	歲支 戊壬	芮天
				62				90				80	
○建			木	45	怨嗔局			土 12		胞		金	22
木				華					水		時支	月支	
和 景命	五二孫	己辛	蓬虎	休氣	二五財	癸己	心武	開害	七十財	壬癸	柱地
			74			65			87		
○旺		裹土	24	病		水	32	死墓		金	21

34 1부 세계적인 연쇄살인마

③ 텍스 왓슨

텍스 왓슨의 사주는 최고의 회사원이나 최상의 충신에게서나 볼 수 있는 재생관인상생(財生官印相生)으로, 앞의 수잔 앳킨스보다도 훨씬 유능한 회사원의 사주를 갖고 있다.

유년기 운의 흐름을 보면 텍스 왓슨도 앳킨스와 비슷하게 흘러가서 10세 전후로 상당히 힘든 운을 만났다. 이후 10대 후반 시기도 꽤 힘들게 사는데, 특히 남자로서는 지저분한 여자운을 만나서 상당히 난잡한 이성관계 속에서 타락했을 것으로 생각된다.

안 좋은 쪽으로 무엇보다 중요한 점은 흉격이다. 일간의 자리를 보면 백호창광이라는 기문둔갑 최고의 흉격이, 그것도 구멍까지 뚫려 자리를 차지하고 있다. 이는 백호가 청룡의 머리 위에서 미쳐 날뛴다는 의미를 지닌 최고의 흉격이다. 흉이 구멍이 뚫리면 더욱 커지고 문괘가 나쁘면 더 커지는데, 구멍이 뚫리고 문괘가 나쁨을 볼 수 있다.

텍스 왓슨은 군왕이 중앙에 나타나 있고 백호창광이라는 신가을(辛加乙)의 최고 흉격을 지니고 있는데, 맨슨은 신하가 중앙에 나타나 있고 역시 4대 흉격 중 하나인 을가신(乙加辛)을 가지고 있다. 그러니 군왕과 신하로서 둘은 완전히 찰떡궁합이었을 것이다.

텍스 왓슨은 상생이 되는 사주이므로, 정신을 차리거나 환경이 조금만 괜찮았다면 다른 길로 갔을 수 있다.

텍스 왓슨의 경우 사주 흐름으로만 보면, 물론 백호창광이 나타나 있는 등 양상은 다르지만 그 흐름은 할리우드 스타 제니퍼 애니스톤과 비슷하게 보인다. 다만, 소속 세계로 할리우드를, 소속 기관으로 NBC 시트콤 〈프렌즈〉를 만난 애니스톤과 달리 왓슨은 자신의 끼를 발휘하며 소속할 세계로 히피 문화를, 소속 기관으로 맨슨 패밀리를 만난 것이다.

특히 왓슨이 가진, 4대 흉격 중 최고라 할 만한 백호창광격의 영향을 빠뜨릴 수 없다. 이 흉격으로 인해 그는 일찍부터 폭력에 노출되었을 것이고, 그 환경에 젖어 들어 폭력을 즐기고 모험을 꿈꾸는 성향이 되었을 수 있다. 사건 당시에도 그는 살인 자체를 즐겼을 가능성이 크다. 이러한 끼와 흉격을 제대로 올바르게 발휘해서 사진작가나 언론인이 되었다면, 안 좋은 사주를 이쪽으로 승화시켜 재능으로서 발휘했을 것이다.

재밌는 점은 텍스 왓슨의 사주는 앳킨스와 달리 상생이 되긴 하지만, 전체 모양새는 수잔 앳킨스와 상당히 비슷한 모양새라는 것이다. 관이 왕해서 우상으로 삼을 존재를 찾고 자신이 특별해질 수 있는 세계를 찾았을 것인데, 그 세계를 잘못 고른 것이 화근이라 하겠다.

원래는 찰스 맨슨이 모든 죄를 왓슨에게 뒤집어씌우려 했다고 한다. 하지만 왓슨은 군왕이 잘나갈 때는 충신이지만, 관인상생(官印相生) 특유의 굉장히 이기적인 면모도 갖고 있다. 왓슨 역시 앳킨스처럼 중궁관의 말 잘 듣는 충실한 신하이긴 하나, 관에 얻어맞는 앳킨스와는 달리 관인상생으로 손해 보지 않고 영악스럽다. 절대 호구처럼 죄를 뒤집어쓸 위인은 아니다.

관인상생답게 수감생활이 성실했다고 알려져 있으며, 앳킨스처럼 죄를 참회했다고 한다. 하지만 사주의 흉격이 굉장히 뚜렷해서, 맨슨 패밀리에 소속되지 않았더라도 흉격을 승화시킬 수 있는 일을 하지 않았다면 다른 범죄를 저질렀을 확률이 대단히 높다. 맨슨의 명령에 따르지 않고 단독으로 범행을 저질렀다면 오히려 굉장한 지능범이 되었을 수도 있다. 따라서 별로 영리하지 않은 맨슨을 만나 일찍 감옥에 간 게 사회를 위해서는 차라리 나았을 수도 있겠다.

텍스 왓슨

奇門

陰曆: 1947年 10月 21日 寅時
陽曆: 1947년 12月 3日 寅時

7	3	8	4
庚	丙	辛	丁	四
寅	辰	亥	亥	五
時	日	令月	年
3	5	水 12	12

七局　中元　大雪　陰遁

> 패트리샤 크렌빈켈
> (Patricia Krenwinkel)
>
> Born on   3 December 1947
>   at 04:41 (= 04:41 AM)
> Place   Los Angeles, California,
>   34n03, 118w15
> Timezone   PST h8w
>   (is standard time)

火 <世> 月干 華 迫 驚 十 辛 甫 歸 四 辛 陰 　　　　54 死墓　　　木　4 　　　　　　病	日干 歲劫 金 華 義 死 五 丙 英 德 　 九 丙 蛇 　　　　　　65 　　　　　　39 病　　　　火	歲劫 金 華 生 二 庚 禽 宜 二 癸 直 　　鬼 　　57 祿旺　　衰土 42
歲亡 日馬 傷 一 壬 沖 體 三 壬 合 　 財 　 55 胞　　木 45	時干 四 庚 五 　 父 　 90 和局　　土 9	年殺 開 七 戊 柱 魂 七 戊 天 　 官 　 78 建　　　金 22
木 制 休 六 乙 任 　 命 八 乙 虎 　 　 財 　 71 ○胎　養土 30	歲干 年殺 天馬 制 景 三 丁 蓬 　 氣 一 丁 武 　 　 孫 　 60 ○　生　　水 40	水日亡 月支 歲支 制 杜 八 己 心 　 害 六 己 地 　 貴浴 孫 　 86 帶金　　　　15

38　1부 세계적인 연쇄살인마

④ 패트리샤 크렌빈켈

마지막으로, 맨슨 패밀리가 저지른 폴란스키가 살인 사건에서 비교적 덜 유명한 멤버라 할 수 있는 패트리샤 크렌빌켈의 사주를 보자.

먼저 그는 중궁인수로, 윗사람을 매우 열심히 따르는 성향이다. 따라서 한 번 윗사람으로 선택한 사람은 웬만해서는 배신하지 않고 성실히 따르는 기질이 있다. 역시 충신 기질이 있다고 할 수 있다.

그런데 화국(和局)에 관(官)이 없어서 원래는 별로 튀고 싶어 하는 캐릭터도 아니고, 유명해지려는 욕구도 크게 없다.

다만, 패란(悖亂)의 흉격이 있어 세상을 뒤집고자 하는 반항아적 성격과 스스로 죄를 뒤집어쓴다는 신가신(辛加辛)의 자리 죄명(自罹罪命)의 흉격, 그리고 한 번 빠지면 못 헤어 나오는 외골수 성격을 가지고 있다. 이 패란의 흉격은 승화되지 못할 경우 정신증으로 올 수 있는 대표적인 정신질환 흉격이다.

10대 초반부터 사춘기가 와서 반항깨나 하다가 10대 후반에서 20대 초반에 소속할 곳을 간절히 찾는데, 이때 선택한 것이 하필 맨슨 패밀리였다는 점이 비극을 몰고 왔다. 흉격 중에서는 특히 이 패란격 때문에 세상에 반항하고 기존의 도덕적 관습을 무시할 수 있는 히피의 삶을 선택하고, 히피들 중에서도 유명한

패트리샤 크렌빈켈 39

맨슨 패밀리를 선택한 듯하다. 맨슨 패밀리의 짓거리들을 세상을 바꾸는 패란의 행동으로 착각하고 따랐을 것으로 보인다. 원래 패란격이 있는 사람은 기존 관습이나 관념을 개의치 않게 여기는 경향이 있다. 이것이 승화되면 새로운 것을 창조해 내는 디자이너의 재능으로 나타나나, 승화되지 않으면 기존의 도덕관념을 개무시하는 것으로 나타난다.

백호살(白虎殺)이 붙은 시기에 살인이 일어났다. 여러모로 흉한 징조는 꽤 나타나 있는 데다 맨슨이나 앳킨스처럼 나무와 금이 부딪히는 금목충을 하므로 징조도 있다. 의외로 말썽부리기 싫어하고 평화주의자가 많다는 화국이기는 하나, 뒤에 등장하는 인물들을 보면 화국의 연쇄살인마도 얼마든지 있기에 화국이라고 살인을 못할 것은 없다. 오히려 화국이 사회적으로 성공할 확률이 높듯이, 마음먹고 연쇄살인범이 되면 살인을 저지를 확률 또한 높다.

그래도 크렌빈켈은 이중 흉한 정도가 덜해, 실제 살인 현장에서는 가장 겉도는 인물이 아니었을까 한다. 그렇다고 끔찍한 살인 사건에 동참한 크렌빈켈의 죄가 결코 가벼워지는 것은 아니지만 말이다.

맨슨 패밀리의 사주를 모두 살펴보면서 재밌는 특징을 발견하였다.

먼저 마지막 멤버인 크렌빈켈을 포함해, 다들 끼가 많다. 대부분 연예인을 해도 될 법한 사주를 갖고 있다. 이들이 자신의 끼를 발휘할 방송국, 즉 소속처로 찰스 맨슨을 선택한 것이다.

그리고 모두 일간에 큰 흉격들을 가지고 있으며, 금과 나무가 부딪히는 금목충 기질이 있다. 흉격과 금목충 모두 정신적 문제를 뜻하며, 이것은 뒤에서 살펴볼 살인자들의 사주에서도 무수히 많이 나온다. 이러한 흉조와 연예인 기질이 겹쳐져, 자신이 연예인이 되지 못하자 유명 연예인을 죽이는 것으로 나타났다고도 볼 수 있다.

그런데 이렇게 끼가 넘치는 기질들은 연예인을 죽이지 않은, 다른 살인자들에게서도 종종 나타난다. 아마도 이러한 끼가 정신적인 이상 징후와 피폐한 환경 등과 합쳐질 때 살인이나 강간 등의 변태적인 욕구로도 나타나는 듯하다.

하긴, 연예인들을 보면 작품에서 수없이 죽고 죽이고 한다. 그렇게 작품으로 승화되지 못한 일부 끼들이 흉격과, 피폐한 환경과, 여러 이상 징후와 결합되어 살인자로 탄생하는 것이다.

물론 위의 문제들을 모두 가졌다 해서 반드시 살인자가 되는 것은 아니다. 골초들이 100퍼센트 폐암에 걸려 죽는 것이 아니듯이 말이다. 또는 담배는 구경도 못해 보고 살았는데도 폐암에 걸려 죽는 사람이 있을 수 있듯이, 비교적 좋은 사주에 들어가는데도 연쇄살인범이 되는 경우도 드물지만 존재한다. 골초지만 건강하게 장수하는 사람들도 흔히 있듯이, 깨지고 흉격 많은 사주로도 자신의 기질을 발휘하여 알맞은 일을 찾을 경우 크게 성공할 수도 있다.

특히 살인자들에게서 발견된 흉격들 중에는 기자나 사진작가, 미디어 재벌 등에게서도 나타나는 흉격이 있으니, 이러한 흉격들은 재능으로도 승화될 수 있음을 알 수 있다.

흉격을 승화시키지 못한 사람들, 특히 흉격의 영향을 많이 받는 일부 사람들이 살인자가 되었고, 보통은 환경이나 스트레스

패트리샤 크렌빈켈 41

등의 기타 영향이 있지만 드물게는 별 영향이 없는데 발병하기도 하는 듯하다. 마치 암 같은 질병이 그러하듯이 말이다.

그래도 이상 징후나 질병의 내력 등을 자세히 알면 발병률을 크게 낮추며 예방할 수 있을 것이고, 이러한 것이 바로 사주의 역할일 것이다.

테드 번디

Ted Bundy
엘리트 미남 사이코패스 캐릭터의 원형

奇門

陰曆: 1946年 11月 1日 亥時
陽曆: 1946年 11月 24日 亥時

8	9	6	3	
辛	壬	己	丙	八
亥	寅	亥	戌	二
時	日	令月	水年	
12	3	12	11	

八局　中元　小雪　陰遁

> 테드 번디
> (Ted Bundy,
> Theodore Robert Cowell)
>
> Born on   24 November 1946
>   at 22:35 (= 10:35 PM)
> Place   Burlington, Vermont,
>   44n29, 73w13
> Timezone   EST h5w
>   (is standard time)

火 日干 杜宜 禄○衰	四六財	戊壬 旺木	歲日 劫劫 任陰 63 26	和	傷魂 建	天馬 九一財	癸乙 火	沖蛇 90 8	金 義 浴	驚歸 帶	六四孫	壬丁 土	甫直 74 15
迫害 病	年殺 五五兄	丙癸 木	蓬合 68 20	時干 貴 和	八二父 局		辛 土	歲亡 日亡 59 28	迫 生	月干 景德	一九孫	乙己 金	英天 49 45
木 <世> 死氣 死墓 六儀擊刑	十十	庚戊 土	心虎 48 7	歲干 迫 生命 胞	七三官		己丙 水	柱武 81 11	水 華 義 休體 胎養	時支 二八鬼	月支 丁庚 金	歲支 芮地 51 36

44 1부 세계적인 연쇄살인마

세계적으로 가장 유명한 살인마이자, '엘리트에 매력적인 외모의 사이코패스 살인마' 캐릭터의 원형이라고 할 수 있는 테드 번디의 사주다.

필자는 테드 번디의 사주를 본 뒤 잠시 멍해 있었다.

그만큼 엄청나게 사악하고 흉격(凶格)이 가득한, 충격적인 사주여서 그랬을까?

아니다. 그 반대여서 멍해졌다. 한마디로 담배는 피지도 않았는데 폐암에 걸린 사람처럼, 그의 사주 흐름은 연쇄살인마라는 게 부조리할 정도로 좋다. 물론 앞서 말했듯이 담배 근처에도 안 갔는데도 다른 원인으로 폐암이 올 수 있듯이, 요소들을 뜯어보면 영 수긍이 안 되는 것은 아니다.

테드 번디보다 더 많이 죽인 사람도 허다하고, 더 잔인하게 죽인 사람도 많다. 물론 30명이 넘는 사람을 죽인 테드 번디는 유명세를 충분히 얻을 만한 매우 흉악한 연쇄살인범임에는 분명하나, 그처럼 세계적으로 가장 유명한 사이코패스 연쇄살인마가 된 데는 그 캐릭터성을 염두에 두어야 한다.

테드 번디는 전혀 흉악범처럼 보이지 않는 잘생긴 외모와 높은 학벌, 높은 지성, 좋은 직업을 가진 인물로, 도대체가 외모에서든 직업에서든 평소 인격이나 모습에서든 전혀 살인마답지 않은 살인마로 매우 유명하다.

그런데 이러한 이미지와 마찬가지로 사주에서도 표면적으로는 전혀 살인마의 사주 같지가 않다. 전체 흐름인 홍국수(洪局數) 자체는 전형적인 엘리트 사주다. 이 점으로 인해 그는 엘리트다운 겉모습을 꾸미며, 엘리트의 길을 가려는 본능이 강했을 것이다. 이러한 사주의 특징은 테드 번디의 이미지와 일맥상통

하는 면이 있다. 테드 번디는 '엘리트 사이코패스 살인마'라고 불리니 말이다.

전체 국은 평화주의자이고 극단적인 일을 가장 덜 겪는다는 화국(和局)에, 길조인 사지화살(四支化殺)도 있다. 거기다 전형적인 엘리트인 관인상생(官印相生)에, 깔끔한 삼원통기(三圓通氣)다.

사지화살을 가진 연쇄살인마가 찰스 맨슨에 이어 또 나왔다. 앞서 찰스 맨슨은 '꼴에 사지화살이라고 너무 흉측한 걸 보기 싫어서 직접 하지 않고 추종자들한테 살인을 사주한 건가' 하고 잠시 추측했었는데, 테드 번디를 보니 그렇지도 않다. 테드 번디는 단독으로, 그리고 자신의 손으로 직접, 매우 잔인하게 살인을 저질렀다.

그런데 찰스 맨슨과 테드 번디, 이 두 사지화살 살인마의 공통점이 하나 있다. 바로 자신이 죽이는 사람들의 '수준'을 따지고, 그 수준이 높을수록 좋아했다는 것이다.

웃기는 게 연쇄살인에도 꼴에 급이라는 게 있어서, 매춘부 등을 살인한 사람은 그 급을 낮게 보는 경향이 있다. 사회적으로 최하위 계층인 데다 직업상 살해하기가 비교적 쉽기 때문이다.

찰스 맨슨은 로만 폴란스키가 살인 사건에서 샤론 테이트라는 유명 영화배우와 재벌 상속녀 등의 상당한 상류층 사람들을 죽였다.

테드 번디는 아름다운 여대생을 주로 죽였고, 스스로도 "나는 창녀가 아닌 예쁘고 젊은 대학생만 죽였다. 그러니 나는 매춘부만 죽인 그린 리버 킬러(Green River Killer)보다 수준이 높다"라는 어이없는 헛소리를 지껄이기도 하였다.

즉 테드 번디의 말마따나 죽인 사람들의 신분에 차이가 있다.

이들은 연쇄살인마로서는 드물게 다른 연쇄살인마들보다 신분이 높은 사람들을 죽였다. 그래서 더 많이 죽이거나 더 잔인하게 죽인 연쇄살인마가 많음에도 불구하고 높은 명성을 획득하였다. 테드 번디는 그러잖아도 엘리트인 데다가 살해한 대상들도 아름다운 여대생들이라는 점에서 '엘리트 살인마'라는 이미지가 구축된 듯하다. 이 전형적인 엘리트 사주가, 사지화살이라는 귀격이 살인마라는 요소 속에서 쓸데없이 진화하여 이렇듯 높은 계층을 죽여서 높은 유명세를 획득하게 된 것으로 보인다. 즉 살인마들 중에서 '급이 높은' 살인마가 된 것이다.

하긴, 악마 중의 최고봉인 루시퍼가 실은 천사장 출신이었다는 것을 떠올려 보면, 어느 정도 이치는 이해가 되긴 한다. 세계에서 가장 유명한 살인마 두 명이 귀격이라는 사지화살에서 나왔다는 것과, 가장 급이 높은 악마 루시퍼가 원래는 천사들의 대장이었다는 것이 어딘지 묘하게 닮게 느껴지기도 한다.

그렇다고 사주에 사이코 징후가 없는 것은 아니며, 뜯어보면 흉조들이 꽤 있다. 우선 일지(日支)의 자리에 있는 경가무(庚加戌) 유로무화(有爐無火)의 징조다. 해석하자면 불 꺼진 난로로, 아무런 결과가 없다는 뜻이다. 이런 사람은 가정을 이루고 살아가기 힘들거나 삭막한 가정에서 살 수가 있다.

그런데 이 '불 꺼진 난로'라는 표현에 주목할 만하다. 테드 번디는 전형적인 사이코패스인데, 다시 말해 감정의 일부가 결여되어 있다. 불 꺼진 난로라는 표현과 어딘지 일맥상통하는 점이 있다. 감정의 일부가 언제나 꺼진 상태니 말이다.

물론 유로무화가 있다고 해서 모두 다 사이코패스가 되는 것은 아니다. 다만, 벌에 쏘인 사람들 중에서 재수 없게 쇼크로

테드 번디 47

죽는 사람이 있을 수 있듯이, 유로무화의 흉조가 감정의 일부가 완전히 꺼진 것으로 나타나 사이코패스가 될 수도 있는 듯하다. 쇼크로 죽는 원인이 오로지 벌에 쏘인 것만 있는 게 아니듯이, 사이코패스의 원인 역시 유로무화만 있는 것은 아니다. 여러 가지 흉조와 이상 징후에, 사주와 상관없이 성장환경의 요소도 영향을 받아 사이코패스로 나타난다.

더군다나 이 유로무화의 흉조는 격형(擊刑)이라는 다른 흉격과 겹쳐져, 흉이 증폭되었다. 격형은 삼형(三刑)에 버금간다 하여 일지의 격형 징조만으로도 광기가 있을 수 있는데, 이것이 유로무화의 징조와 겹친 것이다. 격형 중에서도 경금(庚金)의 격형을 가장 흉하게 보는데, 번디는 바로 이 경금의 격형이다.

거기에 이 사주의 일지에 붙어 있는 백호살(白虎殺)도 살성이다. 보통 사람들은 이것이 집안에서의 이혼수, 화나면 무서운 성격 등으로 나타나는데 극단적으로는 광증으로 나타나기도 한다. 그 외에 일지나 세지(歲支)에 천예(天芮)가 들었을 경우도 광증을 가질 수 있다. 사(死)가 사묘궁(死墓宮)에 들 때도 죽음에 관한 흉한 징조를 나타내는데, 번디는 이것 역시 가지고 있다. 잘 따져 보니 흉조가 상당히 많다고 할 수 있다. 그 흉조들이 언뜻 화국에 관인상생에, 사지화살이라는 엘리트스러운 흐름에 가려져 잘 보이지 않았던 것이다.

결국 감정이 꺼짐으로 인한 사이코패스에 광증, 죽음에 대한 갈망이 겹쳐 살인을 추구했는데, 꼴에 사지화살이라고 품격 있는 사람들을 죽이고, 그 와중에도 관인상생다운 엘리트 이미지도 고수한 끝에 역사에 남을 '엘리트 사이코패스 연쇄살인마'가 된 것이다.

앤드류 커내넌

Andrew Cunanan

베르사체를 살해한 베르사체의 연인?

奇門

陰曆: 1969年 7月 19日 戌時
陽曆: 1969年 8月 31日 戌時

9	5	9	6	二
壬	戊	壬	己	六
戌	寅	申	酉	
時	日	令月	金年	
11	3	9	10	

七　下　處　陰
局　元　暑　遁

앤드류 커내넌
(Andrew Phillip Cunanan)

Born on　31 August 1969
　　　　at 21:41 (= 9:41 PM)
Place　National City, California,
　　　32n41, 117w06
Timezone　PDT h7w
　　(is daylight saving time)

火	年殺	金
杜　八　戊　柱　和傷 害　十　辛　天　命 貴　　父　　　70 死墓　　　　木　34	己　心 三　地 丙　五　父 　　　　　90 　　　火　9	義驚　十　丁　蓬武 體　八　癸 　　財 ○旺衰　　　土　86 　　　　　　　24
時月　年殺　歲亡 干干　　　　日馬 迫開　九　癸　芮直 　宜　九　壬　兄 　　　　　　　79 胞　　　　木　33	歲馬 日劫 二　六　庚 　　孫 　　　　　62 冲局　　土　40	歲支　歲劫 日干 迫景　五　乙　任虎 　氣　三　戊 　　財 ○建　　　金　54 　　　　　　45
木　〈世〉　華	天馬	水　歲　華日亡　時 　干　　　干
死　四　丙　英蛇 德　四　乙 　　　　　　49 胎養　　土　4	迫生　一　辛　甫 　魂　七　丁　陰 　　　　官 　　　　　87 生　　　水　16	義休　六　壬　冲 　歸　二　己　合 　　鬼 　　　　　60 浴祿　　帶金　42

50　1부 세계적인 연쇄살인마

앤드류 커내넌이 살해한 인물의 유명세는 맨슨 패밀리가 살해한 샤론 테이트 못지않다. 아니, 샤론 테이트보다 더 유명하다. 커내넌은 베르사체를 설립한 천재 디자이너, 지아니 베르사체를 살해하였다. 또한 그는 지아니 베르사체의 동성 연인이었다는 설이 있으며, 베르사체를 포함해 총 다섯 명을 잔인하게 살해한 연쇄살인마다.

연쇄살인마가 흔히 그렇듯이 원한이나 목적을 가진 살인이 아니었다. 연인이었던 베르사체의 변심 때문이라는 소문이 있었지만, 별 관계없는 사람들을 살해한 것을 보면 꼭 그 이유 때문만은 아닐 것이다. 애초 그는 10대 때부터 고급 게이바를 들락거리며 돈 많고 나이 든 남자를 상대로 몸을 팔고 엄청난 후원을 받는 고급 남창이었기에 베르사체와 어떤 관계가 있었다 해도 그리 진지한 관계는 아니었을 것이다. 어쨌든 공식적으로 인정된 설은 아니나, 그와 베르사체가 연인관계였다는 소문이 있었다.

커내넌은 필리핀계 미국인 아버지와 이탈리아계 미국인 어머니 사이에서 태어난 혼혈인으로, 동양적이면서 늘씬하고 여성스런 남자였다. 부유한 남자들로부터 엄청난 돈을 지원받아 사치스레 생활하는 하이클래스 남창치고 외모는 평범했으나, 성격이나 말솜씨 등이 꽤 매력적이었다고 한다. 게다가 그는 대단히 재능이 많고 영리했으며, 147의 높은 아이큐(IQ)를 가졌고 높은 수준의 독서를 했으며, 7개 국어를 구사하며 세련된 문화생활을 누릴 줄 아는 지적이고 유쾌한 남자였다. 그와 동시에 그는 사기꾼에 거짓말쟁이였고, 변태에 약쟁이였다.

그는 살인을 저지르기 전에 연인 혹은 스폰서와 헤어졌다는

말이 있다. 살인 직전에 헤어진 인물이 희생자가 되진 않은 듯하다. 첫 살인 사건의 피해자로 알려진 인물은 그의 친구였던 제프리 트레일인데, 그와 한때 연인이었다는 설도 있다. 그가 살해한 사람들 중에는 72세의 부유한 부동산업자 리 밍글린도 있었는데, 그는 아주 잔인한 고문 끝에 살해되었다.

그의 연쇄살인 중 마지막 살인은 저 유명한 베르사체의 피살이다. 그 이후 경찰의 수사망이 좁혀오자 자살하여, 그의 살해 동기는 영원히 미궁에 빠지고 말았다. 에이즈에 감염되어 비관한 것이 살해 동기였다는 추측이 있었으나, 에이즈 검사에서 음성 판정을 받았다.

그의 사주에는 눈부신 재능이 풍부하게 드러나 있다. 을병정(乙丙丁)을 모두 갖춰, 천재적인 면모가 있음을 볼 수 있다.

재밌는 것은 길격(吉格)들을 남창 짓에 효과적으로 발휘한 점이다. 그는 '공사가 모두 길하고 안팎으로 균등한 이익을 낸다'는 길격[병가을(丙加乙), 공사개길(公私皆吉)]과, '한 포기 꽃이 선명하게 빛나니 풍류가 아름답다'는 길격[을가무(乙加戊), 선화명병(鮮花名瓶)]이 있다. 고급 창부가 되기엔 부족한 외모로 고급 게이바나 파티에서 부자를 꾀여 엄청난 스폰을 받았으니, 길격을 확실히 쓰긴 하였다. 흉격(凶格)이 좋은 일에 승화되는 것과 마찬가지로, 길격도 이렇게 이상한 짓을 성공시키는 데에 쓰일 수 있다.

그런데 사주 자체는 오불우시(五不遇時)라는 배신수로 얻어맞고 있어 돌아가지 않으며, 17~24세(1985~92년) 때에 주작투강(朱雀投江)이라는 요사스러운 흉격이 있다. 16세(1984년) 때의 관운(官運)까지는 우수한 학생으로서 얌전하게 살았을 것이나,

점차 타락하여 남창이 된 것은 아마도 저 주작투강의 운 때부터로, 일찍부터 매춘을 했을 가능성이 있다. 주작투강은 동처(動處)의 재물에 나타나 있어 항상 갖고 있기도 한데, 이렇게 요사스런 짓으로 돈을 버는 것으로도 나타난다.

흥미로운 것은 주작투강인 동시에 연회에 길하다는 삼기순수(三奇順遂)도 함께 있다. 때문에 이 시기에 참석한 파티에서 대단히 돋보이는 사람이었을 것이며, 그런 곳에서 막대한 돈을 후원해 주는 스폰서들을 만날 수 있었을 것이다. 또한 스스로도 파티를 매우 좋아했을 것이다. 유쾌한 성격으로 알려져 있는데, 아마도 등사(螣蛇)가 있어 싹싹하고 사교적이었을 듯하다. 수화충(水火冲)으로 예술가적 면모도 매우 풍부하다. 이러한 재능을 바탕으로 파티플래너 등을 했으면 매우 잘했을 것이다.

사기꾼의 면모도 있으며, 남 뒤통수를 잘 친다. 지망차폐(地網遮蔽)도 있어서 중독성 있는 물질에 빠질 수 있는데, 실제 약쟁이였다. 그 외에도 스스로가 쌍금(雙金)으로 사사(四四) 자형(自刑)을 하는데, 이것은 후에 자살로 나타났다.

그래도 금목충(金木冲)은 하지 않아 살인까진 가지 않았고, 오불우시 특유의 사기와 주작투강 특유의 요사스러운 면모만 갖고 있었다. 문제는 25~33세(1993년부터 9년간) 때의 삼형운(三刑運)으로, 이때 대단히 잘난 비견겁(比肩劫 = 兄爻)을 만나 정격 삼형(正格三刑)으로 금목충이 일어난다. 이 대단히 잘난 비견겁은 대단히 유명한 인물을 살인하는 것으로 나타났다.

삼형은 앞으로 나올 살인마들에게서도 뻔질나게 발견되는, 가장 무시무시한 흉조다. 이 삼형으로 또 다른 자신이라고 할 수 있는 일간도 직극(直尅)하고 있다. 아마 이때부터 정신세계가

붕괴되기 시작하고, 그의 성적 취향인 SM(가학·피학)에 가장 많이 심취했을 것이다. 동성애자 살인마의 경우 비견겁이 공통적으로 나타나 있어 비견겁과 관련 있는 것으로 짐작할 수 있는데, 커내넌 역시 삼형의 비견겁운에 살인을 저질렀다. 이 외에도 바탕 자체가 항상 비견겁과 자형(自刑)을 하고 있다.

그런데 자형을 하고 배신수인 오불우시가 있긴 해도 세지(歲支)와 일간(日干)과 일지(日支)에 큰 흉격은 없다. 때문에 삼형운을 만나기 전까지는 주작투강과 오불우시로 인한 음탕함과 사기꾼 기질은 있어도 사람을 죽일 만큼 미친놈은 아니었을 것 같다.

삼형으로 재(財)를 직극하는 시기에도 종종 후원을 거하게 받았을 수 있지만, 스폰서와의 관계가 쉽게 깨졌을 듯하다. 거기다 이 시기에, 그러잖아도 지망차폐가 있는 사람이 천망사장(天網四張)도 만났다. 서두르면 일을 그르친다는 경고도 있다. 쌍구(雙九) 역시 그 자체로 강력한 살성을 뜻하며, 쌍금이 또 쌍금을 만났을 때는 그것만으로도 흉한 일이 일어날 수 있다. 이 시기에 나타난 천예성(天芮星)도 광증을 상징하기도 한다. 이 모든 것을 제하고 보더라도 그의 사주에는 살성이 넘친다. 삼형 하나만으로도 너무나 무시무시한 살성이니 말이다.

베르사체를 살해한 동기는 미궁에 쌓여 있는데, 개인적인 생각에 사주를 덧붙여 추리해 보겠다. 이것은 순전히 필자의 추측 및 상상이니, 그냥 재미로만 보기 바란다.

개인적인 생각으로는, 그가 살인을 저지른 원인은 아마도 스폰서를 구하지 못한 탓이 크지 않을까 한다. 삼형의 구금(九金)이 남자로 나타난 여자들을 보면, 삼형운 때 남자와 험난하게 깨지는 경우가 많다. 여기선 삼형의 구금이 동성 연인으로 나타났는데, 도화살(桃花殺)을 타고 있고 재물과 연관되어 있다. 이것이 그의 스폰서를 상징한다고 본다면, 스폰서와의 관계가 종종 처참히 깨졌을 것이다. 그리고 그 삼형이 결국 재(財)를 직충한다. 재는 여자를 상징하기도 하니, 그가 만일 여자를 좋아하는 사람이었다면 강간살해를 저지르거나 치정살인이었을 수 있지만, 남자를 좋아하니 재를 충하는 것은 말 그대로 재물을 뜻하는 것일 수가 있다. 때문에 남자 연인과 돈과 관계된, 그러니까 스폰서와 관계된 살인이 아닐까 한다. 살해한 사람들이 그의 스폰서였을 거라는 이야기가 아니라, 그가 사람을 죽일 만큼 미치게 만든 원인이 스폰서라는 것 자체와 관련된 것일 수 있다는 이야기다.

그는 스폰서를 통해 하이클래스 세계를 매우 즐겼다. 그런데 그는 10대 시절엔 앞의 그림에서와 같이 매우 잘생겼지만, 마약 탓인지 이르게 삭아가며 갈수록 외모가 떨어져서 범죄를 저지를 때쯤엔 그냥 평범한 외모였다. 물론 외모보다는 눈부신 지성미와 유쾌한 성격과 뛰어난 화술 등이 그의 매력이었다고 하지만 말이다. 어쨌든 스폰서의 돈으로 하이클래스 세계를 즐기며 자신이 부유층인 줄 착각하고 살다가, 더 이상 스폰서를 구하지 못해 예전처럼 화려하게 살지 못하자 억하심정에 돌아버린 게 아닐까 하는 짐작을 해본다. '서두르면 일을 그르친다'는 징조 역시 보이는데, 아마도 그가 스폰서를 구하는 과정에서 서두르다가(막대한 재물을 바로 요구하는 등) 깨져 버린 관계가 많지 않았을까 한다.

그가 살해한 사람들 중에는 그의 스폰서가 되어 줄 능력이

되는 사람이 적어도 두 명 있다. 한 명은 유일하게 잔인한 고문 끝에 죽인 72세의 부자 노인 리 밍글린이고, 또 한 명은 지아니 베르사체다. 일단 커내넌과 그들은 공식적으로는 아무 관계가 없다고 알려져 있다. 그런데 '그런 유명한 재력가들의 집에 일면식도 없는 사람이 침입해 죽이는 것이 과연 가능할까' 하는 의문이 든다.

지아니 베르사체가 사망한 뒤 그의 지분은 조카 알레그라 벡에게 상속되었고, 때문에 알레그라에게 24시간 경호가 붙은 이야기는 유명하다. 베르사체도 생전에 그 정도 경호는 받았을 테고, 저택 경비도 삼엄했을 것이다. 저명한 부자 노인인 리 밍글린 역시 마찬가지일 것이다. 그러므로 '그가 누군지 알고 있고, 만나 줄 정도는 되지 않았을까' 하는 추측도 가능할 것 같다. 경찰들은 리 밍글린이 타깃이 된 이유는 단순히 현금과 옷 등이 필요해서일 거라고 추측했지만, 체포되기 직전 자살한 커네넌은 유품을 거의 남기지 않았다. 거기다 개인 관계가 없고 현금 갈취 목적만 있는 살인이었다면 굳이 고문이 동반될 이유가 없었을 것이다.

만일 사적인 관계가 있었다면, 피해자들은 스폰서가 되어 달라는 커내넌의 요구를 거절한 사람들이거나, 스폰 관계를 진척시키려다 깨진 사람들일 가능성이 있다. 물론 무차별 연쇄살인마의 특성상 개인적인 관계가 없었거나 있었다 해도 그것과 상관없는 살해였을 수도 있다.

또 만일 아무 관계도 없이 죽였다면, 굳이 노인인 리 밍글린만 고문 끝에 죽인 이유는 무엇일까? 그것은 아마도 그가 과거 자신의 스폰서를 떠올리게 해서였을 수도 있을 것 같다. 지아니

베르사체는 게이들의 문화 아이콘인 것에 대한 질투로 죽였을 수 있다. 이 말도 일리 있는 게, 원래는 자신의 것인 관(官)을 삼형운 때는 비견겁이 가져가고 있다. 그러니 베르사체가 누리는 게이 아이콘으로서의 위치가 원래는 자신이 누렸어야 할 명성이라는 착각과 질투에 빠졌을 수도 있긴 하다.

하지만 개인적인 관계에 따른 이유가 있었다면 앞서 말한 이유, 즉 풍족한 생활을 후원해 줄 스폰서를 구하지 못했던 앤드류 커내넌이 '자신의 스폰서가 되어 주었으면 했거나 그럴 뻔한 사람들을 포함해 죽인 것이 아닐까' 하고 짐작해 본다.

리처드 라미레즈

Ricardo Ramirez
균등기회의 살인마, 나이트 스토커

奇門

陰曆: 1960年 2月 2日 丑時
陽曆: 1960年 2月 28日 丑時

6	3	5	7	
己	丙	戊	庚	三
丑	戌	寅	子	八
時	日	令月	年	
2	11	木 3	1	

六局 中元 雨水 陽遁

리처드 라미레즈
(Ricardo Ramirez)

Born on 28 February 1960
    at 02:07 (= 02:07 AM)
Place   El Paso, Texas,
   31n46, 106w29
Timezone   MST h7w
    (is standard time)

火 日干 義 九二鬼 景命 祿死	華 己丙 柱雀 64 37 木	歲日 劫亡 義害 死	天馬 四七官 戊辛 病火 79 22	心地 ○旺	金 生氣 一十父 壬癸 衰土 蓬天 73 34
和休魂 十一孫 胞	年殺 癸丁 芮陳 72 35 木	伏歲馬 三八財 戰局	乙 土 55 45	時干 制體 杜 六五父 建	年殺 庚己 任直 金 90 9
木歲干 迫傷歸 胎養	亡歲 劫日 時支 五六孫 辛庚 土	月支 英合 84 15	日馬 和驚宜 生	歲支 二九兄 丙壬 水 75 31 陰 甫	水 <世> 月干 開德 七四浴 貴 丁戊 金 沖蛇 52 4 華帶

60 1부 세계적인 연쇄살인마

리처드 라미레즈는 상당히 독특한 연쇄살인마다. 그 특징은 살인의 엽기성보다는 살인의 대상에 있다.

라미레즈의 가장 큰 특징은 살인이나 범죄의 대상이 일정치 않다는 데 있다. 그의 강간 대상은 적게는 6세부터 많게는 83세였다. 또 살인 대상은 남녀노소, 신분고하, 부귀격차, 인종차별을 가리지 않고 무작위로 선택되었다. 즉 성별, 나이, 사회적 신분, 인종, 재산의 유무와 상관없이 타깃을 정한 것이다. 이 때문에 그를 '균등기회의 살인자'라고도 부른다. 누구든 라미레즈의 타깃이 될 수 있었던 것이다.

한마디로 그는 죽일 수 있으면 가리지 않고 사람을 죽였다. 돈은 항상 절도를 통해 얻었는데, 돈을 훔치는 대상도 부유한 사람부터 가난한 사람까지 다양하였다. 역시 훔칠 수 있으면 닥치는 대로 훔쳤다. 어린 시절부터 절도, 폭행, 마약 등의 범죄를 저지르다가 1984년부터 1985년 사이에 17명을 죽이고 1985년에 체포되었다.

살인 방법이 잔인하고 항상 밤에 활동했는데, 남자는 바로 죽이고 여자는 나이 상관없이 강간한 후 죽였다. 범죄 대상이 무작위라 밤에 어떤 집에 들이닥칠지 아무도 예상할 수 없었기에 캘리포니아 일대에서는 그를 '나이트 스토커(Night Stalker)'라 부르며, 공포에 휩싸였다.

라미레즈의 사주를 보면, 다른 살인마들에게서도 종종 발견되는 것이지만 끼가 매우 많다. 거기다 '천적의 공인이 되는 길격'까지 갖추고 있다. 하긴, 검거 후 완전히 인기 스타가 되었으니 천적의 공인이 되긴 되었다.

하지만 그 외엔 살인마로 발전해도 충분히 수긍될 만큼의 흉

조들을 많이 갖추고 있다. 약간의 길격(吉格)은 큰 흉조를 이기기 어려운 듯하다. 혹은 흉격(凶格)도 좋은 일에 써먹을 수 있듯이, 길격도 나쁜 일을 성공적으로 하는 데 잘 써먹히는 모양이다.

우선 지반(地盤)도 금목충(金木冲)을 하고, 천반(天盤)도 삼형(三刑)으로 금목충을 한다. 중궁의 나무(木)들을 아래위 가리지 않고 치고 있다. 높고 낮음, 많고 적음을 가리지 않고 치는 것이다. 이것으로 인해 신분고하와 남녀노소를 가리지 않는 이 '균등기회의 살인마'의 특징이 생긴 듯하다. 이렇게 천지반 이중으로 금목충을 하고, 거기에 삼형까지 낀 데다 일간(日干)의 관귀(官鬼)가 왕(旺)해서 얻어맞는 것들이 가장 결정적이다. 이것만으로도 이상 징후는 충분하며, 적어도 평범한 인생을 누리기는 힘들 것으로 보인다.

물론 이것이 있다고 해서 모두 살인마가 되는 것은 아니다. 보통 금목충을 발휘할 수 있는 일(토목, 건축 등)을 하거나, 예능·예술 쪽 재능으로 승화되기도 한다. 예를 들어 리처드 라미레즈는 캐나다 출신의 세계적인 팝스타 저스틴 비버와 매우 비슷한 사주를 가졌다.

거기에다 머리를 상징하는 세지(歲支)는 지망(地網)에, 일간은 패란(悖亂)에 아주 왕한 관귀와 함께 있다. 지망과 패란 모두 살인자에게서 흔히 나타나는 징조다. 승화될 경우 지망은 자신만의 색깔과 비법과 엄청난 집중력으로 나타나고, 패란은 한 시대의 흐름을 바꿀 수 있는 창조력으로 발전되기도 하지만, 이 경우는 흉격이 그대로 살인으로 발전하였다.

그는 이 관귀로 인해 악마 숭배 사상에 홀려서 완전히 이상한 정신을 갖게 되었다. 특히 16~22세 때는 관귀운(官鬼運)이라, 이 시기에 본격적으로 정신이 완전히 이상해졌을 수 있다. 흉격 붙은 공 맞은 관귀운이므로, 이 시기에 악마 숭배 사상에 깊이 빠져들 만하다.

그 전에 10~15세 때 사춘기 운이 왔는데, 이때 전쟁을 통해 폭력에 물든 사촌 형이 아내를 살해한 사건을 목격하게 되었다. 전문가들은 이 사건이 도화선이 되어 라미레즈가 폭력적인 삶을 선택했다고 보고 있다. 그러잖아도 폭력에 심취할 수 있는 사주인데, 한창 사춘기일 때 그런 일을 겪었으니 당연히 그에게 큰 영향을 미쳤을 것이다. 본격적으로 범죄와 악마에 물든 시기는 16세(1975년)부터일 것이지만 말이다.

사주에 삼형을 가지고 있는 사람이, 그 삼형과 관련된 일이 가장 흉하게 일어나는 때는 삼형의 효수(爻數)에 들어가는 시기다. 특히 구금(九金)의 시기가 가장 살성이 강하다고 한다. 라미레즈 역시 삼형 구금의 시기에 살인을 저질렀다. 삼형 혹은 금목충의 시기에 살인을 자행하는 것은 다른 예에서도 종종 볼 수 있다.

흉조는 많으나 문괘(門卦)가 아름다우며 끼가 많고, 천적의 공인이 된다는 길격(丁加戌)에 탤런트적 재능까지 갖추고 있는 게 흥미롭다. 연예인을 해도 될 법한 매력과 끼를 충분히 가지고 있는 것이다. 실제로 그와 거의 비슷한 사주를 가진 저스틴 비버는 인기 연예인이 되었다. 이러한 끼가 흉격이나 살성과 결합되어 변질되면 살인으로 그 끼를 발휘하는 모양이다.

이 연예인스러운 끼와 매력은 살인마가 된 뒤에 발휘되어서, 라미레즈는 연쇄살인마 역사상 손꼽히는 인기 살인마가 되었다.

리쳐드 라미레즈

연쇄살인마계의 아이돌이라 할 법한, 아주 높은 인기와 유명세를 얻은 그는 수많은 팬레터를 받고 그중 광팬과 결혼까지 하였다. 라미레즈와 결혼한 여성은 라미레즈의 인기로 인해 수많은 팬들과 경쟁해야 했고, 그들과 싸움도 벌였다고 한다.

그의 평소 인터뷰 등을 보면, 연예인이라고 해도 믿을 정도로 꽤나 매력적인 모습으로 나온다. 섹시해 보일 만큼 확신에 찬 표정으로 "우리는 모두 악마다(We art all evil)"라고, 마치 '중2병'에 걸린 아이나 할 만한 유치한 말을 남기기도 하였다. "네이팜탄으로 수천 명을 죽인 일은 중요했나요?"라고 반문한 수잔 앳킨스도 그렇고, 이 중2병 증상은 연예인 끼가 있는 살인마에게서 종종 발견되는 것 같다.

하지만 재판 등에서 드러난 모습은 전혀 딴판으로, 살인마다운 무시무시한 모습을 볼 수 있었다. 범죄 관련 자리에서는 일간의 패란 관귀로 돌변하는 듯하다. 아마도 평소 모습과 범죄자로서의 모습은 180도로 다를 것이다.

금목충과 관귀와 끼 등은 모두 예술가적 재능으로도 보는데, 거기에 천적의 공인이 된다는 길격 역시 상당히 큰 예술가적 재능으로 본다. 이 모든 재능들이 범죄를 저지르는 데 쓰였지만 그 감각은 남아 있는지, 평소 그림을 잘 그렸다고 한다.

제프리 다머

Jeffrey Dahmer
밀워키의 식인종

奇門

陰曆: 1960年 4月 26日 申時
陽曆: 1960年 5月 21日 申時

9	6	8	7	三
壬	己	辛	庚	八
申	酉	巳	子	年
時	日	令月	火	1
9	10	6	1	

五局　上元　小滿　陽遁

제프리 다머
(Jeffrey Lionel Dahmer)

Born on   21 May 1960
          at 16:34 (= 4:34 PM)
Place   Milwaukee, Wisconsin,
        43n02, 87w54
Timezone   CDT h5w
           (is daylight saving time)

火華 歲劫 月支	時干 年殺	金 時支
義景命 九二 壬乙 英天	義死害 四七 戊壬 禽直	生氣 一十兄 庚丁 柱蛇
建帶 六儀擊刑 父 70 木 33	祿旺 父 85 火 18	病衰 土 79 30
天馬	伏歲馬 伏日劫	〈世〉歲干 年殺
和休魂貴 十一 乙丙 甫地	三八 戊 官	制杜體 六五 己庚 心陰
○ 浴 財 78 木 31	戰局 土 61 41	死 金 51 5
木月干 華歲亡日馬	日亡 歲支	水 日干
迫傷歸 五六 丙辛 沖雀	和驚宜 二九 辛癸 任陳	開德 七四 癸己 蓬合
○ 生 養 財 土 90 11	胎 孫 水 81 27	墓 胞 孫 金 58 45

제프리 다머는 죽인 숫자보다도 그 엽기성으로 유명한 살인마다.

'밀워키의 식인종'이라는 별명으로 알 수 있듯이, 그는 자신이 죽인 자들을 요리해 먹는 것을 즐겼다. 나중엔 식인에 깊이 빠졌는지, 집을 급습했을 때는 자신이 죽인 사람의 시체 외에는 집 안에 먹을 게 별로 없었다고 한다.

시체를 보고 흥분하는 유명한 시체애호가이기도 한데, 시체와 성행위를 하거나 잔인하게 훼손된 시체를 보며 자위행위를 하기도 하였다. 그런데 오로지 시체만을 사랑해서 시체가 아니면 흥분하지 못하는 뒤에 나올 다른 네크로필리아(시체애호가)와는 달리, 그는 살아 있는 사람을 강간하고 고문하고 죽이는 행위 자체에도 흥분을 느낀 듯하다.

놀랍게도 사람 자체는 사이코패스가 아니었다. 또 자신이 한 짓이 잘못된 행동이라는 인식조차 못 하는 여타 사이코패스와는 달리, 자신이 한 짓이 어떤 짓인지도 분명히 인식하고 있었다고 한다. 희생자의 가족을 봐도 보통의 사이코패스들은 비웃거나 별 동요가 없는 반면, 그는 광분하는 희생자의 가족 앞에서 비교적 죄 지은 표정으로 고개를 숙이는 모습을 보여 주었다. 잘못된 짓인 줄은 아는데, 그렇다고 자신의 욕구를 포기할 수는 없었던 듯하다.

한마디로 극심한 오타쿠(한 분야에 열중하는 사람을 지칭하는 일본어) 기질이 도덕관을 이긴 것인데, 그 오타쿠 기질이 하필 사람을 죽여야만 하는 취향이었던 것이다. 자신이 한 짓이 무슨 짓인지 분명히 알고 있음에도 쾌락을 위해 그렇게 엽기적인 살인행각을 벌인 것이다.

사주를 보면 우선 뚜렷한 흉조로, 천반 정격삼형(正格三刑)이 나타나 있다. 이런 사람은 굳이 시체가 아니더라도 칼질 자체를 좋아할 수 있는데, 이것이 급기야 시체를 절단할 때 쾌락을 느끼는 이상성욕으로 이어진 것이다. 더군다나 중궁(中宮)의 목(木)을 금(金)으로 치는데, 중궁의 목은 사람의 몸 자체를 뜻하기도 한다.

여기에 망(網)이 꽤 많이 쳐져 있는 것을 볼 수 있다. 지망(地網)이나 천망(天網)을 친 것은 승화되면 자신만의 비법, 독보적인 특징, 높은 몰입도 등으로 발전하기도 하여, 이러한 재능들이 필요한 분야에서 성공한 사람들에게도 종종 나타난다.

하지만 승화되지 않은 원래의 지망이나 천망은 흉조로서, 알코올이나 마약 등 어떠한 물질에 중독되어 빠지면 헤어나기 힘든 것으로 나타나는 경우가 많다. 제프리 다머의 경우 하필 빠진 것이 이상성욕이었고, 그것이 하필 사람의 목숨을 빼앗아야만 얻을 수 있는 욕구였으며, 그것을 실제 실행시킨 것이 극단적으로 나타난 경우라고 할 수 있다.

중요한 특징으로 비견겁(比肩劫)이 나타나 있고, 관귀(官鬼)가 비견겁을 치는 것을 볼 수 있다. 관귀가 왕(旺)해서 치는 경우, 이 관귀를 이용하거나 승화시키지 못할 경우 그 자체가 사이코 기질로 나타날 수 있다. 자신은 인수(印綬)를 먹고 관귀는 비견겁을 치기 때문에, 생존과 살인을 두고 희생자와 경쟁하는 것 자체를 즐겼을 듯도 하다.

비견겁을 두고 인수를 먹는 사람은 이권경쟁에서 자신이 이기는 데 재능이 있고, 그것을 즐기는 기질이 있다. 그 이권경쟁이 '생존'과 '죽음'이라 생각해 재미를 느낀 것이다. 또한 관귀가 비견겁을 치기 때문에, 희생자를 괴롭히고 피폐하게 만들어서 잔인하게 살인하는 그 과정 자체를 즐겼을 것으로 보인다.

 인상적인 점은 이 비견겁의 문괘(門卦)가 아주 좋다는 것이다. 그것도 생문생기(生門生氣)다. 아마 그래서 살해 대상으로 나이가 어린, 즉 최소한 젊은 나이의 건강한 유색인종을 선호한 듯하다. 그는 가장 생명력이 넘치는 젊은이에게서 잔인하게 그 생명을 빼앗는 것 자체를 즐긴 것이다.

 이 비견겁이라는 요소는, 뒤에 나올 다른 시체애호가들에게서도 공통적으로 나타나는 현상이다.

에드워드 게인

Edward Gein
시체공예가

奇門

陰曆: 1906年 7月 9日 子時
陽曆: 1906年 8月 28日 子時

1	1	3	3	八
甲	甲	丙	丙	四
子	辰	申	午	
時	日	令月	金年	
1	5	9	7	
七局	下元	處暑	陰遁	

> 에드워드 게인
> (Edward Theodore Gein)
>
> Born on 27 August 1906
>   at 23:30 (= 11:30 PM)
> Place   North La Crosse WI,
>   USA, 43n50, 91w14
> Timezone   CST h6w
>   (is standard time)

火 <世>	華	月歲日馬 歲支	金 歲劫日亡 月支
傷歸	四八 辛辛	甫合	義生德 九三兄 丙丙 76 27	歲英陰	死宜 六六父	癸癸	芮蛇 60 38
浴帶		木 49 8	祿生	火	胎養		土

日干迫	天馬	年殺	伏歲馬		時干制	年殺	
驚體	五七孫	壬壬	沖虎 54 45	八四鬼	庚 90 12	杜魂	一一父	戊戊	柱直 80 22
○		木	沖局		土	胞		金	

木	歲亡日劫		時支	水	華
和景命	十二孫	乙乙	任武 79 24	休氣	七五財	丁丁	蓬地 67 32	開害	二十財	己己	心天 82 21
○旺		衰土	病		水	貴	死墓		金

에드워드 게인은 좀 더 확실한 시체애호가라고 볼 수 있다. 시체성애자를 넘어서서 시체공예가로도 유명하다. 살아 있는 사람이나 살인 자체에는 큰 관심이 없고, 시신을 가지고 노는 것을 좋아하였다. 묘지에서 시신을 훔쳐서 그것을 훼손하고 시신 가죽으로 공예를 하는 등 엽기적인 행동을 일삼다가, 갓 죽은 신선한 시체를 손에 넣고 싶었는지 직접 살인도 저질렀다. 그 시신은 에드워드 게인의 집에서 끔찍한 형태로 발견되었다.

살인 횟수 자체는 두 건으로, 그 엽기성이나 명성에 비해선 적은 편이다. 집 안에 수십 구의 시신이 있었지만, 대부분은 묘지에서 파내 온 것이라고 한다.

우선 그의 사주에서 흥미로운 점은 제프리 다머와 마찬가지로 아주 문괘(門卦)가 좋은 비견겁(比肩劫)이 나타나 있다는 것이다. 거기다 제프리 다머처럼 도화살(桃花殺)이 나타나 있고 끼가 많은데, 이것은 뒤에 볼 다른 시체애호가인 데니스 닐슨도 마찬가지다. 도화살 등의 끼가 재능으로 발전하지 못하고 이상 성욕으로 변질된 것이다.

이들 중에서도 가장 극단적으로 끼가 많은 인물은 에드워드 게인이다. 거기다 금목충(金木冲)의 충국에, 관귀(官鬼)가 지나치게 왕(旺)해 얻어맞고 있다. 이렇게 관귀가 지나치게 왕해서 얻어맞을 경우에는 이미 그것만으로도 정신적 문제가 있을 수 있어서, 별다른 흉격(凶格)이 없어도 살인자가 될 수 있는 것을 왕왕 볼 수 있다. 특히 금목충의 경우, 그 자체만으로도 폭력성이나 정신적인 문제로 보기도 한다.

여기에 자리죄명(自罹罪命), 패란(悖亂), 지라점장(地羅占蔣), 복음천라(伏吟天羅) 등, 참으로 다양하고도 많은 흉격을 지니고

있다. 게다가 특정 성애에 빠진 사람에게 흔히 보이는 지망(地網)이나 천망(天網)의 징조, 광증으로 나타나기도 하는 백호살(白虎殺) 등 일일이 열거하기도 힘들 정도로 다양한 이상 징후들을 가지고 있다. 한마디로 사주만 봐도 꽤 많이 미친놈이다.

대단한 외골수에 끼가 아주 많다는 것이 시체애호를 넘어 시체공예 및 시체탐미로 이어졌다. 시체 가죽으로 가방을 만들거나 유방 부분을 잘라 전등갓을 만드는 등, 시체 자체에 관한 자세만큼은 창조적이라 할 만큼 외골수답게 거의 장인의 수준으로 깊이 탐미하였다. 그가 시체를 가지고 한 짓을 보면, 차원이 다른 엄청난 엽기성을 느낄 수 있다.

또 하나 흥미로운 점은 일간(日干)의 천마(天馬)와 지라점장인데, 지라점장은 무덤을 뜻하기도 한다. 수십 구의 시체 대부분을 무덤에서 파내 왔다는 것을 고려할 때 주목할 만한 내용이다. 그것을 보면 죽은 후의 장소인 묘지와 무덤 그리고 그 무덤에서 시체를 파내는 행위 자체도 좋아했을 것이다.

자신이 가진 광기의 징후들이 엄청난 끼와 결합하여, 극도로 소름끼치는 이상성애자로 변질된 데에는 환경의 원인도 많이 작용하였다. 게인의 어머니는 지독한 금욕주의 종교인으로, 원죄 가득한 세상에서 아들을 보호한답시고 외부인과 완전히 단절시켜 사회와 격리되게끔 만들었다. 어머니의 정신적인 학대에도 불구하고 게인의 유일한 소통자는 어머니뿐이었는지, 어머니를 극진히 간호했다고 알려져 있다. 다만, 학대당했다는 말은 게인의 입에서 나온 것이라 신빙성이 크지는 않다.

사회와 소통하고 살아도 사회 적응이 힘들 수 있는 외골수에 충국(冲局)인데, 어린 시절부터 성인이 될 때까지 사회와 완전히 단절을 시켰으니 결과는 안 봐도 뻔하다. 사주에 흉조가 없는 경우라도 이런 환경이라면 정신병자가 되는 게 전혀 이상하지 않다. 더군다나 게인은 관귀가 왕해 얻어맞고 있기 때문에, 외부의 억압이나 명령을 잘 듣는 편이다. 만일 관귀가 약하고 극관(尅官) 등을 했다면 일찌감치 어머니께 반항하거나 집을 나갔을 것이다. 가출 및 반항했더라면 더 큰 범죄를 저질렀을 확률도 있긴 하지만 말이다.

금욕적인 어머니 슬하에서 사회와 완전히 격리돼 살았던 게인은 이 엄청난 끼를 발휘할 곳이 전혀 없었다. 연애는 꿈도 못 꾸고 아예 사람과의 교류도 없었으며, 사소한 유흥거리라도 접할 기회가 전혀 없는 사람이 지나치게 많은 끼를 가지고 있는 것이다. 이 엄청난 끼를 발휘할 데가 없으니 이상성욕으로 발전한 듯하다.

인수가 비겁에게 가므로 원래는 친구들을 많이 사귀고, 특히 잘난 친구들을 옆에 두어야 인생이 그나마 풀리는 사주다. 만일 그가 정상적인 환경에서 성장했다면 친구를 매우 좋아하고, 늘 친구와 함께하면서 친구에게 다 퍼주는 성격이었을 것이다. 그런데 어머니의 영향으로 친구는커녕 살아 있는 사람 자체와 교류하는 법을 익히지 못하였다. 주변에 친한 사람이 늘 있었으면 하는 원래의 욕구가 시체로 대체된 듯하다.

또한 유일한 교류 대상이었던 어머니가 죽어 무덤으로 간 데다 가족 모두 시체가 되어 무덤으로 가면서 외톨이가 되어, 무덤과 시체에 관심을 가지게 된 듯하다. 정상적인 환경이었다 해도 정신증이 생길 가능성이 다분했을 사주가 이러한 비정상적인 환경과 결합되어 엽기 취향으로 나타났다.

도화살 및 수많은 끼는 그가 체포된 뒤 다른 사람에게 영향을 미쳤는데, 수많은 창작물에 영감을 주는 쪽으로 나타났다. 그중 가장 유명한 것은 알프레드 히치콕 감독의 명작 〈사이코〉에 등장하는 노먼 베이츠다. 그 외에도 〈텍사스 전기톱 학살〉, 〈양들의 침묵〉, 〈바람의 검심〉 등에 영향을 주었다고 한다.

데니스 닐슨

Dennis Nilsen

남자 시체를 사랑한 남자

奇 門

陰曆: 1945年 10月 19日 寅時
陽曆: 1945年 11月 23日 寅時

7	3	4	2
庚	丙	丁	乙
寅	申	亥	酉
時	日	令月水	年
3	9	12	10

五局　上元　小雪　陰遁

데니스 닐슨
(Dennis Andrew Nilsen)

Born on   23 November 1945
　　　　at 04:00 (= 04:00 AM)
Place   Fraserburgh, Scotland,
　　　　57n42, 2w0
Timezone   GMT h0e
　　　　(is standard time)

火　天馬　華	年殺　歲馬日亡	金　<世>　歲亡
制死魂　三一　己己　甫天孫　86　12	景宜　八六孫　癸癸　英地　64　37	制休德　五九　辛辛　芮武　50　9
○養　生木　浴貴　火　建　帶土		
時干　制生命　四十父　庚庚　沖直　90　11	伏日劫　七七鬼　戊　83　19	日干　驚歸　十四兄　丙丙　年殺歲支　柱虎　75　26
胎　木	和局　土	旺　金
木月干　義開體　九五父　華時支　丁丁　任蛇　73　31	義杜害　六八財　壬壬　蓬陰　56　45	水　歲干　制傷氣　一三財　歲劫日馬　月支　乙乙　心合　76　22
墓胞　土　死	水	病衰　金

78　1부 세계적인 연쇄살인마

영국 런던에 살았던 데니스 닐슨은 자신이 매력을 느낀 사람이 시체가 되었을 때에만 성욕과 사랑을 느끼며, 그 시체를 자신의 진정한 애인이라고 생각하였다. 전형적인 '네크로필리아', 즉 시체애호가라 할 수 있다.

데니스 닐슨의 사주를 보면 의외로 화국(和局)에 신왕재왕(身旺財旺)한 재생관인상생(財生官印相生)이다. 이것을 보면, 재생관인상생이라고 꼭 잘 먹고 잘 사는 게 아닌 듯하다. 하긴, 깨진 사주로도 거부가 될 수 있는 것과 비슷한 이치일 것이다. 이미 앞에서도 관인상생(官印相生)의 사주로 연쇄살인마가 된 사람을 세 명이나 보았듯이, 잘 돌아가는 사주라고 살인자가 되지 말라는 법은 없다. 데니스 닐슨의 경우는 평범한 관인상생이 아니라 삼살(三殺)의 관인상생이며, 결과는 자신이 금(金)이 되어 나무를 치는 금목충(金木沖)이 되는 것으로 끝나니 살인마가 될 만한 살성은 가지고 있다.

마초에 남성적인 유형으로, 수려하고 어리고 여성적인 남자를 선호하여 지배하는 것을 즐기는 동성애자였을 것으로 보인다. 사주를 보면 연애 상대가 수동적이면서 지배만 받고 있는 것으로 나타나는데, 이것이 완전하게 지배만 할 수 있는 시체를 좋아하게 된 것으로 나타난 듯하다.

거기에 시체애호가들에게 공통적으로 보이는 비견겁(比肩劫) 역시 나타나 있다. 그런데 비견겁이 아무것도, 정말 아무것도 안 하고 있음을 볼 수 있다. 손(孫)을 생해 주는 것도 아니고, 재(財)를 치는 것도 아니고, 인수(印綬)나 관(官)을 가져가는 것도 아니고, 정말 아무것도 안 하고 있다. 이러한 특성이, 비견겁이 정말 '아무것도 안 하고 숨도 안 쉬고 있기를' 바라게 된 네

크로필리아로 발전하였다.

그러나 이러한 비정상적인 인물이 된 원인으로 보이는 것은 뭐니 뭐니 해도 삼살(三殺)과 금목충, 흉격(凶格)들이다. 삼살과 삼형(三刑) 같은 살성들, 금과 나무가 부딪히는 금목충, 물과 불이 부딪히는 수화충(水火冲), 흉격 등이 보통 기문에서 말하는 정신증적 요소들이다. 데니스 닐슨은 비록 화국에 재생관인상생이라고는 하나 삼살, 금목충, 자리죄명(自履罪命), 패란(悖亂), 백호(白虎), 광증으로 나타날 수 있는 일지의 천예성 등 광기의 증후를 폭넓게 가지고 있다.

인상적인 점은 앞서 본 에드워드 게인과 겹치는 흉격들이 꽤 많다는 것이다. 둘 다 공통적으로 세지의 패란, 일간의 백호, 일지의 자리죄명, 도화살(桃花殺)을 가지고 있다. 제프리 다머 역시 도화살이 있었고, 셋 다 금목충이 된다는 점도 공통점이다. 물론 누누이 말했듯이, 이러한 증후들을 가졌다 해서 무조건 시체를 사랑하고 살인을 하게 되는 것은 아니다. 스티브 잡스와 비슷한 사주라고 해서 당장 세계에서 손꼽히는 거부가 될 수 있다고 좋아할 게 아니듯이 말이다.

대부분의 연쇄살인마가 그러하듯이 다소 불안정한 성장기를 거쳤으나, 데니스 닐슨의 경우에는 딱히 학대를 받았다고 할 만한 정황들이 없었다.

다만, 성장기에 별다른 학대가 없었다는 점, 점잖고 정상적인 사회생활을 했으며 겉으로는 멀쩡한 외모를 가졌다는 점, 동성애자이고 소년들을 좋아했다는 점 등의 공통점으로 인해 제프리 다머와 비교되기도 한다. 미국에서는 '영국의 제프리 다머(The British Jeffrey Dahmer)'라고 부르기도 한다.

격국(格局)의 흉조는 에드워드 게인과 비슷하고, 도화살이나 금목충 등 세 명 다 비슷한 요소들을 가졌다. 다만, 희생자를 피폐하게 만들고 살인을 상대와 경쟁하여 이기는 것(=죽이는 것)이라 생각하여 살인 자체를 즐기는 행태를 보이는 제프리 다머나 정신증 징후가 매우 강하고(그러니까 훨씬 미친놈 그 자체이고) 창작적 성향이 가장 심한 에드워드 게인과 달리, 데니스 닐슨은 자신에게 완전히 복속되어 아무것도 안 하는 파트너를 구하려는 욕구가 매우 컸을 듯하다. 따라서 시체훼손이나 시체 공예로 쾌락을 느끼기보다는 '시체가 된 애인'을 원하게 된 것이다.

존 웨인 게이시

John Wayne Gacy
어릿광대 살인마

奇門

陰曆: 1942年 2月 1日 子時
陽曆: 1942年 3月 17日 子時

1	6	10	9		
甲	己	癸	壬	八	
子	巳	卯	午	九	
時	日	令	年		
			木		
1	6	4	7		

七局　中元　驚蟄　陽遁

존 웨인 게이시
(John Wayne Gacy)

Born on   17 March 1942
　　　at 00:29 (= 12:29 AM)
Place   Chicago, Illinois,
　　　41n51, 87w39
Timezone   CWT h5w
　　　(is war time)

火 〈世〉　　　　　　日劫	年殺　歲支	金　　　　　　　歲干
傷德　四三　丁丁　甫雀 49 3	和歸　杜　九八　庚庚　英地 76 38	義墓　開魂　六一　壬壬　芮天 60 43
衰　　病　　　木	死　　　　　火	貴　　　　胞　土
月干迫　年殺　月支　沖陳	天馬日亡	時干和　生宜　一六　戊戊　柱直
驚氣　五二孫　癸癸 54 45	八九鬼　丙 90 12	80 23
歲亡旺	怨嗔局　　土	胎　　　　　金
木　日干　制休害　十七孫　己己　任合	時支	水和　死命　二五財　乙乙　心蛇
祿建　　帶　土 79 30	制景體浴　七十財　辛辛　蓬陰 67 42	養　金 82 17
	○生　　　水	

84 1부 세계적인 연쇄살인마

 존 웨인 게이시는 미국에서 가장 유명한 연쇄살인마들 중 한 명이다. 평소 광대 분장을 하고 아이들을 위한 봉사활동을 해서 '어릿광대 살인마'라는 별명이 붙었다. 수감 중에 그린 그림에 광대가 많은 것으로 보아선 원래부터 광대를 동경하는 기질이 있었던 듯하다.

게이시의 평소 모습은 전혀 살인마답지 않아서 봉사활동을 하는 등 성공한 건설 사업가의 모습으로 자신을 위장하였다. 또 민주당원으로 활동하면서 카터 대통령의 영부인과 사진을 찍기도 하였다.

하지만 그의 진짜 모습은 끔찍한 살인마였다. 동성애자였던 게이시는 자신의 성적 대상으로 선택한 남자들을 강간·고문한 끝에 33명 이상을 살인하였다.

존 웨인 게이시의 사주를 보면, 바탕 원진국(怨嗔局)에 자리도 원진국 자리에 놓여 원진으로 금목충(金木冲)을 당하는 나무가 삼형(三刑) 중에서도 가장 무섭다는 정격삼형에 묶여, 그것도 가장 무서운 중궁(中宮)의 구금(九金) 관귀(官鬼)에게 얻어맞는 형상을 하고 있다. 이 과정에서 바닥에서도 은복삼형(隱伏三刑)이 되어 한 번 더 얻어맞는다.

이것만으로도 이미 다른 건 더 볼 필요도 없을 정도로 사이코의 징후는 충분하며, 앞의 어떤 살인마들보다도 살기가 넘치

는 사주라 할 만하다. 그래도 다른 징조를 더 보자면, 머리를 상징하는 세지(歲支)의 자리에 전격(戰格)의 살성이나 도화살(桃花殺) 등이 붙은 것 등을 들 수 있다.

하지만 천보(天甫)의 귀인격(貴人格)으로 수완이 뛰어나고 주변 사람들 사이에서 인기가 상당히 좋았을 것이며, 주작(朱雀)이 있어 매우 달변가였을 것이다.

재밌는 점은 옥녀각시(丁加丁)라는 것이다. 이미 도화살 등도 있긴 하지만 이 옥녀각시는 기문에서는 손꼽히는 끼로, '어릿광대'라는 별칭에 매우 잘 어울리는 끼다. 이것이 제대로 승화되지 않을 경우 다른 끼들과 마찬가지로 이처럼 변태끼로 흐른 것을 볼 수 있다. 옥녀각시에 천보와 주작이 붙었으니, 언변이나 문장에서 대단한 재능을 가지고 있었을 것이다. 실제 게이시는 화술이 뛰어났으며, 자신이 주체한 파티 등에서 많은 사람들을 즐겁게 해주곤 하였다. 아마도 그런 자리에서 이런 사주를 가진 사람이라면, 매우 매력적으로 많은 사람들을 즐겁게 해줄 수 있는 재능을 가졌을 것이다.

특이한 점은 게이시의 경우, 사주에 맞는 일로 사회적 성공도 성취했으면서 범죄자가 되었다는 것이다. 건설 사업을 했는데, 이것은 삼형의 금목충에 대단히 잘 맞는 일이다. 금목충은 금과 나무가 부딪혀 깨지는 것인데, 건설이나 건축 등이 그러한 일이니 말이다. 이 외에 의료계의 재능도 있으며 요리사나 미용사 등의 일도 잘 맞는 것으로 본다. 실제로 게이시는 요리사로도 일했었고, 약국 사장을 하기도 했었다.

무시무시한 삼형의 구금운을 일찍 만났는데, 4~12세 때 아주 어린 나이에 왔다. 이 시기에 머리를 크게 다친 것으로 알려져 있다. 거기에 13~17세 때도 절명의 토(土)가 관귀를 생하여 얻어 맞는 시기라 대단히 위험하고 좋지 않은데, 이때 머리에 치료를 위한 약물을 투입했다고 한다. 이 사건들로 인해 뇌의 일부가 망가졌고, 이것이 정신이상 및 사이코패스가 되는 데 지대한 영향을 끼쳤을 것으로 많은 사람들이 보고 있다. 이 시기의 흉흉한 징조로 보았을 때 그 말은 상당히 설득력 있어 보인다. 하지만 전체 사주가 이미 정격삼형이기 때문에, 그때 망가져서 이상해졌다기보다는 원래 이상했는데 더 이상해졌다고 보는 것이 맞을 것이다.

인생에서 가장 정상적이고 좋은 시기는 18~23세 때였다. 이 시기에 비즈니스로서의 재능을 발견해 세일즈맨이 되었고, 결혼도 하였다.

시체애호가나 동성애 살인자는 비견겁(比肩劫)과 꽤 연관이 있음을 앞서 보았는데, 동성애 살인자인 게이시도 도화살이 붙은 비견겁이 나타나 있다. 거기다 첫 살인을 저지른 시기와 살인들이 주로 자행된 시기가 이 도화살과 흉조가 붙은 비견겁운임을 볼 수 있다.

중궁관(中宮官)의 살인마가 흔히 그러하듯 수감된 뒤에는 굉장히 모범수였으며, 천보와 주작을 가진 옥녀각시답게 감옥에선 달변이 문장으로 나타나 만 통 이상의 편지를 썼다고 한다. 옥녀각시에 금목충의 예술적 기질을 살려 그림에 재능을 보여서 2천 점 이상의 유화도 완성하였다.

잘 보면 할리우드 대스타나 천재 예술가와 연쇄살인마들의 사주가 한 끗 차이로 달라짐을 볼 수 있다. 우디 앨런도 무시무시한 삼형의 사주를 갖고 전설적인 배우이자 감독이 되었으니

말이다. 이 말은 우디 앨런도 무시무시한 연쇄살인마가 될 수 있다는 뜻이 아니라, 아마도 직업과 환경과 본인의 선택에 따라 인생의 길이 달라질 수 있음을 의미한다.

게이시의 사회적 성공에도 주목할 만하다. 삼형살을 효과적으로 이용할 경우, 오히려 남들보다 더 큰 사회적 성공을 이룰 수 있음을 이미 우리는 우디 앨런의 사주를 보고 알아냈다. 게이시 역시 마찬가지로 건축 사업, 정치, 요리사, 약국 사업 등 삼형의 살에 걸맞은 일을 함으로써 사회적 성공을 이룩하였다. 다만, 그 끼가 변태성으로 변질되어 살인자의 길을 걸었고, 원래도 징후가 안 좋았던 사람이 10세 전후 관귀운에서 뇌손상을 당해 전두엽 이상으로 사이코패스가 되었다.

게이시는 정격삼형에 얻어맞는 사람답게 평생 건강이 좋지 않았다. 정격삼형의 사람이 그 흉을 최대한 피하려면 좋은 일을 많이 해야 하는데, 선행은커녕 애꿎은 사람들을 죽인 게이시는 삼형의 흉이 가장 살벌하게 드러난 예시라고 할 수 있다.

데이비드 버코위츠

David Berkowitz

'샘의 아들 법'을 탄생시킨 악마의 아들

奇門

陰曆: 1953年 4月 20日 申時
陽曆: 1953年 6月 1日 申時

```
 7    10   4    10
 庚   癸   丁   癸    四
 申   未   巳   巳    二
 時   日   令   火    年
 9    8    6        6
 六   上   芒   陽
 局   元   種   遁
```

데이비드 버코위츠
(David Berkowitz)

Born on 1 June 1953
    at 16:52 (= 4:52 PM)
Place   Brooklyn NY, USA,
    40n38, 73w56
Timezone   EDT h4w
   (is daylight saving time)

火 歲馬 月 歲	天馬 年殺	金 <世> 日 歲 時 華 干 干 支
制 十 戊 心 死 六 丙 陰 宜 孫 89 死墓 15 木	制 五 壬 蓬 驚 一 辛 合 魂 孫 55 祿 病 火 42	迫 傷 二 庚 任陳 歸 四 癸 47 ○ 衰旺 土 4
月 干	日馬	歲亡 日劫
制 一 己 柱 生 五 丁 蛇 害 父 90 胞 9	四 乙 二 貴 鬼 戰局 80 土 17	迫 景 七 丁 沖雀 德 九 己 68 兄 34 ○ 建 金
木 時干 華	年殺 歲劫 日亡	水
迫 六 癸 芮 杜 十 庚 直 氣 父 61 胎養 土 41	和 三 辛 英天 開 三 壬 50 命 財 水 45 生	義 八 丙 甫地 休 八 戊 76 體 財 金 25 浴帶

일명 '샘의 아들'로 유명한 데이비트 버코위츠의 사주다.

이 살인마의 아버지 이름이 진짜로 '샘'이어서 이런 별명이 붙은 게 아니다. 그는 샘이라는 이름의 악마가 자신에게 살인을 명령했다고 주장하였고, 그래서 '샘의 아들'이라는 별명이 붙었다. 또한 자신의 이야기를 책으로 펴내 수십만 달러의 돈을 번 범죄자로도 유명하다. 그러자 미국 사회는 "누구든 자신이 저지른 범죄로 윤택해지면 안 된다"는 원칙에 따라 "자신의 범죄에 관한 저작물을 저술하여 발생한 수입은 피해자 배상을 위한 기금으로 쓰인다"라는 내용을 담은 법을 제정하였다. 이를 '샘의 아들 법'이라고 한다.

버코위츠는 살인자들 사주에서 굉장히 흔한 천망사장(天網四張)의 망을 치고 있다. 이것이 어떤 식으로 적용되는지에 대해선 이미 누누이 말한 바 있다. 대격(大格)이라 부르는 경가계(庚加癸)도 실격되면 흉격(凶格)으로, 즉 지나치게 담이 크고 배포만 커서 크게 망하거나 털어먹는 양상으로 나타난다. 입격(入格)이나 입국(入局)이 되면 반대로 크게 대박이 나는 것으로 나타나는데, 입격이 된 대표적인 예는 빌 게이츠다. 하지만 실격되면 흉조가 되는 양날검의 격국(格局)이다.

그리고 관귀(官鬼)에게 얻어맞고 자신은 극관(剋官)을 하는, 전형적인 깨진 사주다. 극관으로 물과 불이 부딪히는 수화충(水火冲)이 되고 있다. 극관의 요소로 인해 반항심이 심하고 운동선수 기질이 있다. 실제로 야구를 꽤 잘했다고 한다. 그 외에 사격술도 뛰어나, 이것이 범죄의 도구가 되었다. 아마도 극관의 요소 외에 사금(四金)에 구멍이 뚫리고 대격이 붙은 것이 총 쏘는 행위로 나타난 듯하다. 총은 쇠로 만든 구멍으로 총알을 내

보내는 무기이니 말이다.

9세까지는 비교적 얌전하게 사랑받고 살았으나, 10세 이후로 사춘기가 와서 반항을 심하게 했을 것으로 보인다. 입양아지만 양부모의 사랑을 받고 자란 것으로 알려져 있는데, 원래에도 동물학대 등의 자잘한 문제들을 일으켰지만 양어머니의 죽음 후 정신병적 증세가 더 심해졌다고 한다.

살인마를 두고 종종 '귀신에 씌웠다'고 말하곤 한다. 관귀가 왕(旺)한 사람들 중에서 더러 살인자가 나오는데, 버코위츠도 관귀가 왕한 편이다. 관귀가 불(火)이라는 것에 주목할 만하다. 버코위츠는 굉장한 방화광이었다. 이것으로 관귀에 휘둘렸다고도 볼 수 있다. 물론 관귀가 왕한 사주를 명예나 창작력 쪽으로 잘 이용하면 오히려 더 잘나가기도 한다. 그러니 자신의 사주가 관귀가 왕하다고 해서 살인마가 되지 않을까 걱정할 필요는 없다. 코코 샤넬이나 스티븐 킹 등 1권에 등장한 사람들처럼 관귀가 왕한 것을 창작력으로 승화시켜 사회적으로 성공한 경우도 많다.

정신세계가 이상해지는 것은 16~17세 때의 관운(官運)으로, 이 시기부터 관귀의 환청에 시달렸을 수가 있다. 버코위츠는 망상장애 증상이 있어서, 항상 악마가 자신을 지켜보고 있다는 망상에 시달렸다.

범죄는 역시 금목충(金木冲)이 되는 시기인 18~25세 때 일어났다. 이 시기는 여자궁이라 대개 여자를 만나는데, 여자가 정식으로 나타나 있지 않다가 나타나는 사람은 외국에서 여자를 만날 수가 있다. 끼를 탄 여자라서 노는 자리에서 만나거나 끼가 많은 여자일 수 있는데, 역시나 군에 입대한 후 한국으로 파병 가서 만난 창녀와 첫 경험을 가졌다. 이것이 그가 가진 완전한 성경험으로는 유일하다고 한다.

버코위츠는 금(金), 그것도 사금으로 자신의 숫자가 4인데, 살해 무기로 44구경 총을 선택한 것이 흥미롭다. 종종 이렇게 자신이 가진 주요 숫자가 현실에서도 주요 숫자로 나타나는 경우가 있다. 예를 들어 자신의 숫자가 칠화(七火)인 살인마의 경우, 그는 아들을 잃은 후 일곱 명을 죽이면 아들이 되살아난다고 믿고 일곱 명을 죽이려고 시도하였다. 그 이야기는 뒤에 나올 아치볼드 맥카파티의 사주 해단에서 더 자세히 설명하도록 하겠다.

에드먼드 캠퍼

Edmund Kemper

여대생 연쇄살인마

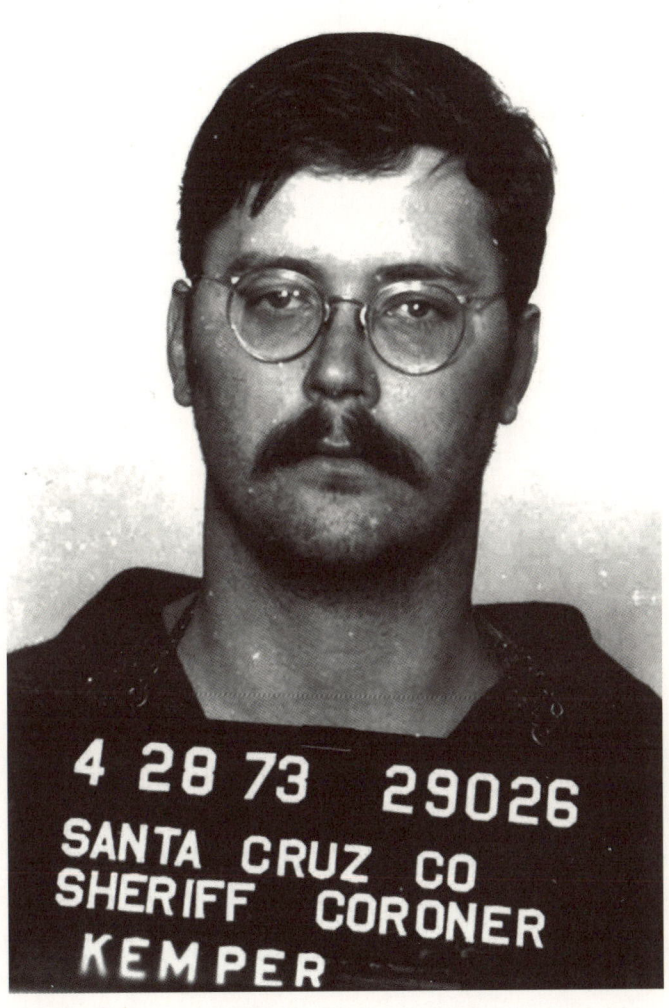

奇門

陰曆: 1948年 11月 18日 亥時
陽曆: 1948年 12月 18日 亥時

8	4	1	5	
辛	丁	甲	戊	九
亥	丑	子	子	七
時	日	令月	水年	
12	2	1	1	

一局　下元　大雪　陰遁

> 에드먼드 캠퍼
> (Edmund Emil Kemper, III)
>
> Born on 18 December 1948
>   at 23:04 (= 11:04 PM)
> Place   Burbank (Los Angeles
>   County), California,
>   34n11, 118w18
> Timezone PDT h7w
>   (is daylight saving time)

火 日干 杜魂 五一財 己丁 華英合	年殺 和傷宜 十六財 乙己 芮陰	歲亡日馬 金義驚德 七九孫 辛乙 柱蛇 日亡
帶建	旺 65 木 31	火 90 11	○病衰 土 78 28
迫開命 六十兄 丁丙 甫虎	伏歲劫 九七父 癸	時干 迫景歸 二四孫 壬辛 心直 年殺
浴 木 71 30	祿戰局 土 60 38	貴 ○死 金 48 45
木 <世> 死體 一五 丙庚 沖武 華	月干 迫生害 八八官 庚戌 任地 月歲干支	水歲馬日劫 義休氣 三三鬼 戊壬 蓬天 時支馬
生養 土 46 5	胎 水 86 19	胞墓 金 51 41

96　1부 세계적인 연쇄살인마

'여대생 살인마'라고 하면 전 세계적으로 가장 큰 유명세를 떨친 테드 번디를 빼놓을 수 없다. 하지만 테드 번디가 가진 캐릭터성을 떠나 일반적으로 여대생 살인마의 대표로 꼽히는 인물은 에드먼드 캠퍼다.

재밌는 것은 같은 여대생 살인마인 테드 번디와 에드먼드 캠퍼의 사주 비교다. 기문을 알고 둘의 사주를 본다면, 정말 놀라울 정도로 비슷하다는 것을 알 수 있다. 둘 다 관인상생(官印相生)이 되는, 겉으로는 꽤나 괜찮아 보이는 사주다.

캠퍼는 사주 흐름만 놓고 보면 루퍼트 머독과도 비슷한, 천반수(天盤數)까지 끌어먹는 관인상생의 엘리트 사주를 가지고 있다. 이렇게 비슷한 사주를 가지고도 처한 환경과 자신의 선택에 따라 전 세계 뉴스를 다루는 미디어 그룹의 회장이 되기도 하고, 전 세계 뉴스를 장식하는 가장 유명한 살인마가 되기도 한다는 것을 볼 수 있다.

거기에 테드 번디와 마찬가지로 '불 꺼진 난로'라는 유로무화(有爐無火)의 징조가 나타나 있다. 아무래도 유로무화의 흉격(凶格)이, 감정이 꺼짐으로 인해 사이코패스로 발전하는 경우가 있는 모양이다.

인수(印綬)와 수미복배(首尾腹背)의 자리에 있는, 4대 흉격 중 최고 흉격인 백호창광격(白虎猖狂格)도 영향이 있을 듯하다. 주요 범죄는 모두 이 백호창광이 있는 자리에서 일어났다. 또한 흉격과 수미복배의 자리에 부모를 상징하는 인수가 있고 부모의 자리를 뜻하는 곳에 유로무화의 흉격이 있는데, 아무래도 어머니의 역할이 캠퍼에게 큰 영향을 미친 듯하다.

캠퍼의 어머니 크라넬은 그리 좋은 어머니는 아니었다. 캠퍼

로 하여금 몇 달 동안 지하실에서 생활하게 하는 등 비정상적인 행동을 일삼았다.

필자의 개인적인 예상으로는, 크라넬은 캠퍼의 사이코패스적인 면을 일찌감치 눈치 챘고, 그것을 교정하려는 노력을 하기보다는 그저 캠퍼를 두려워했던 게 아니었을까 한다. 만일 어려서부터 교정훈련을 받았다면 잔혹한 살인마까지는 되지 않았을 법도 하다. 그런데 그렇게 됐을 경우 아마도 교정훈련을 받았을 시기인(그리고 실제로도 첫 범죄 후 교정훈련을 받은 기간인) 10대 때가 아무런 결과도 없다는 유로무화의 흉격인 것으로 봐서는 교정훈련의 결과가 별로 신통찮았을 수도 있겠다. 실제로 10대 시절 대부분을 정신병원에서 보냈지만 만족스런 결과를 얻지 못하였다. 효과는커녕 살인에 대한 정보와 계획만 잔뜩 얻어서 나왔다. 인수와 수미복배의 자리에 놓인 최고의 흉격이나 부모 자리에 놓인 유로무화의 흉격을 보면, 어머니 크라넬 역시 비정상적인 인물이었을 가능성도 있다.

캠퍼는 테드 번디처럼, 다른 살인자와 비교했을 때 자신의 급이 더 높다는 것을 주장하며 '살인자의 급'을 따졌다. 체포 후 같은 기간에 살인을 자행한 허버트 멀린을 만나게 되었을 때 캠퍼는 "너는 급이 없는 살인자다"라고 하면서 멀린을 경멸했다고 한다. 테드 번디가 자신은 예쁘고 젊은 여대생을 죽였으니 매춘부를 죽인 '그린 리버 킬러'보다 급이 높다고 주장했던 것과 어딘지 일맥상통하는 부분이 있다.

그가 비웃은 허버트 멀린은 비조직적 살인범, 즉 무계획적인 정신분열성 살인마였다. 그에 비해 캠퍼는 철저한 계획 하에 여대생을 노린 범죄를 모두 성공시키며 스스로 자수할 때까지 잡히지도 않았으니, 캠퍼의 눈에 멀린은 자기보다 한참 급이 낮아 보였던 모양이다. 정상인이 보기엔 살인이라는 천인공노할 짓에 레벨을 매기는 것 자체가 참으로 어이가 없고, 치밀한 계획살인을 한 캠퍼가 훨씬 더 천인공노할 나쁜 놈인데 말이다.

관(官)이 매우 모양새가 좋으면서 관인상생이 되고, 기문에서 상당히 좋게 보는 천반수까지 끌어먹는 사주다. 천반수까지 끌어먹는 사람의 경우 멀리 내다보는 안목이 있고 더 큰 성공을 위해 당장 급하게 서두르지 않는 면이 있는데, 캠퍼의 범죄에서도 그 특징들이 보인다.

처음 캠퍼는 히치하이킹을 하는 여자들을 노릴 때, 한동안 아무리 자기 취향의 여자를 만나도 절대 건드리지 않고 안전하게 학교까지 데려다 주며 신뢰를 쌓았다. 그런 다음 완전히 준비된 상황에서 치밀하게 계획된 범죄를 저질렀다. 불현듯 심경의 변화를 일으켜 스스로 자수하기 전까진 들키지도, 잡히지도 않았다. 천반수를 끌어먹는 미시적 안목이 살인에서마저 그 진가를 드러낸 것이다.

관인상생답게 머리가 매우 좋고, 학업 성적 역시 우수했던 것으로 알려져 있다. 첫 범죄 후 정신병원에서 받았던 아이큐(IQ) 테스트에 따르면, 지능지수가 136~145였다고 한다.

첫 범죄를 저지른 시기는 유로부화의 흉격이 붙은 관귀운(官鬼運)이다. 이때의 자리에 부모를 상징하는 징조가 있는데 인수가 아닌 관귀의 자리, 즉 부모의 부모격의 자리다. 이 시기에 캠퍼는 첫 번째 살인을 저질렀는데, 바로 할머니와 할아버지를 죽인 것이다. 충동적인 살인이라고 알려져 있으나, 나중에 할머니를 죽인 진짜 이유에 대해 다음과 같이 말하였다.

에드먼드 캠퍼

"할머니를 쏘면 어떤 느낌일지 궁금했을 뿐이다."

사람을 죽이면서도 아무런 감정을 못 느끼는, 전형적인 사이코패스다운 발언이다. 첫 살인이 일어난 시기가 이때인 것과, 할머니를 살해하고도 전혀 반성의 기미 없이 천연덕스럽게 내뱉는 것을 봐서는 유로무화의 흉격이 사이코패스 성향과 관계가 있는 듯하다.

첫 살인 후 범죄자 정신병원에서 치료를 받았는데, 당시 그는 관인상생답게 아주 성실하고 모범적으로 그곳 생활을 하였다. 정신병원에서 대학도 다녔는데, 학업 성적도 우수했다고 한다. 심지어 그곳의 심리학자와 친구가 되고, 나중엔 그의 조수가 되기도 하였다. 이러한 모습은 불행히도 그가 자유의 몸이 되어 본격적으로 큰 범죄들을 저지를 수 있게 하는 데 큰 기여를 하였다. 또한 그곳에서 다른 살인마들을 만났는데, 그것은 살인에 대한 환상을 갖고 그에 대한 정보와 계획을 세우게 하는 데 일조하였다.

하필 백호창광의 최고 흉격이 붙어 금목충(金木冲)을 하는 시기에 캠퍼는 풀려났다. 이때는 손운(孫運)이라 여자를 쫓는 시기이기도 하다. 여자에 대한 관심이 생긴 캠퍼는 어머니에게 여대생을 소개해 달라고 부탁했지만, 어머니 크라넬은 '네 주제에 어떻게 여대생을 만나느냐'며 단칼에 거절하였다. 자존심이 센 캠퍼가 이 일을 계기로 여대생들을 범죄 대상으로 삼게 되었다는 이야기가 있다.

살인은 전부 백호창광 시기에 자행되었다. 자신이 살해한 어머니의 머리를 잘라 성적인 능욕을 한 후 캠퍼는 무슨 이유에서인지 친하게 지내던 경찰들에게 직접 전화를 걸어 자수하였다. 캠퍼는 사형을 원했지만, 당시 사형제도가 중지된 탓에 종신형을 받았다. 그렇다면 캠퍼는 왜 자수를 했을까? 어머니를 죽인 후 가치관에 혼란이 온 건지, 살인자인 자신에게 환멸이나 싫증을 느낀 것인지는 알 수가 없다.

　원래는 엘리트로서 정상적인 길을 충분히 갈 수 있었던 그가, 어머니를 죽인 후에야 원래 갔어야 하는 길이 아닌 돌아올 수 없는 길로 갔음을 깨닫고 멈추려 했던 것일까?

허버트 멀린

Herbert Mullin
비조직적 살인마의 전형

奇門

陰曆: 1947年 閏2月 27日 卯時
陽曆: 1947年 4月 18日 卯時

10	4	1	4
癸	丁	甲	丁
卯	卯	辰	亥
時	日	令月	木年
4	4	5	12

一七

허버트 멀린
(Herbert William Mullin)

Born on   18 April 1947
　　　　　at 06:06 (= 06:06 AM)
Place   Salinas, California,
　　　　　36n41, 121w39
Timezone   PST h8w
　　　　　(is standard time)

五局　上元　穀雨　陽遁

火 月支 英合 傷魂 七一財 壬乙 90 3 六儀擊刑 衰旺 木	月干 杜宜 二六財 丁壬 70 28 和貴 建火	金 日干 歲干 華 歲劫 劫 開德 九九孫 庚丁 柱雀 62 45 義 浴 帶土
<世> 迫驚命 八十 乙丙 甫陰 53 2 時支 木	伏歲馬 伏日馬 一七父 戊 83 10 祿 沖局 土	和生歸 四四孫 己庚 心地 77 17 生 金
木 天馬 制休體 三五兄 丙辛 沖蛇 73 22 死墓 土	時干 制景害 十八鬼 辛癸 任直 68 36 胞 水	水 歲亡 日亡 和死氣 五三官 癸己 蓬天 82 13 ○ 胎 養 金

에드먼드 캠퍼로부터 급이 없다고 무시당한 허버트 멀린의 사주를 보도록 하자.

멀린은 전형적인 연쇄살인마라고 볼 수는 없다. 그는 분명한 정신분열증(정식 명칭은 '조현병'이나, 빠른 이해를 위해 좀 더 대중적인 '정신분열증'으로 표기한다) 환자로, 정신분열증 특유의 기괴한 망상과 환각에 시달리며 환경오염으로부터 세상을 구하기 위해 무계획적이고 충동적으로 살인을 자행하였다.

희한하게도, 시기만 비슷하지 유형이 전혀 다른 살인마인 허버트 멀린도 관인상생(官印相生)이다. 앞의 두 명과 비슷하게 목(木) 바닥의 신약(身弱)한 토(土)인 관인상생이다. 이쯤 되면 다른 부분보다도, 목 바닥의 신약한 토일 경우 문제가 발생할 가능성도 고려해 봐야 할 것 같다. 이렇게 목 바닥의 토일 경우, 정신적으로 피폐할 수 있다는 설명은 이기목 선생님의 저서에 나와 있다.

또 희한한 것은, 1권에 나온 덕혜옹주 역시 멀린과 비슷하게 수화충(水火冲)에 목 바닥의 신약한 토에 관귀(官鬼)가 왕(旺)하고 관인상생이다. 덕혜옹주는 사주가 훨씬 귀격(貴格)을 탄 덕분인지 아니면 귀하게 교육받고 자란 환경 덕분인지 범죄를 저지르진 않았지만, 그녀 역시 심한 정신분열증 환자여서 멀린과 똑같은 정신질환을 평생 안고 살았다.

물론 목 바닥의 토라고 해서 다 피폐한 정신이 되어 비정상적인 삶을 살거나 연쇄살인을 자행하는 것은 아니다. 1권에 나오는 성공한 거부들 중에도 목 바닥의 토가 있었고, 특히 마이클 잭슨은 매우 태신약(太身弱)한 목 바닥의 토에 금목충과 수화충이 모두 되는 사주를 가졌었다. 그 기질을 어마어마한 예술

적 재능으로 승화시킨 것이다.

'무용의 신'이라 불렸던 바슬라브 니진스키를 보면, 발레를 못하게 되자 정신분열증이 발발하여 남은 생애를 광인으로 살았다. 다만, 니진스키 곁에는 아내가 있어서 큰 사건을 일으키진 않았고, 그저 정신병자로서만 살았다. 아마도 이러한 유형의 사람일 경우 예술적 재능으로 그 광증을 승화시키며, 피폐할 정도로 바쁘게 사는 것이 좋은 모양이다.

만일 허버트 멀린도 가족들의 보살핌을 받으며 살았더라면 정신분열증이 발발한 후에도 살인까지는 저지르지 않았을 것이다. 멀린 역시 그런 의미의 말을 한 적이 있다. 정신적으로 문제가 생기면서부터 멀린은 급하게 결혼을 하려 했는데, 이것은 자꾸 엇나가는 자신을 잡아 줄 누군가가 필요했기 때문일 수가 있다. 하지만 이미 정신이 이상해진 후라 말의 앞뒤가 맞지 않는 상태에서 무턱대고 아무에게나 청혼한 거라서 다들 거절했다고 한다.

예술이 정신병과 연관 있음은 과거 수많은 사람들이 주장해 온 것이다. 방사능이 사람을 죽일 수도 있고 사람의 삶을 윤택하게 만드는 에너지가 될 수도 있듯이, 예술가 기질로 보는 특징들이 잘못 풀리면 이렇게 정신병으로 나타날 수도 있다.

멀린은 연쇄살인마로서는 의외로 흉격(凶格)이 거의 없어서, 애초 살인을 즐기거나 하는 등의 사악한 목적으로 살인을 자행한 사람은 아닐 듯하다. 다만, 지나치게 신약하여 왕한 관귀에게 바닥과 머리 위에서 얻어맞고 있고, 물과 불이 부딪히는 수화충의 바탕이다. 때문에 제정신이었을 때도 대단히 변덕스럽고 끈기가 없고 충동적이며, 정신적으로 피폐했을 것이다. 지나치게 왕한 관귀에게 얻어맞으면서 절명(絕命)의 징조가 있어, 이 것으로도 잘못 풀리면 살인자가 될 수 있다.

제정신일 때는 지나치게 감성적이고 변덕스러울망정 성실한 사람이었을 가능성이 크다. 진짜로 성실했는지는 알 수 없으나, 정신분열증이 발발하기 전까진 친구와 여자친구도 있는 평범한 사람이었다고 한다.

대다수 사람들은 10대 후반에 겪은 친구의 죽음이 그의 정신분열증을 발발시킨 주요 원인들 중 하나라고 말한다. 그는 친구나 동료를 뜻하는 비견겁운(比肩劫運)에 친구를 잃었는데, 이 시기의 비견겁에 천마(天馬)가 붙어 있다. 이는 하늘나라로 가는 것으로 나타나기도 한다.

이때 이미 정신분열증 진단이 내려졌고, 워낙 관귀가 왕한 특성상 완치나 호전 가능성은 크지 않았을 듯하다. 여기에 마약이나 술에 빠지기 쉽다는 지망의 운에 들어섰기에 마약 등을 하면서 환각 현상이 더 심해졌다고 한다. 지망(地網)의 시기에 두문천의(杜門天宜), 즉 가만히 있는 게 좋다고 나와 있는 걸로 봐서는 정신병원에 입원하여 치료에만 집중했다면 그렇게 극단적으로 가진 않았을 것이다.

하지만 이후의 운이 관귀운(官鬼運)인 걸로 봐서는 잘 치료받았더라도 크게 호전되지는 않았을 것이고, 기관이나 시설에 들어가서 완전히 통제되는 것 외엔 범죄를 막을 길이 없었을 것 같기도 하다.

허버트 멀린은 11~13명이라는, 결코 적지 않은 수를 죽였음에도 불구하고 연쇄살인마를 꼽을 때 대부분은 포함되지 않는 경우가 많다. 정신분열증 환자가 망상과 환각에 사로잡혀 저지른,

허버트 멀린

비계획적 살인이기 때문이다. 다만, 정신분열증 환자치고는 비교적 많은 수인, 11~13명의 연쇄살인 피해자를 냈다. 아마도 관인상생의 능력이 엉뚱하게도 자신이 행하는 일을 비교적 많이 성공시키는 쪽으로 나타난 모양이다.

  사주로 봤을 때도 허버트 멀린은 흉조 가득한 살인마의 사주라고 단정 짓기 어렵다. 그보다는 자신에 비해 관귀가 지나치게 왕하고 수화충이 심해, 예술가로 승화되지 못할 경우 정신병으로 악화될 수 있는 사주다. 여기에 일지(日支)의 절명으로 인해 죽음과 가까이하려는 특성이 있어, 이것이 정신병과 결합되어 살인자가 된 듯하다.

로베르토 쥬코

Roberto Succo
부모를 죽인 패륜 연쇄살인마

奇門

陰曆: 1962年 2月 29日 未時
陽曆: 1962年 4月 3日 未時

2	8	10	9		
乙	辛	癸	壬	二	
未	未	卯	寅	五	
時	日	令月	木年		
8	8	4	3		
九局	中元	春分	陽遁		

로베르토 쥬코
(Roberto Succo)

Born on   3 April 1962
       at 13:10 (= 1:10 PM)
Place   Mestre, Italy,
        45n29, 12e15
Timezone   MET h1e
         (is standard time)

火 歲干 制生歸 戊壬 八四財 祿衰 英陰 81 9 旺木	天馬 和傷德 三九財 建 庚戊 芮合 56 44 火	金 <世> 華 義驚宜 十二 浴帶 丙庚 時支 柱陳 52 2 土
日干 制死體 貴病 年殺日亡 九三父 月支 壬辛 甫蛇 90 5 木	月干 二五孫 沖局 癸 73 14 土	義休魂 生 五七兄 丁丙 心雀 65 27 金
木 時干 義開命 死墓 歲支 沖直 四八父 辛乙 60 35 土	年殺 義杜氣 胞 一一官 乙己 任天 53 45 水	水 華 迫景害 六六鬼 ○胎養 己丁 蓬地 71 20 金 歲劫

110 1부 세계적인 연쇄살인마

이탈리아에서 태어나 자란 로베르토 쥬코는 불과 열아홉 살에 부모를 죽이고 정신병원에 구금되었으나, 5년 후에 탈출해 다섯 명을 추가로 죽인 연쇄살인마다. 탈출 2년 후에 붙잡힌 뒤에도 또다시 탈출을 시도하다가 실패하고, 곧이어 스스로 목숨을 끊었다.

로베르토 쥬코의 첫 살인이자 가장 유명한 살인이 부모를 죽인 것이라는 점에 주목하면서 포국을 보자. 인수(印綬)에 세지(歲支)가 함께 있으면 친부모로 해석하는데, 이 자리에 기문둔갑 최고 흉격(凶格)인 백호창광격(白虎猖狂格)이 나타나 있다. 또한 세지는 머리를 뜻하기도 한다. 일간(日干)도 지망차폐(地網遮蔽)에 걸려 있어서, 정신증의 징후가 나타난다.

흥미롭게도 일간에 도세주옥(淘洗珠玉), 즉 깨끗한 보옥을 물에 씻는다는 길격(吉格)이 인수와 함께 나타나 있다. 이러한 길격 덕분에 탈옥에 성공한 듯하다. 물론 사회정의를 위해선 탈옥에 실패한 것이 더 좋았겠지만, 흉격도 좋은 일에 쓰일 수 있듯이 기문의 길격도 꼭 좋은 일에만 발휘되는 것이 아님을 볼 수 있다. 살인마들이 흔히 그렇듯이, 도화살(桃花殺)에 잡끼에 지망(地網) 등등 끼가 많다.

금목충국(金木冲局)으로 대단히 성질이 급하다는 것을 볼 수 있다. 금목충 자체도 폭력적인 것을 좋아할 수 있는 성향을 가졌는데, 살인마가 된 가장 큰 흉격은 역시 백호창광격이다. 그 자체로 금목충인 백호창광격이 또 금목충 자리에 떨어져 금목충을 만난 데다, 이것이 더군다나 개문절명(開門絶命)을 만났다. 인망가패(人亡家敗)가 일어난다는 것인데, 여기가 부모 자리다. '부모 살해'의 징후가 너무나 뚜렷하다고 볼 수 있다.

첫 살인을 행한 시기는 많은 예시에서 보았듯이 관운(官運)으로, 왕한 데다 구멍까지 뚫린 관귀에게 얻어맞는 시기에 살인을 실행하였다. 그러잖아도 백호창광과 금목충으로 인해 폭력에 빠지거나 이것이 끼와 결합되어 이상쾌락에 빠지기 쉬운 사주인데, 관귀운(官鬼運)에 사람을 죽이면서 살인의 쾌락에 빠져든 것이다.

그 뒤에 정신병원 탈출은 문괘 좋은 비견겁운(比肩劫運)에 하였다. 이 자리에 '항아분월(姮娥奔月)'이라는 징조가 있는데 월궁 속의 선녀가 분주히 노는 격이라 하여 흥이 극에 달하면 슬픔이 와서, 처음엔 길하나 끝은 흉한 초길후흉(初吉後凶)의 징조다. 이 시기에 탈출에 성공했으나 살인 끝에 다시 붙잡혀 자살로 생을 마감했으니, 확실히 초길후흉이라 하겠다.

윌리엄 보닌

William Bonin
고속도로 킬러

奇門

陰曆: 1946年 12月 17日 子時
陽曆: 1947年 1月 8日 子時

7	4	8	3
庚	丁	辛	丙	四
子	亥	丑	戌	八
時	日	令月	土年
1	12	2	11
八局	中元	小寒	陽遁

윌리엄 보닌
(William George Bonin)

Born on 8 January 1947
            at 00:15 (= 12:15 AM)
Place   Willimantic, Connecticut,
            41n43, 72w13
Timezone   EST h5w
            (is standard time)

火 義 景命 十二鬼 庚癸 蓬合 66 37 木 歲亡日馬	義 死害 死官 五七 戊己 任陳 77 22 火 病 ○祿	金 月干 生氣 二十父 壬辛 沖雀 69 34 土 旺 華
和 休魂 一一孫 丙壬 心陰 67 35 木 年殺 胞	日干 四八財 丁 57 45 土 冲局 伏日亡	制體 七五父 癸乙 杜 甫地 90 9 金 建 天馬
木 歲劫 迫 傷歸 六六孫 乙戊 柱蛇 83 15 土 貴胎養 月支	時干 和 驚宜 三九兄 辛庚 芮直 72 31 水 生 年殺 時支 歲馬日劫	水華 <世> 開德 八四 己丙 英天 53 4 金 帶 浴 歲干 歲支

114 1부 세계적인 연쇄살인마

'고속도로 킬러(The Freeway Killer)'라고도 불리는 윌리엄 보닌은 '나이트 스토커' 리처드 라미레즈와도 사주가 비슷한데, 끼가 많고 금목충(金木沖)이 심한 사주를 가졌다. 다만, 삼형(三刑)이 되지 않아 라미레즈보다는 흉의 정도가 다소 덜하지만, 그보다 결코 못하지 않은 21건의 살해 혐의를 받고 사형을 받았다. 이는 아마도 성장배경이 라미레즈보다 훨씬 참혹했던 탓이 크다.

보닌은 어려서 소아성애 도착자인 외할아버지에게서 성적학대를 받으며 자랐고, 8세 때 절도 혐의로 소년원에 들어가서는 감독관과 청소년 수감자들에게 강간을 당했다고 알려져 있다. 이때부터 보닌은 동성 아동에 대한 성도착증과 정신분열증을 보였다. 금목충의 살성과 참혹한 성장배경이 합쳐져 살인마로 태어난 것이다.

살성이 많은 사주답게 군인으로서는 성공적인 시간을 보냈다. 그러나 군인일 때도 다른 동료 군인을 두 차례 성폭행했다고 한다. 전쟁 중인 베트남에서 있었던 사건이라고 하니, 밝혀지지 않은 다른 범죄를 저질렀을 가능성도 크다.

이후 금목충의 도화살(桃花殺) 붙은 비견겁운(比肩劫運)에 본격적으로 강간 사건들을 많이 저질렀다. 미성년 다섯 명을 강간한 혐의로 정신병원에 5년 동안 있었고, 나온 지 반년 후에 소년을 총으로 위협한 혐의로 3년 넘게 감옥에 수감되었다. 그 후 1년도 채 되지 않아서 미성년 히치하이커(지나가는 자동차를 얻어 타는 사람)를 강간한 혐의로 다시 체포되었다. 이렇게 반복적으로 미성년 성범죄를 저질렀으면 이쯤에서 수십 년은 감옥에서 썩을 법도 한데, 어찌된 일인지 바로 석방되었다. 정상적

인 법체계에서는 결코 일어날 수 없는 일이었는데, 알고 보니 행정상의 실수 때문이었다고 한다.

재밌는 것은 이때의 운이다. 이때의 운을 보면, 문괘(門卦)가 좋은 데다 깨끗한 보옥을 물에 씻는다는 길격까지 붙어 있는 인수운(印綬運)이다. 아마도 인수운의 작용으로 인해 원래는 가중처벌을 받았을 상황에서 바로 풀려난 듯하다. 그 뒤로 보닌은 두 번 다시 피해자의 증언으로 감옥에 가지 않겠다고 결심한 듯 보이며, 이것은 21명을 살해한 결과로 나타났다.

살인을 저지른 시기는 인수운인데, 금목충을 하는 금(金)을 조어해 주는 토(土)의 인수운이라 오히려 흉하게 작용될 수 있다. 인수운이라 그런지 살인 성공률은 매우 높았다. 혐의를 받은 사건은 21건이지만, 당시 인수운인 데다 감옥에 간 후 사형 판결을 뒤엎으려고 무던히 노력했던 것으로 봐서는 세상에 밝혀지지 않은 다른 살인들도 있을 수 있다.

감옥에 수감된 뒤에는 같은 동성애자 살인마인 '점수표 살인마' 랜디 크래프트와 카드놀이를 하기도 했다고 한다. 둘 다 금목충이 되는 사주이니, 꽤나 잘 맞았을 것 같다.

아치볼드 맥카파티

Archibald Mccafferty
일곱 명을 죽이면 아들이 살아난다고 믿은 미친개

奇門

陰曆: 1949年 10月 26日 巳時
陽曆: 1949年 12月 15日 巳時

6	6	3	6	三
己	己	丙	己	四
巳	卯	子	丑	
時	日	令月	年	
6	4	水 1	水 2	

一局　上元　冬至　陽遁

아치볼드 맥카파티
(Archibald Beattie Mccafferty)

Born on   15 December 1949
            at 09:10 (= 09:10 AM)
Place   Glasgow, Scotland,
            55n53, 4w15
Timezone   GMT h0w
            (is standard time)

火迫 驚歸 帶	九八父 建	時支 丁辛 木	柱地 90 15	天馬 制開德 旺	年殺 四三父	歲劫日亡 癸乙 火	心天 60 34	金迫 杜宜 ○病	日干 時干 戊己 衰土	歲干 一六官	華 歲馬 蓬直 54 45
<世> 傷體 浴祿	十七 木	己庚	芮雀 53 7		三四 怨嗔局	伏歲亡 伏日劫 壬 財 土	81 19	和 死魂 貴 ○死	六一 鬼	丙丁 金	任蛇 71 29
木 月干 和 景命 生養	華 五二 兄 土	日馬 乙丙	歲支 英陳 65 31	年殺 休氣 胎	月支 二五 孫 水	辛戊 甫合 56 39		水 和 生害 墓胞	七十 孫 金	庚癸	沖陰 78 28

아치볼드 맥카파티는 독특하게도, 일곱 명을 죽이면 아들이 살아난다는 괴상한 믿음 하에 살인을 저질렀다.

여기서는 특정 숫자에 집착하는 사람이 어떤 경위로 그 숫자에 집착하게 되었는지의 예시를 보도록 하자. 종종 현실에서 일어나는 사건과 연관된 숫자가 기문둔갑의 홍국수(洪局數)의 숫자와 일치하는 것을 볼 수 있다.

맥카파티는 본인이 칠화(七火)로, 자손을 뜻하는 손(孫)은 오십토(五十土)이다. 이 토(土)가 물속에 빠져 있는데, 토 위에 또 칠화가 얹어져 있다. 또한 이때에 경가계(庚加癸) 대격(大格)이라는 흉격(凶格)도 나타나 있다. 맥카파티는 이 운에서 실수로 잠자다가 아들을 압사시켜 죽였다.

자손을 생해 주는 일지(日支)가 칠(七)인데, 자손의 머리 위에 또 칠이 얹어진 운에서 자손이 죽은 것이다. 자손을 생해 주는 것이 칠인데, 일곱 명을 죽이면 아들이 살아난다고 믿은 것이 흥미롭다. 물론 일곱 명을 죽인다고 자손이 되살아날 리 만무하지만, 사주와 일치된 숫자에 집착하거나 홍국수 숫자에 관련해서 사건이 일어나는 것은 기문에서 종종 볼 수 있는 일이다.

랜디 크래프트

Randy Kraft
희생자의 점수를 매긴 점수표 살인마

奇 門

陰曆: 1945年 2月 6日 未時
陽曆: 1945年 3月 19日 未時

4	4	6	2	
丁	丁	己	乙	七
未	亥	卯	酉	七
時	日	令月	年	
8	12	4	10	

七局　中元　驚蟄　陽遁

> 랜디 크래프트
> (Randy Steven Kraft)
>
> Born on 19 March 1945
>   at 14:18 (= 2:18 PM)
> Place N.Long Beach CA, USA,
>   33n52, 118w10
> Timezone PWT h7w
>   (is war time)

火 日干 義 景 魂　三一父　壬丁　芮直　56 病木 38　衰 六儀擊刑	年殺　歲馬　義 死宜 貴死　八六父　戊庚　柱蛇　79 火 18 ○	金華 日劫　歲亡　天馬 時支　生德　五九鬼　乙壬　心陰　65 胞土 35 ○墓
和 休命　四十財　庚癸　英天　60 木 37　旺	月支　伏日馬　祿 和局　七七孫　丙　53 土 45　胎	歲支　制 杜歸　十四官　辛戊　蓬合　90 金 7
木 月干 迫 傷體　九五財　丁己　甫地　88 帶土 12　浴 建	華 年殺　和 驚害　六八兄　癸辛　沖雀　71 水 26	水 ＜世＞　歲干 日　開氣　一三　己乙　46 生養 金	歲劫亡　任陳　3

랜디 크래프트는 동성애자 점수표 살인마로, 피해자들을 강간한 뒤 살해하면서 그들의 점수를 적어 놓은 기록을 남긴 것으로도 유명하다.

사주를 보면 삼살(三殺)이라는 살성을 가진 구금(九金)의 관귀(官鬼)에게 금목충(金木冲)으로 얻어맞으면서 광증을 나타내는 천예성(天芮星), 이상성욕이나 이상취미에 빠질 수 있는 지망차폐(地網遮蔽), 격형(擊刑) 등 앞서도 많이 발견된 다양한 이상 증후들을 가지고 있다.

그런데 문괘(門卦)와 격국(格局)이 매우 좋아서 겉모양은 의외로 대단히 멀쩡했을 테고, 주변에 비춰지는 이미지 역시 좋았을 것으로 보인다.

금목충으로 얻어맞는 살인자들이 흔히 그러하듯이, 금목충의 운에 들어서자마자 살인을 저질렀다. 그것도 가장 살성이 강한 구금의 금에게 얻어맞는 시기에 삼살의 살성이 겹치고, 흉이 증폭된다는 구멍이 뚫렸으며, 배신수인 오불우시격(五不遇時格)도 있다. 아마도 살인할 때 뒤통수를 치는 방법을 많이 사용했을 것이다. 즉 매력과 호의로 유혹한 뒤 함정에 빠뜨렸을 것이다. 이때에도 지망차폐가 있는데, 이것이 역으로 희생자들을 함정에 빠뜨리는 목적으로 써먹었다.

그런데 삼살구금(三殺九金)의 시기를 보면 관귀(官鬼)의 모양새가 대단히 좋고, 자신의 재능을 100퍼센트 발휘할 수 있다는 길격(吉格)까지 나타난 것을 볼 수 있다. 랜디 크래프트는 이 시기에 살인과는 별도로 아이티(IT) 회사에 들어가 능력 면에서 두각을 나타냈는데, 이 모양새 좋은 관귀가 좋은 회사에 취직한 것으로도 나타난 모양이다. 더군다나 재능을 100퍼센트 발휘한

다는 길격 역시 사회생활을 잘하는 데 도움이 되었는데, 특히 회사생활은 성공적으로 했던 것으로 보인다.

일지(日支)의 모양새가 아름다운지라 겉모습은 지극히 정상이었을 것이며, 인간관계도 좋고 능력도 꽤 있었을 것으로 보인다. 이러한 모습들 때문에 아무에게도 들키지 않고 무려 12년간이나 살인을 자행할 수 있었던 듯하다.

원래 성품은 고지식하며, 10대까지는 성실하고 평범한 학생이었을 것이다. 19~26세 때 문제 있는 친구들이나 동료들을 만나고 다소 문란한 생활에 젖었을 수 있고, 이 시기에 동성애에 눈떴을 것으로 보인다.

역시나 문제는 27세(1971년)부터 들어선 금목층의 관귀운에 나타난다. 삼형(三刑)이나 금목층운 중에서도 이 구금의 운이 가장 빠르게 문제가 발생하는 것을 볼 수 있다. 뒤에 나올 리처드 스펙도 삼형의 구금운에 들어서자마자 살인을 자행하였다. 랜디 크래프트 역시 삼살의 구금 관귀운인 1971년이 되자마자 살인을 시작해서 12년간 67명의 사람을 죽였다고 한다. 랜디 크래프트는 화국(和局)으로, 화국은 인생 성공도가 높은 국으로 꼽힌다. 그것이 살인에 있어서도 마찬가지인 모양이다.

잔느 웨버

Jeanne Weber
어린이 전문 여자 오우거

奇門

陰曆: 1874年 8月 27日 午時
陽曆: 1874年 10月 7日 午時

3	4	10	1	
丙	丁	癸	甲	九
午	酉	酉	戌	二
時	日	令	金	年
7	10	10	11	
六局	上元	寒露	陰遁	

> 잔느 웨버
> (Jeanne Weber)
>
> Born on 7 October 1874
>   at 11:00 (= 11:00 AM)
> Place   Keritry, France,
>   48n31, 2e45
> Timezone   LMT m2e45
>   (is local mean time)

火							金		
義景宜 ○養	五六孫	戊庚 生木	歲劫日馬 心地 64 35	日干 和 杜魂 浴	十一孫	年殺 時支 癸 蓬武 丁 89 17 火	義開歸 貴建	七四兄	丙壬 帶土 任虎 77 24
和休害 胎	六五父	乙辛 木	年殺 柱天 70 29	歲干	九二官 戰局	己 59 37 土	和死德 歲馬 日亡 旺	二九	<世> 天馬 月支 辛乙 沖合 47 9 金
木 義驚氣 墓	時干 一十父	壬丙 胞土	華 芮直 90 16	月干 義傷命 死	八三財	日劫 丁癸 英蛇 85 20 水	水華 和生體 病	三八財	歲支 庚戌 甫陰 50 45 衰金

프랑스 출신의 잔느 웨버는 자신의 아이를 포함하여 최소 열 명의 아이들을 교살한 살인마다. 단독 살인범으로는 드물게 여자 연쇄살인마인데, 친자식들을 죽이면서 살인에 맛을 들인 분명한 사이코패스다.

지금도 여성 사이코패스 연쇄살인마는 흔치 않지만, 당시로서도 아주 드물었다. 더군다나 아이가 있는 여성이 어린아이들을 죽였을 거라고는 아무도 생각지 않아, 이리저리 법망을 피해 가며 아이들을 살해하였다.

자신의 아이들을 죽였을 때는 자연사로 결론이 났고, 시누이의 딸을 죽였을 때도 목의 상흔이 있음에도 병사로 결론이 났다. 시누이의 다른 아이를 죽였을 때도 의사는 병사로 결론 내렸다. 형제와 형제의 아이인 조카를 죽였을 때도 병사로 결론 내려졌다. 다른 조카를 죽이려 했을 때 가족들에게 목격되었으나, 배심원들은 아이 엄마가 그런 잔혹한 짓을 했다고 믿지 않은 탓에 석방되었다.

이후 다시 꾸준히 아이들을 살해했으나, 20세기 초 당시의 허술한 검시 기술과 높은 유아사망률 때문인지 계속 병으로 죽은 것으로 결론이 났다. 어린이집이나 소아병원 등에서 일하며 아이를 교살했을 때는 소문이 나서 문을 닫을까봐 우려해서인지, 은밀히 해고만 되었을 뿐 사건은 발각되지 않았다.

결국 1905년부터 자신의 아이를 죽이며 시작된 그녀의 연쇄살인은 1908년에 막을 내렸다. 여관 주인의 아이를 목 졸라 죽이려 하는 것이 발각되어 정신병동에 갇혀 살다가, 10년 후인 1918년에 스스로 목을 매 죽었다.

여성의 경우, 사이코패스 기질이나 흉격(凶格) 등이 있다 해

도 남성에 비해 육체적 능력이 딸리는 데다 타고난 본능이 남자보다는 폭력성이 낮다. 따라서 단독으로 흉악한 범죄를 저지르는 경우가 드물다. 죽인 숫자는 최소 열 명이라고는 하나, 들키지 않은 희생자가 더 많을 가능성이 크다. 살해 대상이 주로 반항할 능력이 없는 어린아이들이고 자신의 아이부터 죽이는 등 범죄의 흉악성이 매우 크다. 대체 어느 정도로 흉악한 사주이기에 이런 범죄를 저질렀을까?

잔느 웨버는 그 흉악성에 매우 걸맞은, 보기 드물 정도로 아주 흉악한 사주를 가지고 있다. 바탕부터 살성 가득한 구금(九金)에, 천반 정격삼형(正格三刑)이다. 격국(格局)을 보면 일단 4대 흉격 중 최고인 백호창광(白虎猖狂)과, 역시 4대 흉격 중 하나인 등사요교(螣蛇妖嬌)를 가지고 있다. 거기다 사이코패스에게서 가끔 발견되는 유로무화(有爐無火)를, 머리를 뜻하는 세지(歲支) 자리에 가지고 있다. 앞서의 살인마들에게서 발견된 특징들을 종합선물세트로 갖추고 있는, 매우 흉흉한 사주인 것이다. 또한 다른 살인마들의 경우처럼 잔느 웨버 역시 끼가 아주 많다. 참으로 눈을 어디 둬야 할지 모를 정도로 흉격과 흉흉함이 많은 사주다.

동처든, 비동처든 간에 흉하지 않은 자리가 없을 정도로 거의 모든 자리가 흉흉하므로 어느 자리에 가서 사건을 일으키든 이상하지 않을 정도다. 하지만 사건을 직접 일으킨 시점은 수화충(水火冲)으로 극관(剋官)하는 시기였다. 이 자리를 보면 자손을 상징하는 손운(孫運)이고 이 자리에 구멍이 뚫려 있는데, 이 운에 들어서서 친자식을 살해하는 것으로 자신의 연쇄살인을 시작하였다.

이 자리의 수미복배(首尾腹背) 자리를 보면 4대 흉격 중 하나인 청룡도주(青龍逃走)가 있는 것을 볼 수 있다. 더군다나 금목충(金木冲)으로 삼형(三刑)을 하는 사주가 수화충까지 만나서 광증이 폭발한 듯하다. 또한 극관운(魁官運)은 특히 옛날 시대에 살았던 여자들에게서 사건사고를 가장 많이 일으키는 운이기도 하다.

역시 어느 자리에 가서 죽든 전혀 이상하지 않으나, 삼형의 금목충인 데다 유로무화의 시기에 가서 스스로 목숨을 끊었다. 아마도 가장 활발히 금목충이 되는 이 8년의 시기에 살인 욕구가 가장 많이 일어났을 것이다. 자살 이유도 흥미로운데, 죄를 뉘우쳐서 죄책감 때문에 죽었다기보다는 살인을 할 수 없는 삶이 답답하고 재미가 없어서 자살했을 가능성도 있다.

결론적으로, 동처에 사지 모두 흉격이 있을 뿐만 아니라 비동처조차 흉격이 가득해서, 비동처까지 포함하면 4대 흉격을 모두 볼 수 있다. 거기에 천반 정격삼형에 자기 자신도 그 자체가 살성인 구금이라, 이건 무슨 흉조 종합선물세트를 보는 것 같은 사주다. 여자로서는 드물게 끔찍한 범죄를 일으킨 사람답게, 남자 살인마들에게서도 보기 드물 정도로 매우 흉흉한 사주라고 할 수 있다.

그럼, 이토록 흉흉한 사주로는 살인자 외엔 될 수 있는 게 없을까? 당연히 아니다. 이러한 사주를 가진 사람에게 가장 좋은 직업은 사진작가다. 흉격은 현대에 와선 사진작가의 재능으로 종종 승화된다. 특히 백호창광, 유로무화의 흉격은 사진작가로서의 재능으로 승화되기 좋으며, 등사요교는 미술적 재능으로 승화될 수 있다. 이것이 합쳐지면 사진작가나 미술가로서는 엄

잔느 웨버

청난 재능을 발휘할 수 있음을 짐작할 수 있다. 이 외에도 작품 활동을 통해 흉한 일을 많이 접하는 배우나 창작자 등도 가능하다.

그러나 사진작가라는 직업은 고사하고 여자가 직업 자체를 갖기 힘들었던 그 시대에는 살인으로밖에 흉격을 표현할 길이 없었다. 직업을 갖기 힘든 시대라면 일찍부터 속세를 버리고 수녀나 비구니 같은 종교인으로서만 살아가는 것이, 이 흉조가 나타나지 않게 하는 가장 좋은 방법일 것이다.

지안프랑코 스테바닌

Gianfranco Stevanin
머리를 다쳐 살인마가 된 테라조의 괴물

奇門

陰曆: 1960年 8月 12日 酉時
陽曆: 1960年 10月 2日 酉時

8	10	2	7	九
辛	癸	乙	庚	六
酉	亥	酉	子	年
時	日	令月	金	
10	12	10	1	

四局　下元　秋分　陰遁

> 지안프랑코 스테바닌
> (Gianfranco Stevanin)
>
> Born on   2 October 1960
>   at 17:00 (= 5:00 PM)
> Place   Montagnana, Italy,
>   45n14, 11e28
> Timezone   MET h1e
>   (is standard time)

火 華			金 歲干		華
義 景 害	五十孫	壬戊	義 開 體	七八父	柱合 丁庚
衰旺 六儀擊刑		英武 62 39 木	貴浴		75 29 土
和 杜 命	十五孫	芮壬 庚壬	歲亡 歲馬日亡 和 死 氣	年殺 二三父	時支 心陰 丙丁
建		87 14 火	生		90 5 金
天馬 日劫 和 休 宜	六九財	戊己 甫地 68 38	月干 九六鬼	乙 57 45 土	
六儀擊刑		病木	刑破局		
木 日干 義 驚 德 死墓 ○	一四財	己癸 沖天 88 9 土	時干 年殺 歲支 義 傷 魂 ○ 胞	八七兄 癸辛 任直 83 21 水	水 〈世〉 和 生 歸 三二 辛丙 胎 養 金 歲劫日馬 蓬蛇 48 2

이탈리아에서 붙잡힌 지안프랑코 스테바닌은 다섯 명의 여성을 성폭행하고 잔인하게 죽인 성범죄 연쇄살인마다. 그는 살인 숫자나 방법보다도 뇌기능 손상과 범행의 관련성에 관한 연구로 유명하다.

그는 정신감정에서 때때로 정신이 나간 듯한 모습을 보였지만, 비교적 좋은 지능지수(IQ 114)로서 정상적인 생활을 할 만한 능력을 가진 사람이었다. 때문에 그의 정신감정은 '정신병이다'와 '정신병이 아니다' 사이에서 오락가락하였다. 특히 그는 16세 때 오토바이 사고로 두개골 외상을 입고 오랫동안 혼수상태에 빠졌으며, 사고 후 집중력 저하와 편두통, 간질성 발작, 뇌막염 등을 앓아 학업을 계속할 수 없었다. 하지만 일반적인 사고를 할 수 있고 일상생활이 충분히 가능한 머리 좋은 사람이었기에, 결국 온전히 재판받을 능력이 있다는 쪽으로 결론 내려져 종신형을 선고받았다. 그리고 몇 년 후, 그의 뇌를 찍은 MRI 사진이 학회에 공개되었다. 지안프랑코 스테바닌의 뇌는 정상인과 크게 달랐는데, 이마 뒤쪽에 미세구조 대신 커다란 얼룩이 자리 잡고 있을 정도로 기능성 신경세포가 광범위하게 손상되어 있었다. 전문가들은 이러한 뇌손상이 그의 범행과 관련 있을 거라는 의견을 보였다.

흥미로운 점은, 지안프랑코 스테바닌의 사주에서 머리 부분이 삼형(三刑)으로 얻어맞고 있다는 것이다. 거기에 머리를 뜻하는 세지(歲支)도 망(網)에 쳐져 있고 구멍이 뚫려 있다. 그것도 물속의 불이 구멍이 뚫려 있는데, 이럴 경우 매우 치명적이어서 불이 꺼진다고 한다. 머리를 상징하는 부분이 망에 쳐져 물속에서 구멍이 뚫려 꺼졌으니, 머리의 빛 일부가 꺼진 것으로 나타난 듯하다. 바로 이 운에서, 머리를 다치는 사고가 일어났다. 더

군다나 천반(天盤)의 삼형으로 머리를 얻어맞고 있어, 이것이 말 그대로 사고를 당해 머리를 얻어맞는 것으로 나타났다. 바탕이 형파국(刑破局)에 정격삼형(正格三刑)인데, 삼형은 형파국 바탕에서 가장 무섭고 그중에서도 정격삼형이 가장 무섭다.

그런데 의외로 문괘(門卦)가 좋고 관인상생(官印相生)이 되면서, 오행 중 가장 머리가 좋다는 음화(陰火)인 것을 볼 수 있다. 관인상생이 되고 머리가 매우 좋으니 아마 겉으로 정상적인 인생을 영위할 능력은 있었을 것이고, 사회생활에서는 어느 정도 멀쩡한 모습으로 살아가는 것도 가능했을 것이다. 이러한 점 때문에 정신병자로 인정받지 못한 듯하다. 사고 이후 집중력이 아주 낮아졌다는데, '물속의 불'이므로 원래 집중력은 좋지 않은 편이다. 그래도 22~29세 때는 학업이나 기술 연마 등 무언가를 배우기 좋은 시기인 데다 원래 머리가 좋고 재능을 발휘할 수 있는 시기이니, 이때까지는 정상적인 삶 혹은 성공적인 삶을 살았을 가능성이 높다. 다만, 이때쯤부터 이상성욕에 눈떴을 수 있다.

문제는 흔히 그러하듯 삼형의 구금(九金)운 때 발생하였다. 원래도 천반 정격삼형인데, 또 정격삼형을 만났다. 그것이 여자와 관련되어 있음을 볼 수 있다. 결국 이때 여자들에게 성범죄 및 살인을 자행하였다.

지안프랑코 스테바닌은 뇌손상의 증거가 뚜렷한 인물이 살인마가 되었을 때 그 원인으로 뇌손상을 추정해 볼 수 있다는, 뇌과학 연구에서의 유명한 예시로 꼽히는 살인마다. 사주에서도 머리를 상징하는 세지의 명백한 문제와 머리를 삼형으로 얻어맞는 것이 실제로 사고로 인한 뇌손상으로 나타나 살인마가 된 예시라고 볼 수 있다.

조셉 베쳐

Joseph Vacher
프랑스의 잭 더 리퍼

奇門

陰曆: 1869年 10月 13日 子時
陽曆: 1869年 11月 16日 子時

5	8	2	6	三
戊	辛	乙	己	四
子	亥	亥	巳	年
時	日	令月	水	6
1	12	12		

五局　上元　小雪　陰遁

조셉 베쳐
(Joseph Vacher)

Born on 16 November 1869
         at 01:00 (= 01:00 AM)
Place   Beaufort, France,
        45n43, 6e35
Timezone   LMT m6e35
           (is local mean time)

火 歲干 和休歸 衰旺 六儀擊刑	歲支 九八鬼 蓬陰 壬己 64 41 木	年殺 制開德 建 四三官	歲劫亡 日干 丁癸 79 15 火 任蛇	金 迫杜宜 浴帶 一六財	歲馬 庚辛 73 26 土 華沖直
義景體 ○貴	十七父 病 乙庚 72 33 木	心合 祿 時干	三四孫 怨嗔局 伏歲亡 伏日劫 戊 55 45 土	和生魂 生	天馬 六一財 己丙 90 10 金 甫天
木 迫傷命 死墓 ○	五二父 土 丙丁 84 12	華 日馬 柱虎	年殺 和驚氣 胞 二五兄	時支 辛壬 75 20 水 芮武	水 <世> 和死害 胎 月干 七十 癸乙 養 月支 英地 52 9 金

프랑스의 잭 더 리퍼(Jack The Ripper), 조셉 베쳐는 1894년부터 1897년까지 3년여 동안 11명의 사람을 죽였다. 직접 만든 토끼가죽 모자가 트레이드마크로 유명하다.

가난한 농부의 열다섯 번째 아이로 태어난 그는 가난에서 벗어나기 위해 군대에 들어갔다. 이후 두 번의 자살 시도가 실패로 끝난 것으로 보아선, 이때부터 우울증 등의 정신질환을 앓았던 것으로 보인다.

군대에 있는 동안 그는 루이스라는 여자를 사랑했지만 거절당하였다. 분노한 그는 총으로 루이스를 네 번이나 쏘고 자신의 머리에도 두 번을 쏘았으나 기적적으로 둘 다 살아남았다. 이 사건으로 베쳐는 뇌가 손상되어 얼굴 한쪽이 마비되었는데, 사람들은 거부감을 갖고 그를 대하였다. 안면마비 기형으로 인한 사람들의 거부감과, 뇌손상으로 인한 정신질환의 악화가 훗날의 비극을 초래한 듯하다.

이 사건 후 베쳐는 정신병원에 수감되는데, 1년 후 의사로부터 완치 판정을 받고 석방되었다. 정신병원에서 나온 베쳐는 곧 살인을 시작하였다.

그의 손에 죽은 희생자는 성인 여성 한 명, 10대 소녀 다섯 명, 10대 소년 다섯 명이다. 베쳐는 그들을 강간하고, 별명에 걸맞게 칼로 여러 번 찌르고 내장을 꺼냈다. 체포된 후 그는 정신이상을 피력하며, 자신이 광견병에 걸린 개한테 물려 미쳤다고 주장하였다. 정신병원에서 탈출해 살인 사건을 벌였으니 미친놈인 건 맞지만, 적어도 광견병 걸린 개에 물린 것은 사실이 아니었다. 사형을 선고받고 죽지 않으려고 반항하던 그를 사형 집행인이 억지로 끌고 가서, 결국 단두대의 이슬로 사라졌다. 아마

도 지금에 와선 그를 사이코패스라기보다는 정신질환자로 보는 시각이 많은 듯하다.

그의 사주를 보면, 정신증의 징후가 상당히 뚜렷하다.

우선 일지(日支)와 일간(日干)에는 복간격(伏干格)이 걸려 있다. 또한 머리를 상징하는 세지(歲支)에 가장 심하게 흉이 걸려 있다. 지망차폐(地網遮蔽)와 격형(擊刑)이 동시에 걸려 있으니 말이다. 격형에 걸리면 지망차폐의 흉이 증폭된다. 수봉(粹峯) 이기목 선생님께서 풀이하신 설명을 보면, '지망차폐가 육의격형과 함께 있으면 태풍과도 같아서 신체장애가 올 수 있다'고 하는데, 이것이 머리 부분에 걸려 있다. 과연 베쳐는 이것이 안면장애로 왔다.

게다가 이 머리 부분의 천반에 정격삼형(正格三刑)까지 걸려 있다. 전체적으로도 머리 부분에 해당하는 이 세지의 관귀를 심하게 때려 버리는 금목충(金木冲)을 하고 있는데, 일지와 일간은 서로 수화충(水火冲)을 하고 있다. 이 정도면 정신증의 징후는 꽤 충실하게 골고루 갖춘 셈이다. 더군다나 신약(身弱)하고, 사주의 흐름은 깨져 있다.

머리 부분이 쇠로 얻어맞는 나무인 데다 삼형(三刑)까지 걸려 있는 것이 주목할 만하다. 머리에 총을 쏴 자살 시도를 함으로써 안면마비가 오고, 뇌가 손상되어 더 미친놈이 되었으니 말이다. 이때 차라리 죽었으면 참 다행이었건만, 시기를 보니 그나마 목(木)을 생해 주는 수(水)의 시기라 죽음까진 가지 않은 듯하다.

또한 이 시기는 여자운이기도 해서, 이때 만난 여자에게 완전히 반하였다. 그렇다고 식신생재(食神生財)로 충실하게 잘해 주는 형국도 아니고, 여자의 역할도 좋지 못하다. 더군다나 여자의 모양새나 자리가 자신보다 훨씬 좋아서, 아마 언감생심 올라가지 못할 나무를 쳐다보았을 것이다.

풀려난 시기는 하필 인수운(印綬運)이다. 인수운에는 살인 성공률이 높은 것을 종종 볼 수 있다. 인수운에 관인상생(官印相生)은 되지만 금목충의 흉은 전혀 해소되지 않는다.

목은 신체를 상징하기도 하는데, 금(金)의 손(孫)으로 나무를 사정없이 찍어 내리고 있다. 이렇게 손으로 쇠를 이용해 사정없이 금극목(金剋木)을 하는 것이, 칼로 살인을 저지르는 것으로 나타났다. 여자 자리가 매우 왕(旺)하고 거기에 잡끼를 타고 있어서, 이것은 변태끼로 변질되어 강간으로 발현되었다.

총 역시 총알이 쇠로 만들어져 있으니 금에 해당하는데, 총으로 인한 사고는 아마도 삼형의 작용도 컸을 것이라 여겨진다. 살인할 때 총을 사용하지 않은 까닭은 안면장애의 원인이 총이어서 그에 대한 공포심이 있었을 수 있지만, 사주로 보면 아마도 칼질 자체를 꽤 즐겼을 것이라 생각된다.

죽음조차도 칼날과 관련 있는데, 단두대에서 머리가 잘려 죽었으니 참으로 사주에 걸맞은 범죄를 벌이다가 사주에 걸맞은 최후를 맞이하였다.

페터 퀴르텐

Peter Kürten
뒤셀도르프의 뱀파이어

奇門

陰曆: 1883年 4月 20日 寅時
陽曆: 1883年 5月 26日 寅時

5	7	4	10
戊	庚	丁	癸
寅	午	巳	未
時	日	令月	火年
3	7	6	8

八六

二局 中元 小滿 陽遁

페터 퀴르텐
(Peter Kürten)

Born on 26 May 1883
at 03:30 (= 03:30 AM)
Place Mulheim/Koln, Germany,
50n59, 7e01
Timezone LMT m7e01
(is local mean time)

火 日干 制害 帶建	月支		<世> 和傷命 旺		金華 義驚體 病衰 六儀擊刑		歲支	
生害 四十兄	乙庚 木	蓬地 72 30	九五	丁丙 火	驚 六八官	時干 己戊 土	沖直 83 20	
年殺 制死宜 浴祿	歲劫日馬 五九孫	壬己 木	心雀 77 29	伏天馬 八六 和局	辛 土	日劫 財 68 36	歲干 義休氣 死	庚癸 金	歲亡 甫蛇 58 41
木 月干 義開德 生養	時支 十四孫	癸丁 土	柱陳 57 45	年殺 義杜魂 胎	七七父	戊乙 水	芮合 90 12	水華 迫景歸 胞○墓	二二父	丙壬 金	歲馬日亡 英陰 60 38

페터 퀴르텐은 비정상적인 성장환경이 만들어 낸 끔찍한 변태 괴물로, '뒤셀도르프의 뱀파이어'라는 별명이 말해 주듯이 피를 보면 흥분하고 가학적 성향이 심하였다. 그것이 쾌락살인으로 발전한 듯하다.

그의 어린 시절을 보면, 자식들 앞에서 어머니와 여동생들을 성폭행하는 아버지 밑에서 자랐다. 그 영향인지 그는 어린 시절부터 아버지를 따라 여동생들과 성적 관계를 가지며, 동물을 상대로 변태적인 성행위를 하는 동시에 죽이는 행위로 쾌락을 느꼈다고 한다.

그의 정신이 본격적으로 이상해지고 이상성욕이 발달한 시기는 13~20세 때의 관귀운(官鬼運)이었을 것으로 보인다. 원래도 양인살(羊刃殺)이 있는 데다 패란(悖亂)과 격형(擊刑)의 정신적 징후가 있지만, 아마도 이것이 어린 시절의 환경과 결합되어 특히 관귀운에 극심하게 힘든 시절을 겪으면서 정신증으로 발전한 듯하다.

특히 손(孫)의 등사요교격(螣蛇妖嬌格) 역시 끼로 발전하지 못하고 이상성욕으로 나타났는데, 이것이 금목충(金木冲)을 하고 있다. 이것이 신체훼손을 통한 이상성욕으로 발전하였다.

이전 운인 6~12세 때도 인수운(印綬運)이라고는 하나, 자형을 하는 데다 삼살(三殺)의 살성이 발동하는 시기다. 이때 폭력적인 가정환경을 통해 살성에 관한 일을 많이 보고 배웠을 것이고, 그 폭력성이 적극적으로 드러난 시기는 13~20세 때였을 것이다. 최초의 살인은 삼살의 운 때 자행했다고 하는데, 친구들을 물속에 빠뜨려 죽인 사건이었다. 인수운이라 그런지 전혀 혐의를 받지 않고 그냥 사고사로 처리되었다고 한다. 쾌락을 위한

첫 살인은 39~40세 때의 관귀운에 자행되었다.

흥미로운 점은 그의 아내가 전직 창녀이자, 약혼자를 죽인 여자였다는 것이다. 퀴르텐은 결혼 후에도 강간살인을 저질렀지만, 아내와의 사이엔 큰 문제가 있다고 나와 있지 않다. 오히려 아내가 막대한 현상금을 받을 수 있도록 자신을 신고하라고 시키기도 하였다.

양인살의 남자는 극관(尅官)의 여자와 잘 맞는다고 한다. 여자가 약혼자를 죽인 것 자체가 심한 극관의 행동이고 창녀 역시 극관의 직업 중 하나로, 아마도 아내는 극관의 여자였을 것으로 추정된다. 여자들을 죽인 남자와 남자를 죽인 여자 커플이라니, 어울릴 만도 하다.

사주에서 흉조들은 많지만, 평소 모습은 소탈하고 말끔했을 것으로 보인다. 일간(日干)의 모양새가 괜찮고 화국(和局)이기 때문이다. 또한 화국은 살인 성공률이 높거나 빨리 들키지 않는 면이 있다.

방화광이기도 해서 불난 장면을 지켜보는 것을 즐기고, 화염 속에서 도와달라고 하는 사람들을 보며 희열을 느꼈다고 한다. 또한 별명답게 피를 보는 것만으로도 흥분하고 마시는 것을 즐겼는데, 희생자의 피를 너무 많이 마셔서 토한 적도 있다고 한다. 아마도 인수가 화(火)인데, 인수가 없음으로 해서 이 인수에 대한 갈망이 화에 대한 갈망으로 잘못 나타난 것일 수 있다. 피는 일반적으로 화에 속한다.

연쇄살인마답게 죄책감이 전혀 없었고, 심지어 '인간 사회는 비난하겠지만 절대자는 나의 행동이 옳았다고 할 것'이라는 황당한 말을 남겼다. 필자의 생각으로는, 인간 사회보다는 절대자가 더 큰 벌을 내릴 것 같은데 말이다.

　페터 퀴르텐은 패란에 극관으로, 원체 무언가에 얽매이거나 압박당하는 것을 아주 싫어하고 세상의 기준에 반항하는 것을 좋아하는 성향을 가졌다. 그러니 자신이 좋아하고 즐기는 것을 옳다고 주장하고, 그것이 죄로 규정되어 압박당하는 것을 낡은 관습이라 생각하며 싫어했을 것이다.

페터 퀴르텐

클리포드 올슨

Clifford Olson
BC주의 짐승

奇門

陰曆: 1939年 11月 22日 亥時
陽曆: 1940年 1月 1日 亥時

10	10	3	6
癸	癸	丙	己
亥	卯	子	卯
時	日	令月	年
12	4	水 1	4

二三

클리포드 올슨
(Clifford Olson)

Born o 1 January 1940
at 22:10 (= 10:10 PM)
Place   Vancouver, Canada,
49n16, 123w07
Timezone   PST h8w
(is standard time)

七局　中元　冬至　陽遁

火 迫 驚體 ○	八七 養	丁丁 財 胎木	甫蛇 90 13	制開氣 貴胞	三二 財	歲馬日馬 庚庚 火	英陰 65 36	金 迫 杜害 死墓	十五 官 土	壬壬	芮合 61 45	華
<世> 傷歸 生	日干 九六	時干 癸癸 木	歲支 沖直 54 6	月干 刑破局	二三 孫	天馬 丙 土	歲亡日亡 82 16	和 死命 病	五十 鬼	戊戊 金	柱陳 74 33	
木 和 景魂 浴祿	歲干 四一 兄	己己 帶土	任天 69 34	年殺 休德 建	一四 父	月支 辛辛 水	蓬地 62 40	水 和 生宜 旺衰	歲劫日劫 六九 父	乙乙 金	心雀 80 25	

클리포드 올슨은 캐나다 역사상 최악의 연쇄살인범 중 하나로 꼽힌다. 스스로를 'BC주의 짐승(Beast of British Columbia)'이라 칭하며, 1980년부터 8개월여에 걸쳐 어린이 및 청소년 11명을 살인하였다. 살인 후엔 반성은커녕 너무도 당당한 모습을 보였는데, 인터뷰 내용이나 태도를 보다 보면 아무 상관없는 사람도 뼛속에서부터 분노가 치밀어 오르며 뒷골이 당길 정도로 매우 뻔뻔하였다.

사주를 보면 살인마들 사이에선 놀라울 정도로 흔한 삼형(三刑)이 나타나 있다. 불규칙삼형이라고는 하나, 삼형 중 가장 무섭다는 형파국(刑破局) 바탕의 삼형이다. 또한 일간(日干), 세지(歲支), 일지(日支)에 흉격이 있을 경우에 정신증이 있을 수 있다고 하는데, 이 세 개가 모여 전부 천망사장(天網四張)에 이중으로 걸려 있다. 거기에 지라점장(地羅占蔣)까지 걸려 있다. 정신증의 징후는 이미 너무나 풍부하다고 봐야 할 것이다. 거기다 잘 승화된 형파국은 당당함과 깡이 있고 카리스마가 넘치며, 세계적으로 유명한 천재 운동선수 등 장점으로 나타나기도 하지만, 잘못된 형파국은 매우 뻔뻔한 경향이 있다.

범죄는 삼형운 또는 관귀운(官鬼運)에 저지르는 것을 많이 볼 수 있는데, 올슨의 경우 쌍관(雙官)의 관귀운에 살인을 저질렀다. 17~25세의 삼형운이나 26~33세의 사문절명(死門絶命)의 관귀운도 그냥 얌전히 지나갈 시기는 아니었을 터인데, 아마 이때에 자잘한 범죄를 저질렀거나 혹은 개인적인 불행이 왔을 수도 있다. 권투선수를 했다는 말도 있는데, 선수 시절에는 승부욕으로 승화되어 범죄를 덜 저질렀을 것이다.

존 에드워드 로빈슨
John Edward Robinson
사이버 섹스 킬러

奇門

陰曆: 1943年 12月 1日 寅時
陽曆: 1943年 12月 27日 寅時

3	6	1	10
丙	己	甲	癸	二
寅	未	子	未	二
時	日	令月	水年
3	8	1	8

四局　下元　冬至　陽遁

존 에드워드 로빈슨
(John Edward Robinson)

Born on 27 December 1943
at 04:21 (= 04:21 AM)
Place Chicago, Illinois,
41n51, 87w39
Timezone CWT h5w
(is war time)

火 制宜 死墓 六儀擊刑	月干 八六孫 木	壬戊 81 15	任地	歳干 和	傷魂 貴病	三一孫 火	乙癸 56 42	沖天	金華 義 旺	⟨世⟩ 驚歸 衰	十四 土	時干 戊丙 52	歳支 甫直 4
制 死害 胞	九五父 木	丁乙 90 9	蓬雀	日干 和局	二鬼 土		73 17		義 休德 建	癸辛 兄 金	五九 65 34	歳馬 日馬	英蛇 歳劫 日劫
木 義 開氣 六儀擊刑 ○胎	四十父 土	庚壬 60 41	時支 心陳	天馬 義 杜命 歳亡 日亡	一三財 水	辛丁 53 45	年殺 月支 柱合	迫 景體 浴	六八財 金	丙庚 71 25	芮陰

152 1부 세계적인 연쇄살인마

존 에드워드 로빈슨은 '최초의 인터넷 연쇄살인마'로도 불린다. 별명을 봐서 짐작하겠지만, 인터넷을 통해 섹스 파트너를 찾은 뒤 살해하는 방식으로 범죄를 저질렀다. 총 여덟 건의 살인이 확정되어 있지만, 최종 집계는 알 수 없다고 한다.

그의 사주를 보면 격국(格局)의 흉조는 의외로 별로 없고, 일지(日支)와 세지(歲支)에는 청룡회수격(靑龍回首格)이라는 기문둔갑 최고의 길격(吉格)마저 나타나 있다.

다만, 그의 사주는 매우 왕(旺)한 관귀(官鬼)가 중앙에 나타나 일간(日干)과 함께 자신을 치는 양상으로, 이것은 충분히 비정상적인 정신증으로 발달할 수 있다.

관귀가 매우 왕한 불(火)이라는 것이 주목할 만하다. 기문에서는 인터넷을 불로 보기 때문이다. 매우 왕한 불이 또 다른 자신을 뜻하는 일간과 함께 있는데, 이것이 여자를 끌어들여 자신을 치고 있다. 인터넷 속 또 다른 자신의 모습으로 희생자를 끌어모은 것과 어딘지 일맥상통해 보인다. 여자의 모양새에 구멍이 뚫려 있고 천마를 타고 있으며 절명이 붙어 있는 등 모양새가 좋지 않은데, 이것이 여자를 죽이는 형태로 나타났다. 또한 일간과 일지가 직충하는 모양새가 사디스트(가학 성애자)나 마조히즘(피학 성애자) 같은 이상 성향으로 나타날 수 있다. 물론 이것은 디자이너 등의 사주에도 보이듯이 창작적 성향으로 승화되기도 한다.

살인이 시작된 때는 42세(1984년)부터로, 기문에서의 남자 사주에선 여자를 상징하는 재(財)와 수미복배(首尾腹背)의 자리다. 이것이 재운까지 이어져 살인으로 나타났다. 아무래도 재의 흉한 모양새가 살인과 연관 있는 듯하다.

화국(和局)답게 살인 성공률이 높았는지, 밝혀진 피해자만 여덟 명이다. 하지만 희생자가 더 있을 수도 있고, 꽤나 늦게 잡힌 편이다. 첫 살인이 1984년에 일어났는데 잡힌 시기는 2000년도였다. 왕한 금(金)이 또 금을 만난 시기에 잡혔는데, 다른 예시에서도 왕한 금이 또 금을 만났을 때 개인적으로 흉흉한 일이 일어날 수 있음을 볼 수 있다.

마르크 뒤트루

Marc Dutroux
샤를루아의 괴물

奇門

```
陰曆: 1956年 10月 4日 辰時
陽曆: 1956年 11月 6日 辰時
```

```
 1    4    5    3
 甲    丁    戊    丙     四
 辰    丑    戌    申     九
 時    日    令    金     年
 5    2    11    9
```

```
二    下    霜    陰
局    元    降    遁
```

火 歲干 杜德 帶建	華 歲馬 十三父 日劫	時支 甫合 79 25 木	年殺 和 傷歸 旺	五八父 庚庚 火	英陰 90 15	金 月干 義 驚魂 ○病	二一鬼 戊戊 衰土	歲支 芮蛇 82 20
迫開氣 浴	歲劫 一二兄 乙乙 木	沖虎 80 22	日干 日亡 迫 戰局	四九財 丁 土	70 34	水 時干 迫 景宜 ○死	年殺 七六官 壬壬 金	歲亡 日馬 柱直 58 45
木 <世> 死害 祿生養	華 六七 辛辛 土	任武 51 7	迫 生體 胎	三十孫 己己 水	蓬地 85 19	水 月支 義 休命 墓胞	八五孫 癸癸 金	天馬 心天 66 39

마르크 뒤트루
(Marc Paul Alain Dutroux)

Born on 6 November 1956
        at 07:35 (= 07:35 AM)
Place   Ixelles, Belgium,
        50n50, 4e22
Timezone   MET h1e
           (is standard time)

'샤를루아의 괴물(Monstre de Charleroi)'로 불린 마르크 뒤트루는 여섯 명의 어린 여자아이를 납치해 성적으로 학대하고 그중 네 명을 사망에 이르게 한, 벨기에의 아동성범죄자이자 연쇄살인마이다. 그는 붙잡힌 뒤 '나는 소아성애 범죄 조직의 졸개에 불과하다'고 주장했으나, 실제로는 졸개가 아니라 국제 아동 포르노와 매춘 조직의 실질적 지도자였다고 알려져 있다.

사건 수사와 관련하여 벨기에 경찰의 무능함과 구멍 뚫린 사법 체계는 전 세계적으로 이슈가 되었고, 국가에 대한 벨기에 국민의 신뢰는 땅에 떨어져 대규모 시위가 일어났다. 이때 국민의 분노는 어마어마해서, 잔혹하게 순결을 잃은 어린 소녀들을 기리며 30만 명 이상의 시위대가 순결을 상징하는 흰색 옷을 입은 채 시내를 행진하면서 정치와 사법 체계의 개혁을 요구했다고 한다.

혐의를 받은 살해 건수는 대략 다섯 건인데, 그 유명세나 다른 유명한 연쇄살인마에 비해 비교적 소박한(?) 수치다. 그러나 범죄 대상의 나이가 매우 어리고 범죄 목적이 아동 포르노 제작 및 매춘 조직에 팔아넘기기 위해서였다는 점, 또 범죄 수법이 파렴치하고 잔인하며 사법 체계의 미숙으로 더 많은 범죄를 일으켰다는 점 등으로 인해 다른 연쇄살인마보다 더 강렬한 인상을 준다. 사건 내용으로 봤을 때 한마디로 혈압을 엄청나게 상승시키는 '혈압 브레이커 살인마'라 할 수 있다.

사주를 보면 순양(純陽)인 것이 눈에 띈다. 순양은 성국(成局)이 되면 원상통기(圓狀通氣)이지만, 성국이 없다면 대부분 국이 모두 깨지게 된다. 때문에 삼살(三殺)로 금목충(金木冲)을 하고, 다시 은복삼형(隱伏三刑)을 하며, 수화충(水火冲)으로 관귀(官

鬼)에 얻어맞고 있는 등의 국이 깨진 살성들이 보인다. 삼살로 재(財)에 묶여 가는 것으로 보아선 돈과 여자 자체를 매우 밝혔을 것으로 보인다. 이 외에도 패란(悖亂), 자리죄명(自罹罪命) 등의 흉격(凶格)들을 갖추고 있다.

재 위에 사구금(四九金)이 있는 것이 주목할 만하다. 이럴 경우 상대 여자가 연상이거나 아예 많이 어린 나이 등으로 나타나는데, 이것이 소아성애로 표현되었다.

국제 아동 포르노와 매춘 조직의 길로 들어선 시기는 26~34세의 금목충하는 재운(財運)으로 보인다. 이때 다섯 명의 아동을 성폭행하여 13년형을 선고받았으나, 모범수라는 이유로 3년 만에 출소되었다. 이 일은 훗날 대중의 큰 분노를 일으켜서, 성범죄자들에 대한 가석방 요건을 강화시키는 계기가 되었다.

이후 본격적인 범죄 및 살인을 저지른 것은 40~45세 때의 관운(官運)이다. 관운에 살인을 저지르는 것은 다른 예시에서도 볼 수 있었다.

공범자 중에는 뒤트루의 아내인 미셸 마르탱도 포함돼 있었다. 마르탱은 뒤트루가 자동차 절도로 감옥에 가 있는 동안 그가 납치한 여덟 살의 두 소녀에게 음식을 주라는 부탁을 받았지만, 그렇게 하지 않아 이들이 굶어 죽게 만들었다. 이때 음식을 주라고 부탁한 다른 공범자도 이를 실행하지 않았고, 이에 분노한 뒤트루는 공범자도 살해한 뒤 굶어 죽은 두 소녀와 함께 암매장하였다.

아내인 미셸 마르탱은 두 소녀가 자신을 공격할까봐 두려워서 음식을 주지 않았다고 했는데, 굶어 죽어가는 여덟 살짜리 소녀들한테 공격당할까봐 굶어 죽도록 방치했다는 걸로 봐서는 아내 역시 정상적인 여자는 아니었던 듯하다. 두 소녀는 뒤트루로부터 성적 학대를 받고 있던 아이들이었으므로, 그녀는 남편을 공유하는 경쟁자로 보고 미워서 음식을 주지 않은 것일 수도 있다. 여자 자리가 삼살에 삼형이 겹쳐져, 사주로 봐서도 본처 역시 정상은 아니었을 것이다.

　순양의 원상통기일 경우 패도군주라 하여 일대 혁명을 일으키는 것도 볼 수 있다. 그렇다면 성국이 되지 못해 국이 모두 깨진 순양의 사람이 범죄자가 될 경우는 어떠할까? 국이 모두 깨짐으로써 범죄를 저질렀고, 그 역시 국가적인 분노를 일으켜 사법 체계의 혁명을 가져왔다. 순양의 경우 패도(悖道)의 성향을 가진 것은 원상통기가 되지 않고, 국이 깨진 경우에도 마찬가지인 모양이다.

마르크 뒤트루

찰스 올브라이트

Charles Albright
안구 킬러

奇門

陰曆: 1933年 6月 19日 巳時
陽曆: 1933年 8月 10日 巳時

4	5	7	10	
丁	戊	庚	癸	八
巳	申	申	酉	七
時	日	令	月	年
6	9	9	10	10

찰스 올브라이트
(Charles Frederick Albright)

Born on   10 August 1933
            at 10:35 (= 10:35 AM)
Place   Amarillo, Texas,
            35n13, 101w50
Timezone   CST h6w
            (is standard time)

八　下　立　陰
局　元　秋　遁

火華	時支		年殺	歲馬日亡	金歲亡	＜世＞	時干	月支
制 生魂	四一孫	丙壬 蓬陰	迫休宜	九六孫	戊乙 任蛇	和	六九	癸丁 景德 沖直
養 生		85 木 12	浴		67 火 37	建 帶		51 土 9
歲干				天馬	伏日劫		年殺	歲支
制 死命 貴	五十父	庚癸 心合		八七鬼	辛	制 傷歸	一四兄	壬己 甫天
○ 胎		90 木 11	刑破局		81 土 19	旺		71 金 26
木	日干	華		月干		水	月干	歲劫日馬
迫 杜體 ○ 墓	十五父	己戊 柱虎 胞 土	和 開害 死	七八財	丁丙 芮武		二三財	乙庚 英地
		70 31			58 水 45	病 衰		73 金 22

찰스 올브라이트는 1990~91년에 세 명의 매춘부를 살해한 연쇄살인마다. 특히 살인한 사람들의 눈을 도려낸 까닭에 '안구 킬러(The Eyeball Killer)'라는 별명으로 유명하다.

연쇄살인마치고는 비교적 늦게 살인을 시작했는데, 58세(외국 나이로 56, 57세)에 첫 살인을 저질렀다. 물론 이것이 그의 첫 범죄는 아니었고, 열세 살 때 절도 및 폭행으로 이미 체포된 바 있다. 대학에서는 의과대학의 예과 과정인 '프리 메드(Pre-Med)'를 이수하지만 졸업하기 전에 쫓겨났다. 그 이유는 그의 절도 기질과 관련 있는 듯하다. 이러한 프리 메드 이수가 훗날 '안구 킬러'가 되는 데 일조하였다.

졸업은 못 했지만 학사와 석사 학위를 위조했다고 한다. 그 뒤에도 절도 사건으로 감옥에 다녀오기도 했고, 자신의 아홉 살 짜리 딸을 성희롱해서 집행유예를 받기도 하였다.

사주를 보면, 등사요교(螣蛇妖嬌)의 흉격(凶格)이 확연히 눈에 띈다. 이것 자체가 요사스러움, 성적인 문제, 사기꾼 기질로 발동되기도 하는데, 이 등사요교격이 학위 위조 등의 사기꾼 기질로 발동하였다. 거기에 이제까지도 종종 발견된 바 있는 천망사장(天網四張)도 함께 있다.

의외로 문괘(門卦)가 좋고 별 경(景)의 문괘를 지니고 있는데, 이것은 좋은 일로 피를 보는 것을 의미하기도 해서 의료계 쪽에서 가끔 보인다. 이러한 맥락에서 의료계에 관심을 가졌을 것이다. 하지만 등사요교의 흉격으로 인해 좋은 의사가 됐을지는 확신할 수 없다. 일간(日干)의 쌍인(雙印)을 보건대, 학습 능력 자체는 있었을 것으로 보인다.

첫 범죄를 저지른 시기는 관운(官運)이며, 이후 첫 살인을 저

지른 시기도 천반의 관운이다. 재밌는 것은 불(火)의 관운인데, 눈은 오행(五行) 중에서 불에 속한다. 물로 불을 끄는 방식으로 극관(尅官)을 하고 있다. 이것은 동시에 정신증 징후 중 하나인 수화충(水火冲)의 기질이기도 하며, 등사요교의 흉격 자체가 수화충의 기질로 본다.

첫 범죄와 첫 살인을 저지른 시기가 모두 불의 관귀운(官鬼運)인 것으로 봐서는 범죄를 저지르는 게 불의 관귀의 작용인 듯한데, 불에 속한 부분인 안구를 도려내는 것에 집착했다는 것이 흥미롭다.

보통 가장 위험한 시기로 보는 삼형운(三刑運)에서는 의외로 감옥에 갈 만큼의 강력범죄를 저지르진 않은 것 같은데, 이 시기에 의과대학을 수료했을 가능성이 있다. 삼형의 살을 의과대학 수료로 푼 듯하다. 그러나 재(財)를 삼형으로 치는 시기라, 절도 사건은 일으켰다.

살인 시기는 말했다시피 천반의 관귀운부터 천반의 구금운(九金運)까지다. 앞서 왕(旺)한 구금이 또 왕한 금을 만났을 때 흉한 일이 일어날 수 있다고 했었는데, 여기서도 역시 왕한 구금이 또 구금을 만났을 때 살인을 저질렀다. 도화살 등의 여러 가지 잡끼가 붙은 시기였으며, 이것이 매춘부 살인으로 나타났다.

다행히 빨리 붙잡혔기에 망정이지, 빨리 잡히지 않았다면 사건을 더 일으켰을 가능성이 충분히 많다.

어렸을 때 박제사에 관심을 가졌다는 말도 있는데, 사주로 보아선 의료계 성향보다는 예술적 성향이 더 강하기 때문에 만일 본인이 희망한 대로 예술적 장인에 가까운 박제사 등이 되었다면 범죄자의 길에 들어서지 않았을 수도 있다.

데이비드 카펜터

David Carpenter

등산로 살인마

奇門

陰曆: 1930年 4月 8日 亥時
陽曆: 1930年 5月 6日 亥時

6	3	8	7	
己	丙	辛	庚	六
亥	辰	巳	午	三
時	日	令月	火年	
12	5	6	7	

一局　中元　立夏　陽遁

데이비드 카펜터
(David Joseph Carpenter)

Born on   6 May 1930
　　　at 21:16 (= 9:16 PM)
Place   San Francisco, California,
　　　37n47, 122w25
Timezone   PST h8w
　　　(is standard time)

火華 〈世〉 月干 月支	歲亡日劫 歲支	金 時干
傷體 二七 丙辛 任地 47	和 杜氣 七二兄 庚乙 沖天 66	義 開害 四五孫 辛己 甫直 54
帶 建 木 7	祿 旺 火 30	病 衰 土 39
歲干迫 年殺 歲劫日亡	日馬	年殺
驚歸 三六官 戊庚 蓬雀 50	六三父 壬 90	和 生命 九十孫 乙丁 英蛇 83
浴 六儀擊刑 木 45	和局 土 10	死 金 27
木 日干 天馬	制 景德 五四財	水華 歲馬 時支
制 休魂 八一鬼 癸丙 心陳 74	丁戊 柱合 59	和 死宜 十九財 己癸 芮陰 84
○ 生養 土 28	○ 貴 胎水 34	墓 胞 金 19

'등산로 살인마(The Trailside Killer)' 데이비드 카펜터는 1970년대 말부터 1980년대 초까지 미국 캘리포니아를 떠들썩하게 한 연쇄살인마다. 1979년부터 샌프란시스코 주위의 울창한 숲속에서 15명 이상이 연쇄살인에 희생되었다.

카펜터는 뚜렷한 정격삼형(正格三刑)에 패란(悖亂), 천망사장(天網四張), 일간(日干)이 관귀(官鬼)와 함께 자신을 치는 등, 이제까지도 꽤나 자주 발견된 징후들을 갖고 있다. 여기에 어린 시절 부모로부터 학대를 받고 심한 야뇨증으로 고생하는 등의 성장과정을 거쳤다.

'등산로 살인마'란 별칭과 사주를 보면 흥미로운 점이 있다. 또 다른 자기 자신, 집 밖에서의 자신 등을 뜻하는 일간이 관귀와 함께 팔간산(八艮山)에 천마(天馬)를 타고 있다는 것이다. 가장 결정적인 원인은 정격삼형이나 아마도 이러한 광증이 폭발한 장소는 팔간산, 즉 산에서였을 것이다. 프로파일링 기법에 따르면, 그가 울창한 숲에서 살인을 저지른 원인은 말더듬이 장애 때문이라고 한다. 말더듬이 장애로 인해 훤히 드러나는 곳에선 자신감이 없어 숲속에서 저질렀다는 것이다. 하지만 사주로 보았을 때는 살인 취향 자체가 산에서 저지르는 것을 좋아하는 것일 수가 있다.

살인을 주로 저지른 시기야 노복배주(奴僕背主)의 금(金) 시기이니 그럴 만도 한데, 첫 살인을 저지른 때가 인수운(印綬運)인 것이 의외다. 물론 이 시기에 도화살(桃花殺), 욕(浴)끼 등이 있는 데다 관귀도 함께 있어서 강간을 저지를 징후가 보이긴 하다. 어쨌든 바로 전의 예시처럼 금목충(金木冲)을 조어하는 토(土)의 인수운이 아니면 살인을 저지르는 시기로는 드문 인수운인지라 살인을 저지른 연도를 따로 보았다.

奇門

陰曆: 1978年 4月 8日 亥時
陽曆: 1978年 5月 14日 亥時

6	3	4	5	
己	丙	丁	戊	九
亥	子	巳	午	八
時	日	令月	火	年
12	1	6	7	

七局　下元　立夏　陽遁

> 데이비드 카펜터
> (David Joseph Carpenter)
> **1978년 연운**
>
> Born on 6 May 1930
>   at 21:16 (= 9:16 PM)
> Place San Francisco, California,
>   37n47, 122w25
> Timezone PST h8w
>   (is standard time)

火 月干 歲亡日劫 華 月支 沖陰 迫開 五二 癸丁 命 官 祿養 六儀擊刑　　　生木	歲支 甫合 迫休 十丁庚 害 七鬼 浴　　　　　　　　火	金 未 和景 七庚壬 英陳 氣 十父 ○建　　　　　　帶土
天馬 年殺 杜六一己任魂 癸孫蛇 胎　　　　　　　　　木	伏日馬 日干 九 丙 八 怨嗔局 財 　　　　　　　　　　土	歲干 年殺 驚二壬芮體 五戊雀 父 ○旺　　　　　　　金
木 時干 歲劫日亡 死 一辛蓬歸 六己直 孫 墓 胞　　　　　　　土	<世> 歲馬 迫生 八 乙 心宜 九 辛 天 死　　　　　　　　　水	水 華 制傷 三戊柱德 四乙地 兄 貴病　　　　　　　衰金

그 연도(1978년)의 연운(年運)을 보니, 4대 흉격 중 등사요교(螣蛇妖嬌)에 청룡도주(青龍逃走)에 금목충에 관귀에 얻어맞는 등 다양한 흉이 함께하고 있음을 볼 수 있다. 인수운의 작용인지 이때 저지른 살인은 들키지 않았고, 이후 계속 살인을 이어 나갔다. 화국(和局)답게 살인 성공률도 높아서 꽤나 많은 여자들이 희생되었으며, 몇몇 사건은 아직도 밝혀지지 않은 채 유력한 용의자로 남아 있다.

데이비드 카펜터는 미제 연쇄살인 사건인 '조디악 킬러(Zodiac Killer)'의 유력한 용의자이기도 했으나, 이 혐의는 없어졌다.

리처드 코팅햄

Richard Cottingham

토르소 매춘부 살인 사건

奇門

陰曆: 1946年 11月 2日 申時
陽曆: 1946年 11月 25日 申時

7	10	6	3
庚	癸	己	丙
申	卯	亥	戌
時	日	月	年
9	4	12	11

八局　中元　小雪　陰遁

리처드 코팅햄
(Richard Francis Cottingham)

Born on　25 November 1946
　　　　at 16:50 (= 4:50 PM)
Place　Bronx, New York,
　　　　40n51, 73w54
Timezone　EST h5w
　　　　(is standard time)

火		日亡				金華	天馬	時支
傷德	四三	己壬 柱虎	義歸	九八 生父	庚乙 心合	死魂	六一 官	丙丁 蓬陰
○裏		90 5 旺木	貴建		72 40 火	浴祿		56 45 帶土
<世>	日干	歲亡 年殺 日馬			歲馬 劫日	月干		歲劫
迫 驚氣	五二	丁癸 芮武		八九 財	辛	制	杜宜 一六 鬼	戊己 任蛇
病		50 2 木	怨嗔局		86 14 土	生		76 25 金
木			歲干	年殺		水華	時干	月支 歲沖
和害	十七	乙戊 英地	休體	七十 孫	壬丙 甫天	開命	二五 孫	癸庚 直
死墓		75 32 土	胞		63 44 水	胎養		78 19 金

리처드 코팅햄은 1967~80년에 매춘부들을 죽인 살인마로, '토르소 킬러(The Torso Killer)'라는 닉네임에 걸맞게 시체를 몸통만 남기고 해체해 버린 것으로도 유명하다. 아직까지 살인자가 밝혀지지 않은 '클리블랜드 토르소 살인 사건'과는 별개의 인물이다.

일단 눈에 띄는 점은 일지(日支)에 4대 흉격(凶格) 중 하나인 주작투강(朱雀投江)이 있는 것이다. 이것은 등사요교(螣蛇妖嬌)처럼 요사스러운 흉격으로, 물론 직업에 따라서 끼로 승화될 수도 있다. 그 외에도 도화살(桃花殺), 관(官)의 욕(浴)끼 등 끼가 아주 많다. 끼가 많고 흉조가 많은 사주가 잘못 풀리는 경우, 이상성욕으로 발전하여 살인자가 될 수 있다는 예는 앞서 많이 보았다.

그 외에 머리를 뜻하는 세지(歲支)의 천망사장(天網四張), 광증을 나타내는 일간(日干)과 일지(日支)의 천예성(天芮星) 등 앞에서도 많이 발견된 징후들을 볼 수 있다.

대단히 까다롭고 머리가 좋은데, 이 좋은 머리가 자신의 범죄를 숨기는 데 사용되었다. 최초의 범죄는 20~25세의 관운에 일어났다. 원래는 관귀(官鬼)에게 몰아만 주고 작용은 안 하는데, 관귀가 작용하는 시기가 바로 이때다. 이 시기에 살인에 취미가 붙은 듯하다. 이후의 운은 관귀가 비견겁(比肩劫)을 치는 시기로, 관귀가 비견겁을 치는 살인마는 앞의 예시에도 많다. 그 뒤 인수운(印綬運)까지도 살인을 저지르다 붙잡혔다. 공식적으로는 여섯 명의 살인이 밝혀졌지만, 스스로는 85~100명의 사람을 죽였다고 주장하였다.

일단 85~100명이라는 숫자는 신빙성이 떨어진다. 주작투강이

라 사기꾼 기질이 있는 데다 허풍 기질도 충분히 있고 명예에 대한 욕망이 대단히 커서, 기왕 살인마로 알려질 바엔 대단한 명성의 살인자가 되고 싶은 마음에 허풍을 떨었을 가능성이 있다. 거기다 관귀가 일육수(一六水)인데 살인 숫자가 여섯 명인 것으로 보아선 실제 죽인 사람은 이미 밝혀진 여섯 명이 전부일 것 같다.

패트릭 키어니

Patrick Kearney
쓰레기봉투 살인자

奇門

陰曆: 1939年 8月 12日 辰時
陽曆: 1939年 9月 24日 辰時

5	1	10	6	
戊	甲	癸	己	四
辰	子	酉	卯	二
時	日	令月金	年	
5	1	10	4	

七局　上元　秋分　陰遁

> 패트릭 키어니
> (Patrick Wayne Kearney)
>
> Born on 24 September 1939
>   at 07:05 (= 07:05 AM)
> Place   Los Angeles, California,
>   34n03, 118w15
> Timezone   PST h8w
>   (is standard time)

火華日亡 時支	制驚魂	金月干 華
迫開宜 十六父 辛辛 甫合 87 木 18 衰病	五一父 英陰 丙丙 53 火 45 死	迫傷歸 二四官 癸癸 芮蛇 90 土 7 墓胞
杜害 一五財 壬壬 歲支 沖虎 88 木 12 旺	四二孫 庚 78 土 20 戰局	日干 時干 天馬 年殺 月支 義休德 七九鬼 戊戊 柱直 66 金 37 歲劫胎
木 生氣 六十財 乙乙 任武 59 土 44 建帶	<世> 年殺 迫死命 三三 丁丁 蓬地 48 水 3 浴祿	水歲干 迫景體 八八兄 己己 心天 74 金 28 ○生養

'쓰레기봉투 살인자(The Trash Bag Murdere)' 패트릭 키어니는 21건의 살인이 확정되고 7건의 살인 역시 인정되고 있는데, 전체 희생자는 43명까지 보는 대량 연쇄살인마다. 윌리엄 보닌, 랜디 크래프트와 함께 '고속도로 살인마'라는 별명을 공유하기도 한다.

끼가 극도로 많다는 점은 앞의 다른 연쇄살인마에게서도 발견된 특징이지만, 가장 희한한 것은 원상통기(圓狀通氣)라는 점이다. 원상통기는 기문둔갑에서는 최고로 길하게 보는 통기다. 뒤에 보면 마이라 힌들리라는 살인마도 원상통기의 통기를 갖고는 있지만, 마이라 힌들리의 경우는 등사요교(螣蛇妖嬌)의 흉격(凶格)도 함께 가지고 있다.

패트릭 키어니의 경우엔 그런 식의 거대한 흉격은 없다. 다만, 문괘(門卦)가 사문절명(死門絶命)으로 가장 좋지 않은 문괘를 가지고 있어서 죽음에 대한 환상이나 흥미는 있을 수 있다. 지나치게 많은 끼가 이상성욕으로 흐르는 경우는 앞서도 본 적이 있다. 특히 몸이 허약해 불량배에게 자주 노출되었던 어린 시절에 사람을 죽이는 행위에 대한 환상을 갖게 되었던 것으로 알려져 있다.

거기다 삼형(三刑)을 무릅쓴 성국으로 삼형이 면형이 되었는데, 삼형은 면형이 될 경우에도 그 징조는 갖고 있다고 한다. 더욱이 불규칙삼살의 경우는 성국을 포함한 삼살인데, 삼형이나 삼살이 성국으로도 면형이 안 될 경우 하늘이 점지한 삼형이나 삼살이라 하여 그 살성이 더욱 강력하다고 한다. 그 이외에도 머리를 뜻하는 세지(歲支)에 준지망(準地網)이자 흉격인 지라점장격(地羅占蔣格)이 있는 것도 볼 수 있다.

20세 전후로 여자를 만났을 수 있으나, 동성애에 눈뜬 것은 21~28세의 비견겁운(比肩劫運)일 가능성이 높다. 또한 앞서 소개한 다른 시체애호가의 사주를 토대로 보면, 시체에 대한 흥미를 갖게 된 시기도 이때쯤일 것으로 보인다.

살인 자체가 일어나는 시기는 다른 살인마들이 흔히 그렇듯이 관귀운(官鬼運) 때다. 관운 때 살인을 저지른 특징이 정말 뚜렷한 게, 관운이 시작될 무렵에 첫 살인을 시작하였고(1968년) 이후 주로 관운 때 살인을 자행하였다.

전체 희생자가 43명으로 추정된다는 점에서, 그린 리버 킬러 등과 함께 미국 역사상 가장 많은 살인을 저지른 연쇄살인범들 중 하나로 꼽히고 있다. 원상통기의 경우 사회적인 일에서만 성공률이 높은 것이 아니라 살인에서도 성공률이 높음을 볼 수 있다.

이 사주에서는 도화살(桃花殺)의 중첩, 옥녀각시, 욕(浴) 등 너무나 극단적으로 많은 끼가 사문절명의 안 좋은 문괘와 결합하여, 그 끼가 살인에 대한 환상과 실행으로 흐르게 된 것이 살인마가 된 가장 큰 원인인 듯하다. 이런 사주일 경우, 만일 당사자가 배우의 길을 걸었다면 그 끼가 살인에 대한 환상으로 흐르는 대신 끼로 승화되어, 살인마 및 죽음을 당하는 배역을 주로 맡는 등 제법 성공한 명배우가 되지 않았을까 한다.

알프레드 게이너

Alfred Gaynor
코카인 중독 강간 연쇄살인마

奇門

陰曆: 1966年 10月 29日 巳時
陽曆: 1966年 12月 10日 巳時

4	10	7	3	
丁	癸	庚	丙	六
巳	卯	子	午	九
時	日	令月	水年	
6	4	1	7	
七局	中元	大雪	陰遁	

```
알프레드 게이너
(Alfred Gaynor)

Born on   10 December 1966
       at 10:41 (= 10:41 AM)
Place   Springfield MA, USA,
        42n06, 72w35
Timezone   EST h5w
          (is standard time)
```

火 日亡 天馬 時支	歲干	歲支	金 日干	華
傷 二 丁 蓬 德 三 辛 武 　　　　90 ○衰 旺　　　5	義 七八 乙 歸 父 丙 建 貴　　　64 　　　　　40		死 四一 壬 魂 官 癸 浴 祿 帶 52 　　　　　45	沖合 土
<世> 年殺 歲亡日馬	月干	歲馬日劫	制 杜 辛 宜 九六 戊 　　鬼 81 　　　　　25	歲劫 甫陰 金
迫 驚 三 己 心 氣 二 壬 地 　　　　48 病　　木　2		六九 庚 財 88 刑破局　土 14	生	
木	時干	年殺 月支	水	華
和 景 八 戊 柱 害 七 乙 天 　　兄 72 死墓　土　32	休 五 癸 芮 體 十 丁 直 　　孫 57 胞　　水　44		開 十 丙 英 命 五 己 蛇 　　孫 82 胎 養 金 19	

알프레드 게이너는 크랙 코카인 중독자로서 기소된 살인은 2건이지만 최소 3건, 밝혀진 것은 아마도 여덟아홉 명을 죽인 것으로 인정되는 연쇄 강간살인마다.

살인마들의 사주를 보면 '뭔 삼형(三刑)이 이렇게 흔한 것이었나' 싶을 정도록 삼형이 많은데, 게이너 역시 정격삼형(正格三刑)의 사주를 지녔다. 거기에 4대 흉격(凶格) 중 하나이며 성적 범죄자나 사기꾼에게 많이 나타나는 등사요교(螣蛇妖嬌)가 있고, 일간(日干)은 관귀(官鬼)와 함께 있으면서 중독자가 될 수 있다는 지망차폐(地網遮蔽)에 걸려 있다. 등사요교가 있는 자리에는 천망사장(天網四張)이 같이 걸려 있다.

사지화살(四支化殺)이라, 아마도 다른 사지화살 살인마들처럼 매춘부 등의 여자보다는 어느 정도 자신의 취향에 맞고 수준이 있는 여자를 죽이지 않았을까 한다. 다른 살인마들이 흔히 그러하듯이 도화살(桃花殺)에 욕(浴)에 지망 등 끼가 매우 많다.

절명을 탄 오토(五土)가 구금(九金)을 조어해서 칠 경우 매우 흉흉한 징조로 보는데, 그때가 10대 후반이다. 이때에 아마 매우 참혹한 사춘기를 겪었을 것으로 보인다. 이후 25세까지는 비교적 얌전하게 살았을 수 있는데, 식신생재(食神生財)를 하는 비견겁운(比肩劫運)에 가서 살인을 저질렀다. 이 시기에 격국이나 흐름은 딱히 큰 흉조는 없지만, 바탕이 이미 정격삼형인 데다 살해 연운을 흉흉하게 만났다.

奇 門

陰曆: 1995年 10月 29日 巳時
陽曆: 1995年 12月 21日 巳時

10	3	5	2	二
癸	丙	戊	乙	三
巳	戌	子	亥	
時	日	令	年	
		月水		
6	11	1	12	
七局	中元	冬至	陽遁	

알프레드 게이너
(Alfred Gaynor)
1995년 연운

Born on 10 December 1966
         at 10:41 (= 10:41 AM)
Place   Springfield MA, USA,
        42n06, 72w35
Timezone   EST h5w
        (is standard time)

火 義景 體 八七 鬼 六儀擊刑	時支 壬 丁 養	芮蛇 生 木	義死氣 祿○浴	歲馬 日亡 三二官 戊庚	柱陰 ○建 火	生害 ○建	十五父 帶	金華 乙壬 心合 土
和休 歸 胎	時干 九六孫	年殺 庚癸 木	日劫 歲亡 日干 刑破局	天馬 二三 丙 財 土		月干 制杜命 旺	辛戊 五十父	蓬陳 金
木 迫傷魂 墓胞	四一孫	丁己 甫天 土	和驚德 貴死	年殺 鷲一四兄 月支 癸辛 沖地 水		水〈世〉 開宜 病衰	六九 歲劫 歲干 己乙	歲支 任雀 金

奇門

陰曆: 1996年 10月 29日 巳時
陽曆: 1996年 12月 9日 巳時

8 辛巳 時 6	7 庚辰 日 5	7 庚子 月 1 令	3 丙子 年 1	七四
四局	上元	大雪	陰遁	

알프레드 게이너
(Alfred Gaynor)
1996년 연운

Born on   10 December 1966
          at 10:41 (= 10:41 AM)
Place   Springfield MA, USA,
         42n06, 72w35
Timezone EST h5w
         (is standard time)

火 <世> 華 時支 芮			天馬 歲馬 日馬		金 日干 月干 歲亡 日
傷歸	三八	庚戊 武	義生德	八三兄 丁壬 柱虎	死宜 五六父 丙庚 心合
帶浴		木	生	火	○胎 養土
	英地				年殺 制魂 十一父 辛丁 蓬陰
驚迫體	四七孫	壬己		七四鬼 乙	
建		木		戰局 土	○胞 金
木 和	九二孫 景命	戊癸 甫天	歲劫 劫日 時干 休氣	月支 己辛 沖直 六五財	水 歲干 開害 一十財 癸丙 任蛇
旺		裏土	病	水	死墓 金

첫 살인이 일어난 1995년에 형파국(刑破局) 바탕에 삼형이 일어나는 운을 만났는데, 대운이 삼형인 사람이 연운에서 삼형을 만날 때 해당 사건이 일어난다고 한다. 거기에 오불우시격(丑不遇時格)으로 관귀에게도 얻어맞는 흉흉한 연운이다.

이다음의 연운도 좋지 않아, 유로무화(有爐無火)의 흉격에 중궁 관귀에게 얻어맞고 있다.

이렇듯 삼형의 폭력성이 또 연운에서 삼형을 만났을 때 눈을 뜨고, 그다음 해에도 흉하여 계속 이어진 것이다.

끼가 매우 많고 금목충(金木冲)이 되는 데다 수화충(水火冲)까지 되는 사람답게, 예술적 재능이 있어서 그림에 재능을 보였다고 한다.

가이 조르주

Guy Georges
바스티유의 야수

奇門

陰曆: 1962年 9月 17日 申時
陽曆: 1962年 10月 15日 申時

3	3	7	9	
丙	丙	庚	壬	四
申	戌	戌	寅	七
時	日	令月	年	
9	11	11	3	

九局　中元　寒露　陰遁

가이 조르주
(Guy Georges)

Born on   15 October 1962
           at 16:10 (= 4:10 PM)
Place   Angers, France,
         47n28, 0w33
Timezone   MET h1e
            (is standard time)

火 和 休魂 衰	十一父	丙癸父 病木	芮陰 66 38	制宜貴 ○	開 五六父	庚戌 火	柱蛇 77 18	金 迫 杜德 ○墓	二九鬼	時干 辛丙 胞土	歲劫 日劫 時支 心直 69 35
年殺 義 景命 六儀擊刑	一十財 旺木	戊丁	英合 67 37	歲干 戰局	四七孫	壬 土	57 45	月干 和 生歸 胎	七四官	乙庚 金	蓬天 90 7
木 迫 傷體 建	六五財 帶土	癸己甫虎	83 12	和 驚害 浴	三八兄	丁乙 水	沖武 72 26	水 華 和 死氣 生養	八三	己辛 金	<世> 月支 任地 53 3

'바스티유의 야수(The Beast of the Bastille)'로 불린 프랑스 연쇄살인마 가이 조르주는 1991년부터 97년 사이에 일곱 명의 여성을 강간 및 고문 살해하였다. 그 외에도 10대 초중반부터 입양 동생들을 상대로 교살을 시도하고, 스무 살 전후로 강간살해를 시도하는 등의 범죄를 저질렀다.

가이 조르주는 성국으로 삼형(三刑)은 면형되었지만, 구멍 뚫린 왕(旺)한 관귀(官鬼)로 금목충(金木冲)으로 얻어맞으면서 동시에 오불우시(五不遇時)를 하는 흉조로부터는 벗어나지 못했다. 더군다나 일지(日支)와 일간(日干)이 함께 싸우고 있다. 거기에 '실족일순(失足一瞬) 회한천추(懷恨千秋)'라는 기가신(己加후)의 흉격(凶格)도 가지고 있다.

그 외에 여자궁도 좋지 않으면서 여자가 관귀를 도와서 치고 있는데, 이것은 여자를 흉하게 만들면서 여자를 강간 및 살해하는 것으로 나타났다.

13~18세 시기는 인수운(印綬運)이라고는 하나 유로무화(有爐無火)의 흉격이 있어, 이때쯤부터 사이코패스의 성향이 살아났을 수 있다. 실제 이 시기에 입양 형제들을 교살하려는 시도를 하였다. 금목충을 완화해 주는 인수운 덕분인지, 이 사건은 실제 살인으로는 발전되지 않았다.

그리고 19~26세 때는 삼형이 일어나는데, 이때부터 본격적인 범죄를 저질렀다. 여자들을 강간하고 공격한 것은 이때부터로, 잘 보면 욕(浴)끼가 드러나 있는데 이러한 끼가 강간으로 나타났다.

중요한 사건들은 역시 구멍 뚫린 왕한 관귀운에 가서 일어났다. 살인 시도가 성공한 것은 이때부터였는데, 원래는 성국으로

면형되었다 할지라도 이 자리에 가면 결국 삼형이 일어난다. 다만, 체포 후 정신감정이 한창 진행되었을 38세(1999년) 때 인수운이 온 덕분인지, 정신병자임을 인정받아서 가석방 없는 22년형을 선고받았다.

로버트 블랙

Robert Black
파렴치한 소아성애 살인마

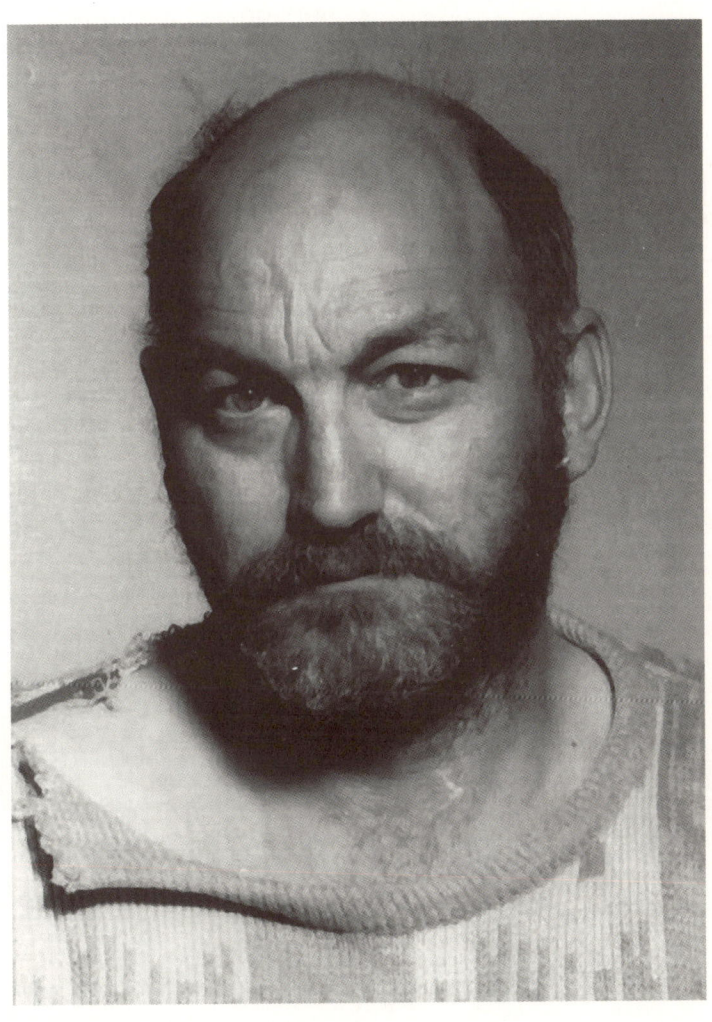

奇門

陰曆: 1947年 3月 1日 酉時
陽曆: 1947年 4月 21日 酉時

2	7	1	4
乙	庚	甲	丁
酉	午	辰	亥
時	日	令月	年
10	7	5	12

二局　中元　穀雨　陽遁

로버트 블랙
(Robert Black)

Born on 21 April 1947
at 20:35 (= 8:35 PM)
Place Falkirk, Scotland,
56n00, 3w48
Timezone GDWT h2e
(is double war time)

五
七

火 日干 制生魂 養胎 六儀擊刑	月支 一兄 癸庚 柱合 木 81 26	<世> 傷宜 和 胞	六六 壬丙 心陳 火 51 6	日劫 金華 驚德 義死墓	三九 乙戊 蓬雀 土 86 23	歳劫 日馬
年殺 制死命 六儀擊刑	二十鬼 戊己 芮陰 生木 83 25		五七財 辛 冲局 土 80 33	伏歲馬 伏日亡 義休歸 病	八四父 丁癸 任地 金 66 40	時支
木 歳干 義開體 浴	七五官 丙丁 天馬 英蛇 土 58 45	時干 義杜害 建	四八孫 庚乙 年殺 甫直 水 90 14	水 月干 迫景氣 ○旺	九三孫 己壬 華歳亡 冲天 衰金 75 36	歳支

로버트 블랙은 소아성애 살인마로, 최대 추정치는 10여 명이지만 밝혀진 살인 희생자는 단 네 명의 소녀들뿐이다. 어린 시절부터 변태 성향이 있어서 불과 열두 살의 나이에 성폭행을 시도하다가 미수에 그쳤고, 이 사건으로 소년원에 가서 성적 학대를 받은 끝에 끔찍한 소아성애 살인마로 발전하였다.

블랙은 성범죄자에게 흔히 나타나는 군겁쟁재(群劫爭財)의 사주이고, 거기에 일간(日干)이 격형(擊刑)과 천망사장(天網四張)에 걸려 있다. 또한 주작투강(朱雀投江)의 요사스러운 인수(印綬)가 와주었는데, 이것이 소아성애 및 변태 행위로 에너지를 얻는 것으로 나타난 듯하다. 바탕 또한 금목충국(金木冲局)에 수화충(水火冲)이 겹쳐서 여기에 격형과 천망사장, 주작투강 등이 합쳐져 이상성욕을 가진 살인마가 된 것이다. 천망사장이나 지망차폐(地網遮蔽)의 경우 이상 취향에 빠지면 헤어나지 못하는 경향이 있다.

사지화살(四支化殺)이 되어 있는데, 보통 사지화살 살인마가 그러하듯이 자기 취향의 급이 맞는 인물만 취하고 죽였을 것인데 하필 그 대상이 어린아이였다. 소아성애의 경우, 앞서 소개한 소아성애 범죄자가 충국에 중궁재(中宮財)였는데 로버트 블랙 역시 그러하다. 물론 충국에 중궁재라고 해서 다 소아성애가 된다는 말은 아니다. 그 외에 군겁쟁재나 관귀(官鬼)에게 얻어맞는 등의 사주가 깨지는 요소에 흉격(凶格) 등의 요소가 겹치면서 성장환경에 따라 소아성애로 나타나는 듯하다.

첫 범죄는 도화살(桃花殺)이 붙은 금목충국의 운에 일어났는데, 불과 열두 살 때 일으킨 강간 미수가 그것이다. 손운(孫運)이라 이성에 한참 관심이 많을 때, 아직 어려서 사리분간을 못

할 때, 금목층 특유의 행동력과 도화살의 음란한 징조가 강간 미수로 나타났다. 이것으로 인해 소년원에 수감되어 남성 관리자에게 상습적으로 성폭행을 당하였다. 수감 후 동성으로부터 성폭행을 당한 남성이 살인마가 된 예시는 앞서도 몇 명 있었다. 아마도 이러한 성장기의 사건이 사주 자체보다도 살인마로 크는 데 더 큰 영향을 미쳤을 수 있다.

이후 인수운(印綬運)에 출소한 그는 일곱 살 소녀를 비롯해 여러 소녀들을 성추행했지만, 어이없게도 훈방 조치 및 기소유예라는 가벼운 처벌을 받았다. 이 시기는 재극인(財尅印)이라 여자 문제가 일어날 수 있는데, 이것이 어린 소녀들을 성추행하는 것으로 나타났다. 하지만 진생(眞生)의 인수운이라 큰 처벌을 피할 수 있었던 듯하다. 이후 1970~71년의 절명의 관귀운에도 살인을 저질렀을 것으로 추정되고, 이후 7년간의 재운(財運)에도 성범죄가 있었을 수 있다. 다만, 재운에 여자친구가 있었다면 범죄가 소강 상태가 될 수는 있다.

그러나 34~36세의 금목충국의 시기와, 특히 37~40세의 주작투강의 요사스러운 흉격이 붙은 시기는 확실히 사고를 칠 가능성이 높다. 이 시기에 저지른 살인들이 정식 기소가 되었다. 다만, 37~40세 때는 인수운이라 잡히지 않다가, 41~45세 때의 관귀운에 가서야 붙잡혔다.

도나토 빌란차

Donato Bilancia
매춘부 연쇄살인

奇門

陰曆: 1951年 5月 6日 丑時
陽曆: 1951年 6月 10日 丑時

6	8	1	8	
己	辛	甲	辛	五
丑	巳	午	卯	一
時	日	令月	火年	
2	6	7	4	

六局　上元　芒種　陽遁

도나토 빌란차
(Donato Bilancia)

Born on   10 June 1951
         at 02:30 (= 02:30 AM)
Place   Potenza, Italy,
         40n38, 15e49
Timezone MET h1e
         (is standard time)

火 <世>			日月歲 干干干	年殺	月支	金華	天馬	歲亡 日劫
迫驚氣	一五	己丙	柱雀	制開體	六十兄	戊辛	心地	迫杜命貴	三三鬼	壬癸	蓬天
帶	建	46 木 5		旺		61 火 36	○病	衰土	51 41
		歲支		伏日馬		時干		
傷德	二四孫	癸丁	芮陳		五一財	乙	和死害○死	八八官	庚己	任直
浴祿		48 木 45		戰局		90 土 6		金	76 21
木華 日亡	歲劫	時支		年殺	歲馬	水		
和景宜	七九孫	辛庚	英合	休歸	四二父	丙壬	甫陰	和生魂墓	九七父	丁戊	沖蛇
生養		土	68 30	胎		55 水 38	胞	金	85 13

도나토 빌란차는 매춘부 연쇄살인을 포함해, 1997년부터 98년까지 총 17명을 죽인 연쇄살인마다. 미성년자일 때부터 그는 스쿠터나 트럭을 훔치는 등 절도를 일삼았고, 강도 혐의로 복역하기도 하였다. 어린 시절 그는 만성 오줌싸개여서 어머니와 이모로부터 망신을 당했는데, 이것이 트라우마(외상)로 남았다고 한다. 이처럼 정신적인 문제도 있고 강도 전과도 있었지만, 살인 사건 전까지는 별다른 폭력 전과는 없었다. 그가 살인을 시작하게 된 동기도 쾌락살인이라기보다는 도박으로 인한 보복살인이었다.

1997년, 도박 중독자였던 빌란차는 조작된 게임에 자신을 끌어들여 18만 5천 파운드를 잃게 만든 친구를 교살하는 것으로 첫 살인을 시작하였다. 이 사건은 처음엔 심장 마비로 오인되었다. 두 번째 살인 역시 도박사기 사건의 보복살인으로, 도박 운영자와 그의 아내를 죽였다. 빌란차의 증언에 따르면, 이 사건 이후 살인에 맛을 들이게 되었다고 한다. 같은 달, 보석상의 집을 털러 가서 그와 그의 아내를 죽이고, 이후 환전상을 턴 다음 살해하였다. 두 달 뒤에는 단순히 마음에 안 든다는 이유로 야간 경비원을 죽였다. 그 뒤로는 주로 창녀들을 죽이며 매춘부 연쇄살인자가 되었다.

그는 1998년에 체포된 후 17명을 살해한 일을 모두 자백하였다. 그 결과 가석방 없는 종신형을 13번 받고, 살아남은 매춘부에 대한 살인 미수로 20년형을 추가로 받았다.

빌란차의 사주엔 정신적 이상 징후가 뚜렷하게 나타나 있다. 일단 세지(歲支)의 등사요교(螣蛇妖嬌)의 흉격(凶格)이 눈에 띈다. 일간(日干)에는 열에 아홉은 실패한다는 십사구패(十事九敗)

의 흉격, 일지(日支)에는 패란격(悖亂格)이 있다. 4대 흉격인 등사요교를 비롯해, 일지와 일간과 세지에 모두 흉격을 가지고 있으니 정신증의 징후는 충분하다. 다만, 금목충(金木冲) 기질은 없고 홍국수의 흐름은 크게 깨지지 않았는데, 원래부터 폭력 성향이 있었던 것은 아닌 듯하다. 하지만 등사요교에 도화살(桃花殺)에 끼를 타고 있어, 이것은 이상욕구나 이상성욕에 빠질 수 있다. 보복살인을 하며 살인에 대한 이상욕구가 눈을 떠서, 이것이 연쇄살인으로 이어진 것이다.

그가 살인을 저지른 시기를 주목할 만하다. 정확히 47~48세(1997~98년) 때, 즉 2년간의 등사요교 시기에 살인이 일어났다. 등사요교는 요사스럽고 지저분한 여자 문제, 사기로 인한 환란 등으로도 나타난다. 그가 이 시기에 도박사기로 큰돈을 잃은 뒤 그에 대한 보복으로 살인을 시작하였고, 이후 매춘부 연쇄살인으로 흐른 걸 보면 등사요교의 흉격이 고스란히 일어났음을 볼 수 있다. 머리를 상징하는 세지의 자리이기도 한데, 여기에 광증으로 나타날 수 있는 천예성(天芮星)도 붙어 있다. 거기다 등사요교로 인해 도박 중독 등의 이상욕구를 가지게 되었고, 이것이 보복살인으로 인해 살인 중독으로 이어졌다. 보통 성공 시기로 많이 보는 인수운(印綬運)에 악행 역시 많이들 성공시키는 것을 볼 수 있는데, 시기적으로는 인수운이라 그런지 길지 않은 기간 동안 살인을 많이도 성공시켰다.

이 사주는 등사요교에 대한 매우 극단적인 예시가 될 수 있다. 등사요교의 사기수가 도박사기로 일어나고, 등사요교의 요사스런 여자 문제가 매춘부 연쇄살인으로 이어졌으니 말이다.

리처드 팅글러

Richard Tingler
강도에서 살인까지

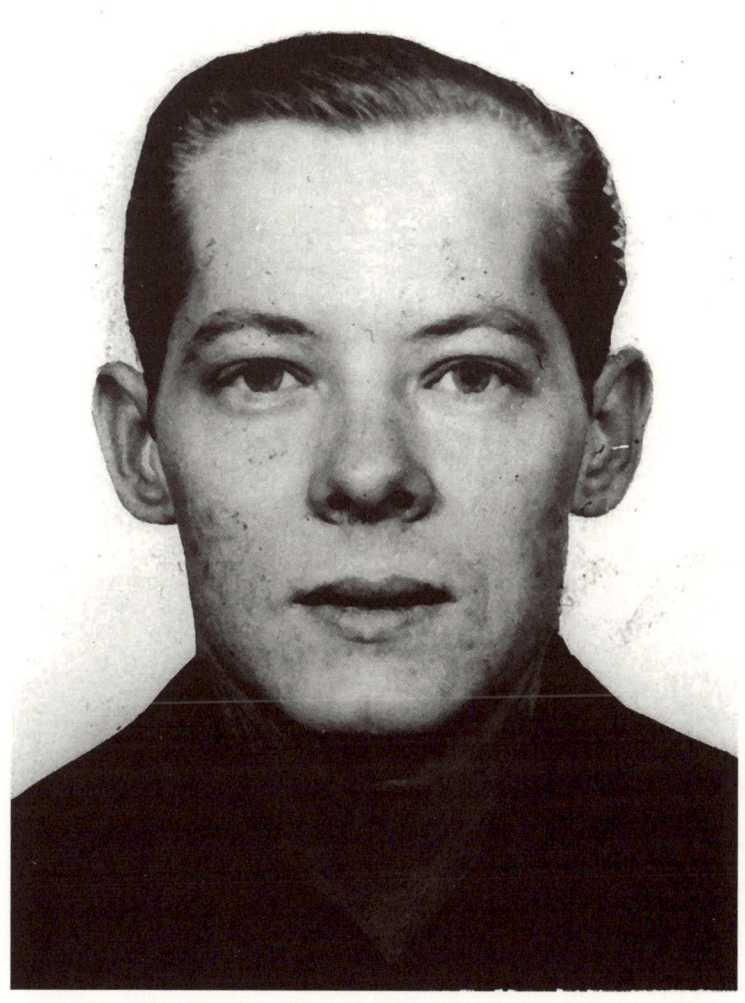

奇門

陰曆: 1940年 11月 4日 午時
陽曆: 1940年 12月 2日 午時

7	6	4	7	
庚	己	丁	庚	六
午	卯	亥	辰	一
時	日	令月水	年	
7	4	12	5	

四局　上元　大雪　陰遁

리처드 팅글러
(Richard Lee Jr. Tingler)

Born on 2 December 1940
         at 12:00 (= 12:00 noon)
Place   Portsmouth OH, USA,
        38n43, 82w59
Timezone   EST h5w
        (is standard time)

火華 歲支	時支	金時歲 華 歲馬日亡
傷氣 二五 癸戊 任陰	義生體 七十 己壬 沖蛇 父	死命 四三 戊庚 財 甫直
死墓 六儀擊刑 木 90 9	病 火 64 40	○旺 衰土 52 45
<世> 日干 迫驚德 三四 辛己 蓬合	天馬 六一 乙 伏歲亡 孫	月干 制杜害 九八 壬丁 財 英天
胞 木 48 4	怨嗔局 土 88 10	○建 金 81 25
木 日劫 和景宜 八九 丙癸 心虎 貴胎 養土 72 34	年殺 歲劫日馬 休歸 五二 丁辛 柱武 鬼 生 水 57 42	水 月支 開魂 十七 庚丙 官 芮地 浴祿 帶金 82 17

리처드 팅글러는 강도 연쇄살인마로, 최소 일곱 명을 죽였다. 피해자들을 살펴보면 흥미로운 공통점이 있다. 그는 선술집 주인, 그 선술집의 파트타임 바텐더 두 명, 젊은 여성 매춘부, 바(Bar) 직원 두 명을 죽였다. 전체 피해자들 중 한 명을 제외한 나머지 여섯 명이 주류와 관계있는 사람이었다. 이 외의 한 명은 현금과 차를 훔치기 위해 죽였다. 그는 강도로 시작해 감옥을 드나들다가, 결국 살인까지 저질렀다.

그의 사주를 보면, 그가 죽인 대상은 그의 사주에서 그가 극렬하게 극관(尅官)하고 있는 대상인 관귀(官鬼)에 해당하는 모양이다. 관귀의 숫자가 7이고, 끼와 유흥을 상징하는 욕(浴)이 나타나 있으며, 물속에 빠져 있다. 팅글러는 일곱 명을 죽였고 그들 대부분은 주류 관계자, 즉 물에 해당하는 직업을 가진 사람들이었다.

이렇게 극명하게 쌍손(雙孫)으로 극관을 할 경우엔 스포츠 등을 통해 그 승부욕을 풀어 주거나, 경찰이나 변호사처럼 때려잡을 대상이 있는 것이 좋다. 그렇게 극관 기질을 푸는 것이 좋다. 더군다나 팅글러는 어린 시절에 어머니의 학대를 받으며 자랐는데, 이것이 그의 극관 기질을 더욱 폭력적으로 변화시켰을 것이다. 보통은 극관 기질만으로 살인을 저지르지는 않는다.

여기에 정신병의 조건이라 하는, 금목충(金木冲)이나 수화충(水火冲)이 되면서 일지(日支), 세지(歲支), 일간(日干)에 흉격(凶格)이 있는지 살펴보자.

일단 일지, 세지, 일간 모두에 흉격이 있다. 세지에는 격형이 걸려 있고, 일지와 일간에는 노복배주(奴僕背主)의 흉격이 있다. 바탕도 원진국(怨嗔局)이면서 자기 자신 역시 자리에서 원진국

과 금목충, 바닥과 금목충을 하고 있고, 극관으로 수화충을 하고 있다.

강도짓을 처음 한 시기는 구멍 뚫리고 군겁쟁재(群劫爭財)를 당하면서 지망차폐(地網遮蔽)에 걸린 재물운이다. 재물운에 오른 돈독이, 재물을 둘러싼 흉한 징조와 맞물려 비정상적으로 재물을 갈취하는 것으로 나타났다. 살인을 저지른 시기는 구금운(九金運)으로, 백호(白虎)가 나타나 있다. 금(金)이 금을 만났을 때 흉한 일이 벌어지는 예시나, 구금의 시기에 흉한 일이 벌어지는 예시는 종종 있다.

그래도 사지화살(四支化殺)에 관인상생(官印相生)은 되어서, 성장환경만 좋았다면 그의 인생과는 훨씬 다르게 살 수도 있었다. 자행한 살인 사건 중 여섯 건이 기소되어 1969년에 사형을 선고받았지만, 역시 사지화살 덕택인지 1972년에 무기징역으로 감형되었다고 한다.

이반 켈러

Yvan Keller
여성 노인만 노린, 살인 베개

奇門

陰曆: 1960年 10月 25日 辰時
陽曆: 1960年 12月 13日 辰時

7	2	5	7	三
庚	乙	戊	庚	一
辰	亥	子	子	
時	日	令月	水年	
5	12	1	1	

一局　下元　大雪　陰遁

이반 켈러
(Yvan Louis Keller)

Born on 13 December 1960
at 07:15 (= 07:15 AM)
Place Mulhouse, France,
47n45, 7e20
Timezone MET h1e
(is standard time)

火華 義景氣帶	時支 九五孫 建	辛丁 木	柱地 64 44	和杜體 旺	四十孫	壬己 火	心武 79 30	金 義開命 ○病	日干 一三父	戊 衰	馬 蓬虎 土	歲馬日亡 73 35
和休德 浴	十四財	乙丙 木	芮天 72 39	貴 和局	伏歲亡 三一鬼 土	癸	55 45	和死害 禄○死	年殺 六八父	庚辛 金	任合	90 15
木 義驚宜 生養	時干歲干 五九財	己庚 土	日劫 英直 84 24	月干 義傷歸 歲劫日馬	年殺 二二兄 胎	月支 丁戊 水	歲支 甫蛇 75 32	水 和生魂 墓	<世> 七七 胞	丙壬 金	沖陰 52 7

이반 켈러는 프랑스 최악의 연쇄살인마들 중 하나로, 최소 40명의 여성 노인을 죽였다. 그는 자연사로 위장하기 위해 희생자들을 베개로 눌러 질식시켜 죽였다. 그는 체포당한 후 스스로 100건의 살인을 저질렀다고 인정했으며, 재판 전 감옥에서 자살하였다.

켈러는 문괘(門卦)가 아름답고 화국(和局)이라 살인을 저지를 것처럼 보이지 않지만, 우선 중궁(中宮)의 매우 왕(旺)한 관귀(官鬼)에게 얻어맞고 있는 것으로 인해 평소에도 자잘한 피해의식이나 예민성은 있을 수 있다. 거기에 스스로 칠칠(七七)자형을 하여 큰 살성을 띠고 있다.

가장 결정적인 것은 역시 천반의 정격삼형(正格三刑)이다. 천반의 구금(九金)이 삼살을 회동하여 삼형을 작하고 있다. 자기 자신인 일지(日支) 역시 삼살로 묶여서 천반까지 올라가 삼형을 하는 데 일조하고 있음을 볼 수 있다.

노인을 주로 죽인 이유는, 삼형을 작한 비견겁(比肩劫)의 자리를 보면 나이가 많음으로 나타나기도 하는 세지(歲支)가 있기 때문인 듯하다. 살인이 많이 일어난 시기는 아마도 삼형의 구금을 만나는 시기인 40~44세(1999~2003년) 때가 아닐까 한다.

체포된 뒤 자형을 하는 시기로 들어가는데, 자형뿐만 아니라 결국 삼형으로 끝나는 그 삼살의 시기이기도 하다. 삼살의 시기 등 다른 요인도 있지만, 자살을 선택한 것은 아무래도 자형의 영향이 클 것 같다.

2부
대량학살범과 테러범

티모시 맥베이

Timothy McVeigh
오클라호마 폭탄테러범

奇門

陰曆: 1968年 3月 26日 辰時
陽曆: 1968年 4月 23日 辰時

3	10	3	5
丙	癸	丙	戊
辰	亥	辰	申
時	日	令月	土年
5	12	5	9

三四

티모시 맥베이
(Timothy James McVeigh)

Born on 23 April 1968
at 08:19 (= 08:19 AM)
Place Lockport, New York,
43n10, 78w41
Timezone EST h5w
(is standard time)

八局　下元　穀雨　陽遁

火華和 休歸 日干 九八鬼 丙癸 時支 心陳 64 41	義生德 建 庚己 四三官 蓬雀 79 15 歲馬日亡 伏日劫	死宜浴帶 戊辛 一六財 金華歲亡 任地 73 26 歲支
衰旺 木	火	土
義體 景 十七 父 乙壬 柱合 72 33 病 木	三四孫 丁 55 45 怨嗔局 土	祿生 開魂 六一財 年殺 壬乙 沖天 90 10 金
木貴歲干 義驚命 五二父 辛戊 芮陰 歲劫日馬 84 12 死墓○ 土	天馬 義傷氣 二五兄 己庚 英蛇 年殺 75 20 ○胞 水	水<世>制害 杜害 七十 癸丙 甫直 時干月干 52 9 胎養 金

티모시 맥베이는 저 유명한 오클라호마 폭탄테러 사건의 주범이다. 1995년 미국 오클라호마 주의 연방정부청사에 가해진 이 폭탄테러로 168명이 사망하고 680명이 부상을 입었다. 9·11테러 이전에 미국에서 일어난 테러 중에서 가장 많은 희생자를 발생시킨 사건이었다.

수많은 사상자를 낸 테러의 주범 티모시 맥베이는 정신병자나 변태, 사이코패스라서 범행을 저질렀다기보다는 테러범이 흔히 그러하듯이 잘못된 신념에 갇힌 반정부주의자였다. 그는 걸프전에 참가해 무공훈장을 받은 군인 출신으로, 극단적인 연방정부 반대론자였다.

특히 그는 1993년 연방정부의 과잉진압으로 논란이 컸던 웨이코 참사(연방정부와 텍사스 주정부가 신흥종교 다윗교의 농성을 무력 진압한 사건)를 범행의 주요 동기라 밝혔다. 즉 이에 대한 연방정부의 응징 차원에서 1995년 4월 19일, 웨이코 참사가 벌어진 날을 기념해 동료들과 함께 테러를 일으킨 것이다.

맥베이는 사건 직후 체포되었고, 당당한 태도로 일관하며 죄를 부인하거나 반성하는 태도를 보이지 않았으며, 자신의 행위는 미국의 자유를 위한 것이라고 주장하였다.

이후 그는 1997년에 사형 선고를 받고, 2001년 6월 테러 희생자들의 유가족이 지켜보는 가운데 독극물 주입으로 공개 사형이 집행되었다. 이례적으로 빠른 사형 선고와 사형 집행, 거기다 65년 만의 공개 집행인 데다 38년 만의 연방정부 주도로 집행한 사형이어서 찬반 논란을 일으킴과 더불어 음모론도 제기되었다.

그는 전형적인 반정부주의자라고 볼 수 있는 중궁손(中宮孫)

패란(悖亂)에, 관귀(官鬼)에 몰아쳐서 얻어맞는 원진국(怨嗔局)의 사주를 갖고 있다. 편고한 원진국의 사주일 경우, 대단히 편협한 사람이 될 수 있다. 반음대격(反吟大格)으로 일간(日干)과 일지(日支)가 반음에 놓여 있는데, 이것이 모두 패란과 천망사장(天網四張)에 걸려 있다. 반골 기질과 아주 답답하게 자기 세상에 빠지는 기질이 이중으로 있다고 할 수 있다. 머리를 뜻하는 세지(歲支)에는 열에 아홉은 실패한다는 십사구패의 흉격(凶格)이 있다. 일간, 일지, 세지 모두에 흉격이 있으며 패란과 지망차폐(地網遮蔽), 관귀에게 몰아쳐서 얻어맞는 원진국 등 극단적이고 편협한 반정부주의자가 되고도 남을 만한 정신병적 요소들을 많이 갖고 있다.

그런데 격국(格局)의 징조는 의외로 삼기순수(三奇順邃)와 화개패사(華蓋孛師) 등의 길조도 있고, 재능도 갖추고 있다. 이것 역시 테러범에게서 종종 나타나는 징후로, 아마도 개인의 오락과 쾌락을 위해 추구한 범죄가 아니라 나름대로의 이상을 좇아 추구한 범죄이기 때문이 아닐까 싶다. 그래봤자 결과는 오히려 더 최악이지만 말이다.

또한 특징적인 것은 범죄를 저지른 시기다. 원상통기(圓狀通氣)의 인수운(印綬運)에, 남자는 천하를 주류한다는 길조까지 붙고 재능을 발휘하는 징조까지 있는 시기에 테러를 저질렀다.

그런데 이 같은 좋은 징조나 인수운 등은 좋은 일만 성공시키는 데 쓰이지 않고 끔찍한 테러를 매우 성공적으로 벌이는 데 쓰이기도 한다. 천하를 주류한다는 징조는 연방정부에 대한 응징으로 폭탄테러를 하는 것으로 나타났다. 원체 재능도 있고, 더군다나 그 재능이 최고로 증폭되는 시기에 테러를 감행하여 본인 입장에서는 168명이나 죽이는, 매우 성공적인 결과를 얻은 것이다.

사형은 34세(2001년)부터의 관운에 들어서자마자 집행되었다.

티모시 맥베이의 사형 선고와 집행에는 앞서 말했듯 음모론이 있었다. 그가 범인이 아니라는, 또 그의 뒤에 더 큰 주도 세력이 있으나 너무 엄청난 비밀이 숨겨져 있어 은폐했다는 식의 음모론 말이다. 미국의 법체계에서는 너무나 이례적인 빠른 사형 선고와 집행이 이루어져 약간 의심을 살 만하였다.

실제 감춰진 내용이 있는지는 그의 사주만으로 판단하기는 힘들다. 그러나 그의 사주를 토대로 한 번 추론해 보겠다.

일단 원상통기의 인수운 시기에 사건 발생과 체포가 이루어진 점이나, 그의 사주로 봤을 때 아이와 부인을 꽤나 끔찍이 아낄 타입인데 갓난쟁이 딸과 여자친구가 있었던 점 등으로 보아 부인과 아이의 미래에 대한 보장을 대가로 모종의 거래가 있었을 확률이 영 없지는 않다. 하지만 거래가 있었다고 해도 범죄에 대한 시인과 협조 등의 거래이지, 자신이 하지 않은 일을 자기가 했다고 나서는 거래는 아닐 것 같다는 생각이 든다.

무엇보다도 원상통기의 인수운 시기라면 억울하게 누명을 쓰고 죽을 운은 아닐 것이다. 그보다는 인수운이기 때문에 자신의 신념에 따라 계획한 일을 매우 효과적으로 성공시킬 수 있었던 것으로 보인다.

더군다나 인수가 화(火)인 것이 주목할 만하다. 폭탄테러의 원인이 되었던 웨이코 참사도 화재로 인한 피해가 더 컸고, 자신이 일으킨 테러도 불과 관련 있는 폭발 테러였으니 말이다. 인수운이라고 반드시 좋은 신념만 가지고 좋은 일만 성공시키

티모시 맥베이 211

진 않는다는 예시는 수잔 앳킨스의 경우 등 종종 있다. 너무나 잘못된 신념을 가지고, 너무나 참혹한 일을 계획하여, 너무나 성공적으로 행했기에 이런 엄청난 사태가 벌어진 것이다.

다만, 비밀에 쌓인 관귀를 끌고 오는 인수운에 테러를 일으킨 것으로 봐서는, 뒤에 반정부주의 비밀세력의 비호가 있었을 수는 있다.

안데르스 베링 브레이빅

Anders Behring Breivik
노르웨이 최악의 테러범

奇門

陰曆: 1979年 1月 17日 午時
陽曆: 1979年 2月 13日 午時

1	8	3	6	九
甲	辛	丙	己	三
午	亥	寅	未	年
時	日	令月	木	8
7	12	3		

九局　上元　雨水　陽遁

안데르스 베링 브레이빅
(Anders Behring Breivik)

Born on　13 February 1979
　　　at 12:50 (= 12:50 PM)
Place　Oslo, Norway,
　　　59n55, 10e45
Timezone　MET h1e
　　　(is standard time)

火　天馬	歲馬　　時	金華　　　　　歲支
義景　五七　壬　甫蛇 體　　鬼　壬　　62 養生　　　　　木　42 六儀撃刑	日馬　　　支 義死　十　戊　英陰 氣　二　戊　　87 浴　官　　火　20 　　　　　建帶	生　七　庚　芮合 害　五　庚　　75 　父　　土　29
日干　時干	歲亡 日亡	月干
和休　六六　辛　沖直 　歸　孫　辛　　68 ○胎　　　　木　35	貴　九　癸 　三　　57 　財　土　45 沖局	制杜　二　丙　柱陳 　命　十　丙　　90 　　父　　金　17 旺
木　　　月支	歲干　　年殺	水　<世>　　　　歲劫 日劫
迫傷　一　乙　任天 　魂　一　乙　　88 　　　孫　　土　18 ○墓　胞	和驚　八　己　蓬地 　德　四　己　　83 　　兄　　水　24 死　祿	開　三　丁　心雀 宜　九　丁　　48 　　　　金　9 病　　　衰

안데르스 베링 브레이빅은 세계적으로 유명한 테러범들 중 한 명으로, 2011년 7월 22일 폭탄테러와 총기난사로 전 세계를 경악과 공포에 떨게 한 연쇄테러범이다. 이 사건으로 총 93명의 피해자가 발생했으며, 이중 사망자는 76명에 이른다. 더군다나 희생자들 대부분이 14살짜리를 포함한 청소년들이었다. 복지로 유명한 북유럽의 평화로운 나라 노르웨이에서 왜 이러한 살인마가 탄생했을까?

브레이빅은 부모의 이혼으로 양부모 밑에서 자랐다고는 하나, 꽤 유복하게 자란 지식인이다. 또한 무슬림과 다문화주의를 혐오하는 극우파 기독교 원리주의자이다. 이러한 사상에 입각해 무시무시한 테러를 저지른 것이다. 물론 그 테러는 단독 소행으로, 브레이빅 혼자만 미친놈일 뿐 극우파 단체나 기독교 단체와는 아무런 관련이 없다.

브레이빅은 아주 뚜렷한 충국(冲局)의 정격삼형(正格三刑)의 징조를 가진, 흉흉한 사주의 소유자다. 그는 겉보기에 스마트하고 매력적이었는데, 이것은 그의 문괘(門卦)가 매우 좋고 옥녀각시가 문을 만났음을 보면 알 수 있다. 더군다나 주작(朱雀)이 붙어, 문장력과 말재간도 좋았음을 짐작해 볼 수 있다.

하지만 겉모습이 이렇게 멀쩡한 것에 비해 흉흉한 징조들이 너무도 많다. 바탕이 금목충국(金木冲局)에, 일지(日支) 자리도 금목충국인 데다 본인 스스로도 금목충국을 하고 있는 건 그렇다 치더라도, 여기에 정격삼형까지 겹쳐서 금목충국을 하고 있는 것이 가장 결정적이다. 거기에 머리를 뜻하는 세지(歲支) 자리에는 경경전격(庚庚戰格)과 함께 광증을 뜻하는 천예성(天芮星)이 있고, 일간(日干)은 살인자나 범죄자에게 종종 발견되는

자리죄명(自懼罪命)이 있다. 한마디로 겉모습만 멀쩡할 뿐 내부적으로는 상당한 폭력성과 광증을 가지고 있다.

대량학살범답게 반성의 기미는 조금도 없고, 자신의 행위를 자랑스러워하며 또 그럴 기회가 있다면 얼마든지 저지를 수 있다는 태도를 보이고 있다. 그러나 피의자의 인권도 중히 여기는 노르웨이 문화의 특성상, 사형은커녕 무기징역도 없는 국가라 최고형이 21년에 불과하다. 때문에 노르웨이 특유의 호화로운 감옥에서 21년형만 채우면 석방될 가능성이 많아 지금까지도 논란이 되고 있다.

물론 무슨 짓을 저질러도 무조건 21년 만에 나올 수 있는 것은 아니고, 판사의 재량에 따라 5년씩 계속 만기출소를 늦출 수는 있다. 그러나 이 법은 지금까지 한 번도 실행된 적이 없다고 한다. 더군다나 노르웨이 감옥은 수감된 지 7년이 되면 주말 외출이 가능하고, 14년이 되면 가석방 심사도 가능해진다. 그래서 22명을 죽여 21년형을 선고받은 간호사가 형을 다 채우기 전에 출소한 일도 있었다.

노르웨이의 범죄자에 대한 인권사상은 결코 잘못된 것만은 아니며, 그 증거로 노르웨이는 살인율과 재범률이 지극히 낮은 나라에 속한다. 형이 가혹하지 않은 대신 죄인의 교화에 집중하는 편인데, 형을 채우고 나온 범죄자의 재범률이 여타 다른 나라의 절반도 되지 않는다.

하지만 범죄자의 재범률이 낮은 것일 뿐 아예 없는 것은 아니니, 예외는 있기 마련이다. 정격삼형의 브레이빅은 교화 가능성이 낮고 출소 후 재범률도 상당히 높을 것으로 보이는데, 특히 형을 다 채우고 나올 수 있는 시기인 49~57세의 흉흉한 금목충의 구금운(九金運)은 이전에 테러를 감행한 운보다 오히려 더 흉흉한 운이다.

그런데 사고를 치기 위해 준비한 시기가 흉흉한 징조가 있긴 해도 인수운(印綬運)이다. 이렇게 테러를 준비한 기간의 운이 좋은 것이 완벽한 테러 준비를 해서 대형 테러를 범한 것으로 나타났다. 어쩌면 인수운이어서 경악할 정도로 규모가 큰 테러를 성공적으로 저지를 수 있었을 듯도 하다. 이후엔 만일 출소된다 해도 꽤나 감시를 받을 테니, 그 정도로 엄청난 사고를 치지는 못할 것이다.

그렇다 해도 브레이빅은 재능이 뛰어나고 머리가 좋아, 마음 먹은 사고는 어떻게든 칠 가능성이 있다. 만일 노르웨이가 판사의 재량에 따라 5년씩 만기출소를 늦출 수 있는 법을 최초로 실행한다 해도, 아마 58~62세 때엔 인수운이라 출소될 가능성이 높을 것으로 보인다. 더군다나 브레이빅은 대단히 영리한 데다 그 영리함이 잘 먹히는 운까지 타고난 자이기 때문에 얼마든지 반성하는 척하는 태도를 보여, 출소가 5년이 늦춰지기는커녕 더 일찍 나올 가능성도 있다.

그렇다고 법 자체를 바꾸거나 브레이빅의 경우에만 다르게 법을 적용할 가능성은 아주 낮다. 피의자의 인권을 중요시하는 노르웨이 문화는 분명 노르웨이를 범죄가 적고 살 만한 나라로 만드는 데 기여하고 있다. 그러니 이 살인마 같은 희귀한 예외 때문에 바꿀 수는 없다.

브레이빅을 몰래 교통사고나 실족 등의 사고로 죽게끔 처리하는 방법도 있다. 만일 그가 58~62세 때의 인수운에 출소한다 해도, 이 시기에 무덤을 뜻하는 지라점장격(地羅占蔣格)에 하늘

안데르스 베링 브레이빅

로 가는 것을 뜻하는 천마(天馬)가 나타나 있으므로 충분히 가능한 이야기다. 또는 복역 중인 36~42세 때의 관운(官運)에 이러한 일이 실행될 수도 있다. 이 징조들이 그냥 자연스레 병사하거나 동료에게 살해당하는 것으로 나타날 가능성도 있긴 하지만 말이다.

제임스 이건 홈즈

James Holmes
'다크 나이트 라이즈' 총기난사

奇 門

陰曆: 1987年 10月 23日 亥時
陽曆: 1987年 12月 13日 亥時

6	3	9	4
己	丙	壬	丁	四
亥	申	子	卯	八
時	日	令月	年
12	9	1	4
四局	上元	大雪	陰遁 閏

제임스 이건 홈즈
(James Eagan Holmes)

Born on   13 December 1987
          at 21:04 (= 9:04 PM)
Place   La Jolla
        (San Diego County),
        California, 32n51, 117w16
Timezone   PST h8w
           (is standard time)

火 華	月干	金 〈世〉 華
制 死命 十二 癸戊 任天 六儀擊刑 祿衰 旺木 89 6	景害 五七父 建 己壬 沖地 55 36 火	制 休氣 二十 戊庚 甫武 浴 帶 47 3 土
時干 制 生魂 一一財 病	歲支 辛己 蓬直 90 4 木	伏天馬 四八鬼 沖局 乙 80 14 土	歲干 驚體 七五兄 生 壬丁 英虎 68 23 金
木 義 開歸 貴 死墓	六六財 丙癸 心蛇 61 29 土 日亡	歲劫 義 杜宜 年殺 三九孫 胞 月支 丁辛 柱陰 50 45 水	水 制 傷德 日干 八四孫 胎養 庚丙 芮合 76 18 金 時支

220 2부 대량학살범과 테러범

2012년 7월 20일, 미국 콜로라도 주 오로라 시의 극장에서 영화 〈다크 나이트 라이즈〉가 상영되던 중에 총기난사 사건이 벌어졌다. 12명이 죽고 70여 명이 다치는 대형 참사였다. 범인은 당시 24세 청년 제임스 이건 홈즈였다. 영화 속 악당 '조커'를 흉내 내다 저지른 범죄로, 조커의 영향을 받아 머리색까지 빨갛게 염색했다는 기사도 있었다. 여기에 사소한 태클을 걸자면, 조커는 머리카락이 초록색이다. 어쨌든 미친놈이 조커 흉내를 내기 위해 저지른 범죄로 알려졌다. 홈즈의 변호인 측은 그가 열한 살 때부터 정신병적 증상으로 자살 시도를 한 정신병자라며, 무죄를 주장하였다.

하지만 그의 이력은 의외로 멀쩡해 보인다. 그는 콜로라도 대학에서 연방 장학금을 받으며 박사과정을 준비하던, 신경과학 전공의 우수한 학생이었다. 사건 직전 학기부터 성적이 떨어지며 심적 고통을 겪었는지, 6월에 박사과정을 그만두는 수순을 밟고 있었다. 이때부터 온갖 폭발물 재료와 총기류, 탄약 등을 구입하기 시작하였다.

그는 학교에서도 내보낼 계획이 없었고, 장학금을 못 받는다고 곤란 겪을 만큼 집안이 어렵지도 않은 우수생이었다. 그런데 겨우 한 학기 성적이 떨어졌다고 학교까지 그만두며 온갖 폭발물과 총기난사를 준비한 것을 보면, 성적이 떨어져서 저지른 짓이었다기보다는 다른 원인이나 근본적인 정신적 문제가 있긴 있었을 것이다. 원래부터 배트맨 등 히어로물의 팬이긴 했으며, 학자 집안으로 공부는 잘했지만 정신적인 문제는 어릴 때부터 있었다고 한다.

홈즈의 사주를 보면, 그의 우수성은 충분히 설명될 만한 점이

많다. 문괘(門卦)도 아름답고, 천보(天甫)의 귀인이 있어 아마 글재주나 수완도 좋았을 것이며, 사지화살(四支化殺) 귀인격(貴人格)까지 갖추었다. 꽤 품위 있는 집안의 인재였음을 알 수 있다. 눈에 번쩍 띄는 흉격(凶格)도 없다. 노복배주(奴僕背主)나 태백입형(太白入熒) 등의 흉격은 눈에 띄나, 이것만으로는 살인까지 갈 정도는 아니다.

그런데 바탕이 금목충국(金木冲局)에, 관귀(官鬼)에 몰아쳐 얻어맞고 있다. 이로 인해 대단히 급한 성격에 극단적인 면모가 있을 수 있다.

또한 14세까지 관귀운이었는데, 이때 학업적으로는 잘 풀렸다 해도 질병을 얻었을 수 있다. 이때 얻은 정신병이 참사의 원인이었을 것으로 짐작되며, 이 관귀의 세력이 가장 커지는 시기는 관귀를 생해 주는 재운(財運) 때다. 때문에 관귀운에 병이 점점 커져서 벌어진 사건으로 짐작된다.

사지화살이기에 입원 등 적극적인 치료를 받았으면 극단적으로 가지는 않았을 것이고, 30대에 회복되었을 것이다. 아마 아버지가 학자인 데다 학업 성적이 좋았던 학생이라 심각하게 보지 않고 병을 숨기다가 오히려 더 키운 듯하다.

또한 20대 초반에 부모 문제가 있을 수 있으며, 24세 이후에 여자 문제를 겪을 수가 있다. 사건 발생 시기가 여자운인 것으로 봐서는 성적 하락보다는 여자 문제가 더 큰 영향을 주지 않았을까 싶다. 실제로 사건 연초에 여자친구와 헤어졌으며, 정신병적 문제를 계속 드러내서 여자친구도 정신과 치료를 권했던 것으로 알려져 있다.

사주가 겉보기엔 너무나 점잖고 우수한 모습이지만, 흐름으로 보아선 관귀운에 얻은 정신병을 계속 끌어안고 갔던 듯하다. 짐작컨대 부모 자리가 관귀를 생하는 것으로 보아선 부모도 부담이나 압박 등을 주면서 그의 병을 키우는 역할을 했을 수도 있다. 그 질병이 관귀가 가장 왕(旺)해지는, 즉 질병이 가장 왕해지기 쉬운 재운에 가서 폭발한 것이다. 관귀운 때 얻은 질병은 관귀가 왕해지는 재운에 특히 조심할 필요가 있다는 예시가 될 수 있다. 만일 이상 증세를 보였을 때 재빨리 격리치료를 했다면, 30대 넘어 병이 호전되었을 것이다.

30대는 인수운(印綬運)인데, 이때 감형 기회를 노리거나 혹은 글재주가 있으므로 저서 활동을 할 수도 있다. 현재 운에서부터 적극적으로 교화되고 반성하는 태도를 보이며, 30대 때 다시 학업도 시작하며 참회의 저술 활동 등을 한다면 보다 유리한 기회를 얻을 수도 있다. 물론 그가 저지른 죄가 너무 무겁기 때문에, 살아생전 가석방될 가능성은 거의 없겠지만 말이다. 아마도 다시 공부하여 학위 정도는 따려고 할 가능성이 크다.

재밌는 점은 범행 당시 새빨간 머리로 유명했는데, 인수가 부족한 사주에서는 인수가 화(火), 즉 빨간색이라는 것이다.

제임스 이건 홈즈

'유나바머' 테드 카진스키

'Unabomber' Ted Kaczynski

'더 테러 라이브'의 현실 버전,
테러범이 된 천재

奇門

陰曆: 1942年 4月 8日 巳時
陽曆: 1942年 5月 22日 巳時

8	2	2	9
辛	乙	乙	壬
巳	亥	巳	午
時	日	令月	火年
6	12	6	7

三四

八局　下元　小滿　陽遁

테드 카진스키
('Unabomber'
 Theodore John Kaczynski)

Born on 22 May 1942
         at 10:45 (= 10:45 AM)
Place   Chicago, Illinois,
         41n51, 87w39
Timezone CWT h5w
         (is war time)

火　　　時支月支	日亡　　　歳支	金　時干　　　華歳劫
和　休歸　九八　壬癸　沖地	義生德　四三官　癸己　甫天	死宜浴　一六　己辛　英直
祿衰　　　　　　64	建　　　　　　　79	73
六儀擊刑　旺木　41	火　15	○六儀擊刑　帶土　26
歳干　　　年殺	伏歳馬 伏日劫	日干月干　　　天馬
義景體　十七　戊壬　任雀	三四孫　丁	開魂　六一財　辛乙　芮蛇
72	55	90
六儀擊刑　病木　33	怨嗔局　　土　45	○　　　　生　金　10
木　　　歳日亡馬	年殺	水　　＜世＞　　華
義驚命　五二　庚戊　蓬陳	義傷氣　二五　丙庚　心合	制杜害　七十　乙丙　柱陰
84	75	52
死墓　六儀擊刑　土　12	胞　　　兄　水　20	胎　　　養　　金　9

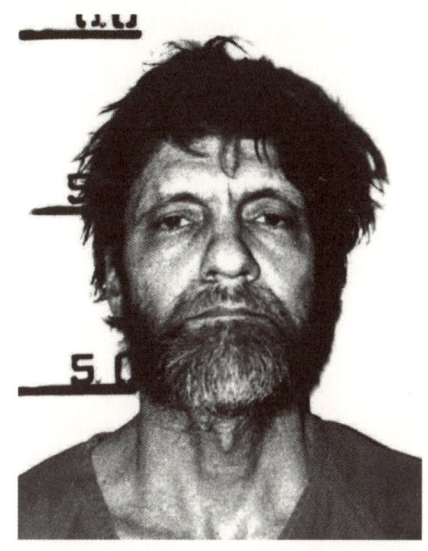
테드 카진스키는 테러범으로서는 매우 특이한 이력을 가지고 있다. 일단 그를 소개하는 모든 글에는 '수학자 겸 테러리스트'라고 적혀 있다. 즉 직업을 수학자라고 소개할 만한 이력을 가지고 있는 것이다.

카진스키는 지적이고 넉넉한, 정상적인 부모 슬하에서 관심을 듬뿍 받으며 아주 좋은 교육환경에서 자라났다. 어릴 적부터 신동으로 이름을 날렸던 그는 불과 열여섯 살에 하버드 대학교에 입학하였다. 그 뒤 하버드와 미시간 대학교에서 수학 전공으로 학사와 석박사 학위를 받은 카진스키는 캘리포니아 대학교 버클리(UC 버클리) 개교 역사상 최연소 조교수가 되었다.

하지만 그의 천재성이 빛나는, 눈부신 이력은 여기까지였다. 우리나라 나이로 불과 스물여섯 살(1967년)에 조교수가 되었던 그는 뭐가 마음에 안 들었는지 2년 만에 때려치우고 가족에게 신세지다가, 야산에서 야인처럼 살기 시작하였다. 공부가 가장 쉬웠을 뿐이지, 사회생활이고 인간관계고 모든 것이 안 되는 유형이었던 듯하다.

친동생과 아버지가 운영하는 공장에 취직했다가 공장 여직원을 괴롭힌 이유로 동생으로부터 잘리고, 야인으로 살던 곳도 개발로 잃을 위기에 처하면서 그는 점점 미치광이가 되기 시작하

였다. 그런데 그것은 그저 도화선이었을 뿐, 놀라운 천재였다가 완전히 무능력한 밑바닥 인생이 되면서부터 이미 잘못된 신념을 가지고 미치기 시작했을 것이다.

그는 기술의 진보가 인간을 망치는 주범이라고 주장하며, 1978년부터 95년까지 17여 년간 사업가, 과학자 등 다양한 사람들에게 편지와 폭탄을 보냈다. 이 과정에서 세 명의 사망자와 29명의 부상자가 나왔다. 이때 그는 '유나바머(Unabomber: University and Airline Bomber)'라는 별명을 얻었는데, 세상엔 이 이름이 더 널리 알려져 있다.

1995년 9월에는 '산업 사회와 그 미래'라는 선언문을 희생자의 가족들과 언론사에 익명으로 발송하였다. 무분별한 산업화에 반대하는 세계 혁명에 관한 내용이었다. 그것이 이루어지면 테러를 중지한다는, 그야말로 현실판 〈더 테러 라이브〉였다.

카진스키는 이것이 단서가 되어 검거되었는데, 그를 신고한 사람은 다름 아닌 친동생 데이비드 카진스키였다. 데이비드는 선언문 문체가 형의 문체와 비슷하다며 FBI에 신고했고, 결국 데이비드의 협조와 FBI의 수사로 당대 유명 테러범 '유나바머'가 검거되었다.

그의 사주를 보면, 신기할 정도로 티모시 맥베이와 비슷함을 볼 수 있다. 그런데 흉(凶)의 정도는 맥베이보다 더하다. 맥베이의 범죄 규모가 훨씬 크지만, 흉의 정도와 범죄 규모가 꼭 비례하는 것은 아닌 듯하다. 자라온 환경과 범죄를 저지를 수 있는 조건 등의 외부 요인에 따라 범죄 규모가 커지는 것이지, 사주에 나타난 흉의 정도로만 범죄 규모를 측정할 수 있는 것은 아니다.

아마도 '유나바머'가 정상적인 환경에서 가장 수준 높은 교육을 받으며 잘 자랐던 점 등이 더 심각할 수 있었던 그의 범죄에 그나마 제동을 걸었을 수도 있다. 거기다 사주가 흉악하여 일찍부터 있던 정신증이 대인기피증으로 발동하여 인간관계에 어려움을 겪은 탓에 오로지 단독 범죄밖에 저지를 수 없었던 점도 범죄 규모에 영향을 미쳤다. 하지만 잘못된 신념으로 저지른 살인테러라는 점에서는 맥베이와 닮았다.

그의 사주는 머리를 뜻하는 세지(歲支)를 제외하면, 나머지 사지(四支)와 일간(日干) 등에 모두 흉격(凶格)이 있다. 격형(擊刑), 패란(悖亂), 지망차폐(地網遮蔽), 오불우시(五不遇時), 거기다 기문둔갑 최고 흉격인 백호창광(白虎猖狂)까지, 흉격은 꽤 많다. 동처뿐만 아니라 비동처도 격형이 많아, 무려 4개 궁에 격형이 있다. 동처인 월지(月支)와 시지(時支)에는 함정이나 그물을 뜻하기도 하는 지망차폐와 격형이 같이 있는데, 조셉 베쳐의 예시에서도 말했듯이 지망차폐와 육의격형이 함께 있으면 매우 위험하다. 사주는 조셉 베쳐와도 비슷한 점이 많다. 다만, 조셉 베쳐와는 달리 카진스키는 성장배경이 좋았다.

세지의 모양새가 좋고 귀인격(貴人格)이 있는데, 이것이 천재성으로 발휘되었다. 또한 세지는 부모를 뜻하기도 해서, 세지궁의 길한 징조는 꽤 좋은 부모를 두었음을 의미하기도 한다. 그런데 세지가 인수(印綬)로 와주고 있진 않고, 인수가 없어 부모와의 연은 박할 수가 있다. 세지의 징조 외에도 머리가 수화충(水火冲)이 되고 있어 머리회전이 빠르고, 일지의 을가병(乙加丙)도 재능을 뜻한다.

인수가 없는 탓에, 아마도 학자보다는 조금 더 활동적이고 긴

장감 있는 일을 하는 것이 좋았을 듯하다. 이 사주로는 수학자보다는 수술을 하는 의료인, 법의학자, 연구실에서 동물실험 등을 하는 연구자, 무기개발자 등이 더 맞았다. 아니면 아예 문과 쪽인 법조계로 나갔다면 좀 더 재밌게 일했을 것이다. 그런 식으로 그 눈부신 머리와 흉격을 승화시킬 수 있는 일을 했다면 테러범까지 가지는 않았을 것이다. 교수를 때려치운 후에는 아예 연극계 등의 창작계로 가는 것도 좋았을 수가 있다.

재밌는 것은 카진스키의 월지궁(月支宮)이다. 형제를 뜻하는 월지궁이 격형과 망(網)을 치고 자신을 극하고 있으며, 거기에 배신수를 뜻하는 오불우시도 있다. 그는 형제로부터 해고를 당하면서 테러를 시작하였고, 결국 형제 때문에 잡혔다. 이것이 그의 입장에선 형제에게 뒤통수를 맞고 당한 것이니, 의미심장하다.

모하메드 메라

Mohammed Merah
프랑스 연쇄 총격테러

奇門

陰曆: 1988年 8月 30日 巳時
陽曆: 1988年 10月 10日 巳時

4	5	9	5	
丁	戊	壬	戊	五
巳	戌	戌	辰	六
時	日	令月	金年	
6	11	11	5	

六上寒陰
局元露遁

모하메드 메라
(Mohammed Merah)

Born on   10 October 1988
     at 09:50 (= 09:50 AM)
Place   Toulouse, France,
     43n36, 1e26
Timezone   MET h1e
     (is standard time)

火華 時歲	時天馬	金月
義景 戊 心	和杜 癸 蓬	義開 丙 任
害 一十 庚 蛇	命 六五 丁 直	體 三八 壬 天
○衰 孫 60	建 孫 75	浴 父 65
旺木 39	火 14	帶 土 29
年殺 日馬	歲亡日劫	年殺 歲馬
和休 二 乙 柱	五 己	和死 八 辛 沖
宜 二九 辛 陰	六 鬼	氣 八三 乙 地
財 62	59	父 90
病 木 38	戰局 土 45	生 金 5
木		水華 <世>日歲月
義驚 七 壬 芮	義傷 四 丁 英	和生 九 庚 甫
德 七四 丙 合	魂 四七 癸 虎	歸 九二 戊 武
82	兄 69	54
死墓 土 9	胞 水 21	歲劫日亡 祿胎養 金 2

모하메드 메라는 2012년 프랑스를 발칵 뒤집어놓은 연쇄 총격테러 사건의 범인이다.

그는 알제리계 프랑스인으로, 이슬람 극단주의자이다. 오토바이를 타고 툴루즈 지역에서 학교 총기난사를 포함한 3건의 연쇄 총격 테러로 일곱 명을 숨지게 하였다. 그는 자신을 체포하려는 경찰들과 32시간 동안 대치하다가 생포 과정에서 경찰이 쏜 총에 맞아 사망하였다. 안데르스 베링 브레이빅처럼 외로운 늑대형의 극단주의자 테러범인 것이다.

이렇게 잘못된 대의를 위해 극단적인 짓을 저지르는 인물이 흔히 그렇듯 관귀(官鬼)가 매우 왕(旺)해 얻어맞고 있다. 머리통이 커서 꿈과 이상은 다락같이 높으면서, 자존심이 매우 센 인물이다.

거기에 일간(日干)과 일지(日支)에 유로무화(有爐無火)의 흉격(凶格)이 나타나 있다. 이 유로무화의 흉격이 살인마들에게 종종 나타나는 것으로 보아선, 유로무화를 가진 사람은 다소 감정이 메마른 면이 있고 그것이 가끔 살인을 저질러도 양심의 가책을 느끼지 않는 것으로 나타나는 모양이다. 평범한 인생을 사는 사람이라도 일지에 유로무화가 있으면 가정이 삭막하다고 한다. 모하메드 메라 역시 가정이 삭막했는지, 테러 전에 이혼했다고 알려져 있다.

명국(命局)은 4대 흉격이 모두 나타난 반음대격(反吟大格)이다. 동처에는 요행히 4대 흉격이 모두 피해 갔다. 하지만 동처에 흉격이 나타나지 않았다 해도 흉격이 나타난 시기로 가거나, 흉격의 수미복배(首尾腹背) 시기에 가면 사건을 겪을 수 있다.

아마도 등사요교(螣蛇妖嬌)의 흉격이 나타난 어린 시절이나

주작투강(朱雀投江)의 흉격이 나타난 10대 시절도 평범하게 보내진 않았을 듯하고, 이 시기에 극단주의자 사상에 물들었을 것이다.

22~29세에 가면, 일지 자리의 이(二)와 구(九)가 삼(三)이 있는 자리로 가면서 삼형(三刑)을 작하게 된다. 천반은 성국으로 면형이 되었다고는 하나, 그 자리의 시기로 가면 삼형을 이루는 이 숫자들이 모두 만나기 때문에 성국이 된다 해도 일단은 삼형이 된다. 더군다나 이 자리의 수미복배는 4대 흉격 중 최고로 치는 백호창광(白虎猖狂) 자리다. 원래도 일지 자리상의 수미복배가 청룡도주(靑龍逃走)의 흉격이 있기도 하다. 거기다 사건이 일어난 시기에는 패란(悖亂)까지 나타나 있다. 최고 흉격인 무시무시한 백호창광, 삼형, 거기에 반역을 나타내는 패란격도 있는 시기에 결국 총격 사건을 일으켰다.

사건이 일어난 시기가 인수운(印綬運)이라, 약간의 협조 세력이 있었을 수 있다. 하지만 인수가 도식을 하러 가는 것을 보면 자신이 따르는 세력의 비호를 받는 인물은 아니었을 듯하다.

제임스 휴버티

James Huberty
맥도날드 대학살

奇門

陰曆: 1942年 9月 2日 子時
陽曆: 1942年 10月 11日 子時

7	4	7	9	
庚	丁	庚	壬	九
子	酉	戌	午	二
時	日	令月	金年	
1	10	11	7	

六局 上元 寒露 陰遁

제임스 휴버티
(James Oliver Huberty)

Born on 11 October 1942
         at 00:11 (= 12:11 AM)
Place   Canton, Ohio,
        40n48, 81w23
Timezone   EWT h4w
         (is war time)

火 時月 干干 義 景 宜 六 ○ 養生	五 孫	辛 庚 木	歲劫 日馬 沖 直 64 35	日 干 和 杜 魂 浴	年殺 十 一 孫	歲 支 庚 丁 火	甫 天 89 17	金 義 開 歸 貴建帶	七 四 兄	歲 干 丁 壬 土	英 地 77 24
天馬 和 休 害 胎	六 五 父	丙 辛 木	年殺 任蛇 70 29		九 二 官 戰局	歲亡 己 土	59 37	〈世〉 和 死 德 旺	二 九	壬 乙 金	歲馬 日亡 芮武 47 9
木 義 驚 氣 墓胞	一 十 父	癸 丙 土	華 蓬陰 90 16	日劫 義 傷 命 死	八 三 財	時支 戊 癸 水	心合 85 20	水華 和 生 體 病喪	三 八 財	月支 乙 戊 金	柱虎 50 45

제임스 휴버티는 대량학살범이며, 단 하루 75분여 동안 총기 난사 사건을 일으켜 21명을 죽이고 19명에게 부상을 입혔다. 1984년 7월 18일 수요일, 캘리포니아 주 산이시드로의 맥도날드 음식점에서 일어난 일이었다.

휴버티의 정신적 징후는 꽤나 뚜렷하다. 우선 정격삼형(正格三刑)이 나타나 있다. 일순위 관귀(官鬼), 광증으로 나타날 수 있는 천예성(天芮星), 일간(日干)의 복간격(伏干格) 등도 다른 살인마들에게 흔히 나타나는 증상들이다.

거기다 휴버티는 금(金)이 매우 왕(旺)해서 금목충(金木冲)을 일으키는 정격삼형이라, 그것에 비하면 다른 흉격들은 가벼워 보이기까지 한다. 천반의 경우 삼형은 면했지만 그래도 금목충이라, 이제껏 본 사주들에서도 손꼽힐 만한 흉흉한 징조들을 충분히 가지고 있다.

살인마들은 왜 이런 건지 확실히는 모르겠지만, 역시나 끼가 많다. 그래도 휴버티 같은 경우는 이상성욕이나 변태 증상이 전혀 나타나지 않았다. 어쩌면 이것은 이상성욕뿐만 아니라 영화 주인공처럼 사건의 주인공이 되고 싶은 욕구로도 발전하는 모양이다.

29세까지는 상당히 좋았고 이후 35세까지도 그리 나쁘지 않았으나, 36세부터 45세까지 삼형운(三刑運)이 두 번에 걸쳐 길게 온다. 실제로도 꽤 평범하고 괜찮게 살다가 미국 대공황 이후 삶이 피폐해지면서 행동이 이상해진 것으로 알려져 있다. 아마 문제없이 잘 살았던 기간과 좋은 운의 기간이 대략 일치할 것이다. 그러다 삼형을 가진 자로서 삼형운에 들어가며 흉흉한 일을 많이 봤을 듯하다.

결국 천반 삼형운 때 일을 터뜨렸다. 이때 나타나 있는 백호살(白虎殺) 역시 광증과 사건 사고로 나타나기도 한다. 원래부터 광증과 폭력성은 갖고 있었지만, 삼형운 때 그것을 단 한 번에 터뜨린 것이다.

리처드 스펙

Richard Speck
시카고 대학살

奇門

陰曆: 1941年 10月 18日 丑時
陽曆: 1941年 12月 6日 丑時

10	5	6	8
癸	戊	己	辛
丑	子	亥	巳
時	日	令月	水年
2	1	12	6

二三年

리처드 스펙
(Richard Benjamin Speck)

Born on 6 December 1941
 at 01:00 (= 01:00 AM)
Place Kirkwood, Illinois,
 40n52, 90w45
Timezone CST h6w
 (is standard time)

七局 中元 大雪 陰遁

火 歲干	華 歲支		年殺	日劫	金 時干	
開迫體	八七官	丁辛	蓬陰	制驚氣	三二鬼	乙丙	任蛇	迫傷害	十五父	壬癸	沖直
死墓		木	74 22	○祿	病火	49 45		○旺	衰土	90 9	

		歲馬日亡		歲日劫馬		日干	年殺	
杜歸	九六孫	己壬	心合		二三	庚財	義休命	五十父	辛戊	甫天
胞		木	83 15	刑破局	土	66 25	貴建		金	58 42

木華	天馬	時支	<世>		水月干	月支	歲亡	
生魂	四一孫	戊乙	柱虎	迫死德	一四	癸丁	芮武	迫景宜	六九兄	丙己	英地
胎養		土	53 43	生		水	46 4	浴帶		金	64 34

리처드 스펙은 1966년, 시카고 간호사 기숙사에 숨어들어 한꺼번에 여덟 명을 죽였다. 그중 한 명만을 강간했으며, 스펙이 간호사들 숫자를 제대로 기억하지 못했던 까닭에 그곳에 있던 아홉 명의 간호사들 중 침대 밑에 숨어 있던 한 명이 살아남아 살인자가 밝혀질 수 있었다. 스펙은 같은 해에 매춘부를 살해했다는 의혹도 받았는데, 이 사건 전에 발생한 일이었다.

스펙은 이상 징후가 상당히 뚜렷하다. 눈에 확연히 띄는 등사요교(螣蛇妖嬌)는 요사스런 끼의 대표적인 예로, 이것이 끼로 승화되지 않을 경우 변태성, 사기성 등으로 나타난다. 거기에 광증을 나타내는 천예성(天芮星)이 함께 있다.

그 외에도 끼가 매우 많다. 도화살(桃花殺)에 등사요교인데, 등사요교라면 찰스 맨슨의 예에서도 볼 수 있듯이 문란하고 난잡한 사람으로 나타나기도 한다. 리처드 스펙은 성욕이 이상할 정도로 강한 남자로, 하루에도 네댓 번은 아내를 성폭행해 결국 이혼했다고 알려져 있다. 여덟 명 중 한 명만 강간한 이유도 그녀가 아내를 닮았기 때문이라는 말도 있다.

하지만 등사요교나 천예성의 광증보다 더욱 심각한 문제는 형파국(刑破局)의 삼형(三刑)이라는 것이다. 천반 성국임에도 결국 불규칙삼형은 해소가 되지 않았다. 더군다나 삼형으로 군겁쟁재(群劫爭財)를 하는데, 이것은 남자에게는 가장 최악인 여자운이다. 이렇게 여자궁이 삼형에 들어가 있을 경우 간호사나 미용사 등을 만나는 게 좋다고 추천하기도 하는데, 그것이 간호사들을 단체로 죽이는 것으로 나타났다. 살인이 일어난 시기에 나타난 천의(天宜)의 모양새도 의료계를 뜻하기도 한다.

꽤나 흥미로운 점은 삼형의 구금운(九金運)에 들어서자마자

(1966~74년) 바로 살인을 저질렀다는 것이다.

형파국, 삼형, 등사요교 등의 흉증이 끼나 재능으로 승화되지 못하고 범죄에 빠진 사람답게, 자신이 한 짓에 대한 죄책감이 전혀 없었고 오히려 자랑스러워하였다. 이 변태성은 수감 중에도 나타나, 일부러 호르몬 치료로 여자 가슴을 만들고 여성용 팬티를 입고 동료 죄수와 섹스 비디오를 찍은 것을 공개하였다. 비디오테이프 속에서 리처드 스펙은 허세를 부리며 희생자들에게 전혀 미안하지 않다고 하였다. 그것이 그가 남긴 마지막 작품이었다.

또 주목할 만한 점은 재(財)가 삼팔목(三八木)이라는 것이다. 그는 시카고 대학살 때 여덟 명의 간호사를 죽였다. 여자를 상징하는 재가 삼팔목인 덕분에 아홉 번째 여자는 발견하지 못한 건지, 살아남은 아홉 번째 여자 덕에 그를 체포할 수 있었다.

사지화살(四支化殺)이 되는 것을 볼 수 있는데, 앞서의 사지화살들은 비교적 급이 있는 대상을 죽였었다. 리처드 스펙도 간호사 기숙사에 들어가서 전문직 여성들인 간호사들을 죽였는데, 일부러 급을 생각해서 그렇게 골랐는지는 밝혀져 있지 않다.

마틴 브라이언트

Martin Bryant
호주 역사상 최악의 대량학살범

奇門

陰曆: 1967年 3月 28日 丑時
陽曆: 1967年 5月 7日 丑時

6	8	2	4	二
己	辛	乙	丁	六
丑	未	巳	未	年
時	日	令月	火	8
2	8	6		

一局　中元　立夏　陽遁

마틴 브라이언트
(Martin Bryant)

Born on　7 May 1967
　　　at 02:45 (= 02:45 AM)
Place　Newtown, Australia,
　　　38s09, 144e20
Timezone　AEST h10e
　　　(is standard time)

火 日干 制 生 害 浴 帶	八十財	戊辛	月支 蓬地 81 18 木	月干 傷 命 和 生	三五財	丙乙	任天 56 38 火	金華 義 體 胎	驚 十八	<世> 庚己 養 土	時干 歲支 沖直 52 8
制 死 宜 建	九九官	歲劫日劫 癸庚 心雀 90 17 木		伏天馬 二六父 沖局	壬 73 24 土			歲干 義 休 氣 貴 胞	五三兄	辛丁 金	歲亡日亡 甫蛇 65 29
木 義 開 德 祿 旺	四四鬼	時支 柱陳 丁丙 60 33 土		年殺 義 魂 杜 病	一七孫	己戊 53 45 水	芮合	水 迫 死 ○	景歸 六二孫 墓	乙癸 金	歲馬日馬 英陰 71 26

244　2부 대량학살범과 테러범

마틴 브라이언트는 호주 역사상 단독 범행으로는 최악의 대량학살범이다.

1996년 4월 28일, 호주 남동부 태즈메이니아 주의 유명 휴양지 포트 아서에서 젊은 청년이 관광객 등을 향해 무차별적으로 총을 마구 쏘아 댔다. 35명이 숨지고 18명이 크게 다치는 끔찍한 참사였다.

이 사건으로 인해 호주의 존 하워드 총리는 사건 발생 12일 만에 "미국의 전철을 밟지 않겠다"며 국가적으로 총기법을 개혁하였다. 때문에 대량살상을 일으킬 가능성이 있는, 연발 가능한 총기류는 전면 금지되고 총기 소유 면허가 강화되었다. 사실상 마틴 브라이언트 덕분에 호주는 총기 규제가 강화된 것이다.

브라이언트는 사이코패스 유형의 살인마는 아니었다. 지능지수가 66밖에 안 되는 정신지체자로, 읽거나 쓸 수 없었고 정신분열증 증상도 있어서 장애 연금을 받는 사람이었다. 수감된 후엔 아스퍼거 증후군 진단도 받았다. 이러한 장애를 가진 정신이상자가 대량학살을 일으킬 수 있는 총기를 가지는 것이 가능했다는 점이 가장 큰 문제였을 것이다.

브라이언트의 사주는 금목충(金木冲)과 수화충(水火冲)에, 일지(日支)와 세지(歲支)와 일간(日干) 모두 흉격(凶格)이 있고, 오불우시격(五不遇時格)으로 관귀(官鬼)에게 얻어맞는 등 정신적 문제가 있을 수 있는 증상들을 모두 충실히 가지고 있다. 일간이 동처에 나타나 일지와 서로 싸우는 것도 흉조로 보며, 거기에 십사구패(十事九敗)의 실패수도 흉격이다.

특히 세지와 일지의 형격(刑格)이 상당히 무시무시하다. 이것은 삼형(三刑)에 버금간다 할 만큼 무시무시한 살성이다. 다만,

이것은 권위와 카리스마로 발휘될 때가 삼형보다 더 많은 편이다. '손혜림 기문둔갑 블로그'에서, 세계 유명 축구감독 네 명 중 무려 세 명이 형격을 가지고 있음을 예시한 적이 있다. 그러나 정신지체에 정신분열증, 아스퍼거 증후군으로 인해 그것을 발휘할 수 없는 브라이언트는 정신병이 더욱 심해진 끝에 무시무시한 학살극을 벌인 것으로 나타났다.

살인이 일어난 시기는 많은 살인마가 그러하듯 관귀운(官鬼運)이다. 그것도 쌍관(雙官)에 자형에 오불우시를 하는 무시무시한 관귀운이다. 관귀운에 들어서자마자(1996년) 살인을 저질렀다. 그는 수감된 뒤 자살을 여섯 번이나 시도했다고 한다.

아마도 이러한 정신병 환자의 경우에는 관귀운이 되자마자 시설에 들어가는 것이 흉조를 막을 수 있는 적절한 조치일 것이다. 환자들은 보통 관귀운에 증상이 악화되는 경향이 있는데, 마틴 브라이언트 역시 정신병 증상이 극에 달해 대량학살로 나타났다.

하워드 언러

Howard Unruh
무차별 총기난사

奇門

陰曆: 1920年 12月 13日 子時
陽曆: 1921年 1月 21日 子時

1	1	6	7
甲	甲	己	庚
子	申	丑	申
時	日	令月	年
1	9	2	9

九局　中元　大寒　陽遁

> 하워드 언러
> (Howard Barton Unruh)
>
> Born on 20 January 1921
>   at 23:00 (= 11:00 PM)
> Place   Haddonfield New Jersey,
>   USA, 39n53, 75w02
> Timezone   EST h5w
>   (is standard time)

火 制 死體 帶六儀擊刑	二七 建	壬壬 父	華甫天 木 87 18	時干 制 驚氣	七二 父 ○旺	戊戊 火	英直 61 41	歳劫日劫 迫 傷害 ○病衰	四五	庚庚 天馬	芮蛇 土 49 5
制 生歸 浴	三六 財	辛辛 木	沖地 90 11	歳亡日亡 和局	六三 祿	癸 鬼 土	85 21	年殺 迫 景命 死	九十 兄	丙丙 金	柱陰 78 38
木 迫 杜魂 生養	八一 財	乙乙 土	任雀 69 39	月支 和 開德 胎	五四 孫	己己 水	蓬陳 54 45	水 義 休宜 墓胞	十九 孫	丁丁 金	心合 79 30

무차별 총기난사 살인마, 하워드 언러는 원래는 뛰어난 포병으로 유명한 전쟁영웅이었다. 그러나 전역 후 사회의 밑바닥 인생이 된 괴리감 속에서 정신이 이상해져 갔다. 직장도, 친구도 없이 집 안에 틀어박혀 장난감 기차나 가지고 노는 완벽한 백수로 살며, '마마보이'라는 놀림도 받았다. 제대군인 원호법의 도움을 받아 1948년에 템플 대학교 약대에 입학하기도 했지만, 석 달 만에 낙제하고 쫓겨났다. 동성애자였던 그는 동성애를 혐오하던 당시 풍토에 괴로워했다고 하는데, 그렇다고 제대로 교제하는 동성 애인이 있었던 것도 아닌 듯하다. 그는 세상 모두가 자신을 증오한다는 과대망상에 사로잡혀, 결국 1949년 무차별 살인을 자행하였다.

처음엔 집을 나오며 어머니를 쇠파이프로 때려죽이려 했지만 도망가는 어머니를 쫓지는 않았고, 권총으로 이웃 사람들을 쏘아 죽였다. 사망자 13명, 중상자 3명, 총 16명의 피해자를 낸 언러는 체포 후 미쳤냐고 묻는 경찰들에게 자신은 제정신이라고 주장하였다. 심리학자와의 인터뷰에서 "충분한 총알이 있었다면 천 명을 죽였을 것이다"라고 하며 과대망상증을 인증하기도 하였다. 미국 정부는 그를 정신병자라 판단해 정신병원에 수감하였다. 평생 정신병원에 갇혀 살았던 그는 무려 88세까지 장수한 끝에 2009년에 죽었다.

그의 사주를 보면, 제정신이라고 주장한 언러의 말보다는 정신병자라고 판단한 미국 정부의 판결이 옳아 보인다. 앞서 말했듯이 세지(歲支)와 일지(日支)와 일간(日干)에 흉격이 있고, 관귀(官鬼)가 왕(旺)해 얻어맞거나 금목충(金木冲)과 수화충(水火冲) 등의 충(冲)이 심하면 정신적 이상이 있을 것으로 보는데,

언러는 이 요소들을 골고루 다 가지고 있다.

우선 일지, 세지, 일간이 한 자리에 모여 전격(戰格)을 만났고, 구멍이 뚫려 있다. 구멍이 뚫린 자리는 흉이 더 커진다고 한다. 여기에 광증으로 나타날 수 있는 천예성(天芮星)을 가지고 있다. 사주 흐름은 중궁(中宮)의 왕한 관귀에게 모든 기가 몰려서 얻어맞고 있고, 천반은 금목충을 하고 있다.

그래도 전격의 흉조나 관귀가 왕한 점 등은 군인 입장에서는 상당히 유용한 것들이다. 전형적인 외골수 직장인으로 남이 시키는 일만 해야 하는데, 그러면서도 사회생활을 영리하게 할 능력은 별로 없다. 관귀가 왕하고 머리통이 커서 꿈과 이상만 다락같이 높은 데 비해 능력이 따라주질 않는다. 그래도 취직해서 단순 업무를 하는 직장인으로서 평범하게 사는 것도 충분히 가능했을 법 한데, 전쟁터에 나가 영웅 노릇했던 게 허파에 바람을 집어넣어서 평범하고 힘든 직장생활은 견디지 못하게 되었을 듯하다. 성격도 워낙 외골수라, 한 번 뭔가에 꽂히면 다른 일은 거들떠보지도 않거나 하더라도 잘하지 못한다.

특히 22~30세 때의 9년 동안은 금목충을 하는 극심한 극관운(尅官運)이라, 학교생활과 직장생활 모두 하기 힘들다. 그래서 대학생활도 석 달 만에 제적당해 끝나고 말았는데, 원래부터도 공부엔 취미가 없었을 것이다. 금목충으로 극관을 하는 구금(九金)의 시기가 9년간이나 오면서, 총기난사 대학살을 저지르고 말았다.

관귀가 왕한 사람은 소속될 곳을 찾으면 의외로 꽤 성실하게 사는 모습을 보이는데, 하워드 언러도 사건 다음 해부터는 극관운도 끝나니 아마 정신병원에서는 꽤나 충실하게 생활했을 수 있다.

3부
천사의 탈을 쓴 의료계의 악마

요제프 멩겔레

Josef Mengele

매드 사이언티스트

奇門

陰曆: 1911年 2月 16日 午時
陽曆: 1911年 3月 16日 午時

9	2	8	8
壬	乙	辛	辛	九
午	酉	卯	亥	六
時	日	令月	木年
7	10	4	12

七局　中元　驚蟄　陽遁

요제프 멩겔레
(Josef Mengele)

Born on 16 March 1911
at 11:45 (= 11:45 AM)
Place Günzburg, Germany,
48n27, 10e16
Timezone MET h1e
(is standard time)

火 義景害 衰病	五十財	乙丁	心地 64 37 木	年殺 義死命 ○死 六儀擊刑	十五財	時支 辛庚	蓬天 89 12 火	金 生體 ○墓 六儀擊刑	七八兄 胞土	時干 己壬	華 任直 77 27
歲劫日亡 和休宜 貴 六儀擊刑	六九鬼 旺木	天馬 戊癸	月支 柱雀 70 36		九六父 刑破局	日馬 丙 土	59 43	<世> 制杜氣 胎	二三 金	癸戊	歲亡日劫 沖蛇 47 3
木 迫傷德 建帶	一四官 土	壬己	華 芮陳 90 7	月干 年殺 和驚魂 浴	八七孫 水	庚辛	英合 85 19	水 日干 開歸 生養	三二孫 金	歲馬 丁乙	歲支 甫陰 50 45

요제프 멩겔레는 전 세계에서 가장 유명한 '매드 사이언티스트(Mad Scientist)'이며, 나치 독일의 내과 의사 겸 장교였다. '죽음의 천사'라고도 불리는데, 아무래도 전원 의료계인 이번 장에서는 이 별명이 안 붙은 사람을 찾기 힘들 듯하다. 그래서 여기에서는 천사라는 별명이 보다 자주 쓰이는 간호사 쪽에서 가장 악랄한 인물인 도널드 하비에게 이 별명을 양보하였다.

멩겔레는 제2차 세계대전 중에 벌어진 각종 기상천외하게 잔인한 인체 실험으로 악명을 떨쳤으며, 그가 저지른 악행은 엽기적이면서도 매우 많다.

또한 다른 살인마들과는 여러모로 다른 양상의 위치를 보인다. 다른 살인마들이 저지른 것이 비제도권에서 몰래 저지른 범죄였다면, 요제프 멩겔레는 제도권에서 합법적(?)으로 자행한 '실험'이었다. 아무래도 범죄라는 인식 하에 몰래 저지른 다른 범죄자에 비해, 제도권에서 허락받고 공개적으로 자행했기 때문에 희생자의 수도 다른 살인마들을 아득하게 초월하여 40여만 명에 이른다고 한다. 출신 또한 뮌헨 대학에서 의학과 인류학을 공부한 엘리트였고, 나치 인종차별 정책의 근거가 된 나치 우생학의 맹신자였다.

그가 저지른 각종 실험들은 일제강점기 때 일본이 자행한 '마루타'처럼 아무런 쓸 데도 없는, 변태 같은 실험이었다. 눈에 화학물질을 투여해 눈 색깔을 바꾼다든지, 마취 없이 늑골을 적출한다든지 등등의 각종 엽기적인 실험을 했는데, 그중 쌍둥이에 대한 집착이 낳은 '쌍둥이 실험'이 특히 유명하다. 열네 쌍둥이의 심장에 클로로포름을 주입해 한꺼번에 죽인 적도 있었고, 쌍둥이끼리 장기나 혈액을 교환하기도 했으며, 남녀 이란성 쌍둥

이를 근친교배시키거나 인공 샴쌍둥이를 만든답시고 쌍둥이들의 몸을 꿰매어 생존시간 등을 관찰하기도 하였다. 전쟁과 정치폭력 연구로 잘 알려진 정신과 의사 로버트 리프턴은, 그 실험이 학문적 연구를 위함이 아닌 가학적 성욕과 사이코패스적인 공감 부족으로 일어난 것이라고 설명하고 있다.

이러한 변태적인 실험 외에도 수용소 탈출을 시도한 300여 명의 소년들을 모두 가스실로 보내기도 하고, 여자수용소에서 티푸스가 발발하자 한 구역에 있는 600여 명을 모두 가스실로 보내는 등 꽤나 스케일 큰 악행들을 저질렀다.

멩겔레의 사주는 뚜렷한 형파국(刑破局)의 정격삼형(正格三刑)이다. 더 주목할 만한 점은 성국(成局)이 되어 인아생손(印我生孫)을 하지만, 성국이 삼형을 면형시켜 주지 않고 오히려 성국으로 묶인 흐름의 결과가 삼형이라는 것이다. 성국이 되었는데도 삼형을 작하는 경우, 이것은 하늘이 점지한 삼형이라 그 위세가 더욱 강력하다고 한다. 더군다나 형파국의 삼형은 가장 무섭다. 정격삼형 하나만으로도 충분히 무서운데, 그 위세를 더해 주는 요소가 두 개나 있는 것이다.

여기에 절명(絶命)이 붙은 토(土)가 구금(九金)을 조어해서 칠 때 특히 무섭다고 하는데, 그냥 절명도 아닌 사문절명(死門絶命)이 붙은 매우 왕(旺)한 토가 구금을 조어해서 치는 것을 볼 수 있다.

그런데 의외로 일지(日支)와 일간(日干)의 격국(格局)이나 문괘(門卦)는 괜찮은 편이다. 게다가 삼은신(三隱神)에 천보(天甫)까지 있어 귀인격(貴人格)에 수완과 재능이 매우 뛰어났을 것으로 보인다. 이 같은 재능은 신분상 엘리트인 살인마들에게 흔히 보이는 것이다. 그가 제도권 엘리트로서 공식적으로 악행을 벌인 것을 생각해 보면, 길격(吉格)이 이런 식으로 나타난 듯하다. 즉 엘리트로서 제도권에 성공적으로 뿌리내린 것은 길격이 있어서다. 인수(印綬)가 왕하면서 삼은신에 천보 등이 있는 것을 보면, 공부를 매우 잘했으며 논문도 잘 쓰고 재능도 탁월했음을 볼 수 있다.

그가 악행을 주로 저지른 시기는 1938~45년인데, 이 시기는 삼형(三刑)의 운 중에서도 가장 무섭다는 삼형의 구금운(九金運) 시기 전체와 정확히 일치한다. 그런데 이후 운이 인수운(印綬運)인 데다 길인의 찬조가 있다는 길격(吉格)의 좋은 운이다. 그 덕분인지 전범으로 수배되었으나 체포되지 않고 남미로 탈출하여 가짜 신분으로 평생 숨어 살았다. 또한 슬슬 추적이 좁혀 오는 말년에도 역시 인수운 때여서 그런지, 잡히기 전에 결국 심장마비로 자연사해서 죗값은 하나도 치르지 않았다.

희한한 것은 천마운(天馬運)이다. 천마는 비행기를 뜻하기도 하지만 하늘나라로 가는 걸 뜻하기도 한다. 그래서인지 전반기인 1938~46년의 천마운 시기엔 수도 없이 많은 다른 사람들을 하늘나라에 보냈고, 후반기인 1975~80년의 천마운 시기엔 자신이 하늘나라로 갔다.

이 외에도 사주가 반음대격(反吟大格)에 천마의 문괘가 좋은데, 우선 반음대격이면 정신없이 돌아다니며 바쁘게 사는 것이 좋으며, 계속 변동하고 움직이는 자에게 길하다. 이것이 탈출하여 도망 다니는 사람에게 매우 유리하게 작용될 수 있음을 볼 수 있다. 물론 탈출과 도주가 성공적이었던 것은 이 외에도 길인의 찬조가 있다는 길격, 변동사항이 항상 길하다는 개문귀혼

(開門歸魂)의 문괘, 해외에서의 징조가 좋은 천마의 좋은 문괘 등의 영향들도 있다.

또한 관귀(官鬼)에 천마가 있으면서 문괘가 좋으면 해외에서 명성을 날릴 수 있는데, 이것이 세계에서 가장 유명한 미친놈 중 하나가 되는 것으로 나타났다.

이런 부류의 인간말종으로서는 당연하게도 평생 죄책감이 없었으며, 자신의 악행을 매우 자랑스럽게 여겼다. 길격과 삼형의 흉격이 최악으로 나타날 수 있는 징조가 버무려져, 제도권에서 가장 끔찍한 악행을 성공적으로 저지른 인물이라고 할 수 있다.

마르셀 프티오

Marcel Petio

악마의 의사

奇門

陰曆: 1896年 12月 15日 丑時
陽曆: 1897年 1月 17日 丑時

4	2	8	3	八
丁	乙	辛	丙	七
丑	亥	丑	申	
時	日	令月	年	
2	12	2	9	

五局　下元　小寒　陽遁

마르셀 프티오
(Marcel André Henri Félix Petiot)

Born on　17 January 1897
　　　　at 03:00 (= 03:00 AM)
Place　Auxerre, France,
　　　47n48, 3e34
Timezone　LST m2e20
　　　　(is standard time)

火 日干 華			歲亡 金 時干 華 日劫 歲支		
和休魂	四一父	丁乙 芮地	義生宜	九六父	庚壬 柱天	死德	六九鬼	己丁 心直
喪病		木 59 38	死		火 86 18	墓貴 ○六儀擊刑		胞土 70 35
歲干			伏歲劫 伏日馬			年殺		
義景命	五十財	壬丙 英雀		八七孫	戊	開歸	一四官	癸庚 蓬蛇
旺		木 64 37	刑破局		土 55 45	○		胎金 90 7
木月干	天馬	時支	月支	年殺		水 <世>		歲馬日亡
義驚體	十五財	乙辛 甫陳	義傷害	七八兄	丙癸 沖合	制杜氣	二三	辛己 任陰
建帶		土 89 12	浴祿		水 77 26	生養		金 47 3

프랑스 출신의 마르셀 프티오는 혐의가 입증된 것만 26명, 실제로는 150여 명의 사람들을 잔인하게 살해한 악마다.

그는 어린 시절부터 자잘한 범죄를 저질러 왔지만 머리와 수완이 좋고, 의사로서의 재능은 있었는지 실력 있는 의사로 활동하였다. 그리고 교활하게도 자신이 나치에 대항하는 레지스탕스라고 거짓 행세를 하며, 거액의 수수료를 받고 유대인들을 빼내 준다는 소문을 퍼뜨렸다. 이렇게 해서 자신을 찾아온 유대인들에게 돈을 받은 뒤 외래 질병을 예방한다는 명목으로 독약주사를 놓고, 고통에 몸부림치며 죽어가는 그들의 마지막 모습을 즐기며 관람한 뒤 시체를 소각하였다. 이렇게 죽어간 자들이 150여 명이나 되는 것으로 추정된다.

1944년, 프티오의 집 굴뚝에서 검은 연기가 나온다는 신고를 받고 소방관들이 출동해 그의 집을 조사하였다. 그때 발견된 시체만 27구라고 한다.

프티오의 사주를 보면, 가장 먼저 형파국(刑破局) 바탕에 불규칙삼형으로 얻어맞는 것이 눈에 띈다. 형파국 바탕의 삼형(三刑)인 데다 천반은 성국(成局)으로 돌아가는데, 그것이 삼형을 면형시켜 주지는 않는다. 성국인데 삼형이 면형이 안 될 경우의 위력은 앞에서 설명하였다.

그다음 눈에 띄는 요소는 노복배주(奴僕背主)의 흉격(凶格)이다. 노복(사내종)이 주인을 배신한다는 의미로, 쉽게 말해 배신수의 흉격이다. 이것은 그가 저지른 만행의 방법과 일치한다. 나치에 대항하는 레지스탕스라고 해놓고 나치 이상 가는 못된 짓을 했으며, 유대인들에게 구해 준다고 해놓고 죽음을 줬으니 말이다. 그의 범죄는 대부분 모략과 배신으로 이루어져 있는데,

이는 노복배주의 흉격답다고 할 수 있다.

또한 재(財) 위에 청룡도주(靑龍逃走)의 흉격이 나타나 있다. 이것은 4대 흉격 중 하나인 무시무시한 흉격으로, 이 무시무시한 흉격이 관귀(官鬼)를 조어해서 삼형을 작해 흉을 증폭시키고 있다. 특히 재물에 흉조가 들었을 경우에는 흉한 일로 돈을 버는 것으로 나타나기도 한다.

그런데 의외로 사회생활을 뜻하는 일간(日干)은 아름다워서, 재능 많고 영특했으며 성공적인 사회생활을 하는 데에 욕심이 있었음을 알 수 있다. 여기에 나타난 천예성(天芮星)도 광증으로 나타나기도 하지만 말이다.

사이코패스답게 어려서부터 자잘한 범죄를 일으켰음에도 불구하고 의사자격증을 따서 개업했는데, 개업한 시기가 주목할 만하다. 38세(1933년) 때 의사자격증을 취득해 병원문을 열었다. 이때가 문괘(門卦) 좋은 인수운(印綬運)임을 볼 수 있다. 인수운은 자격증이나 시험 등에 가장 좋은 운이며, 여기에 재능을 인정받을 수 있는 길조까지 나타나 있다. 단 1년간의 인수운에 프티오는 인생에서 가장 성공적인 성취라 할 수 있는 의사가 되었다.

삼형에 걸린 자는 삼형운에 범죄를 저지를 가능성이 크다는 말은 앞에서 하였다. 따라서 그의 범죄가 가장 극심한 때는 천반 삼형운이자 노복배주의 시기인 46~47세(1941~42년)였을 것으로 짐작된다.

도널드 하비

Donald Harvey
죽음의 천사

奇門

```
陰曆: 1952年 3月 21日 卯時
陽曆: 1952年 4月 15日 卯時
```

도널드 하비
(Donald Harvey)

Born on   15 April 1952
          at 05:50 (= 05:50 AM)
Place   Hamilton OH, USA,
        39n23, 84w33
Timezone   EST h5w
          (is standard time)

8	8	1	9
辛	辛	甲	壬	八
卯	卯	辰	辰	九
時	日	令月	年土
4	4	5	5

七局　下元　清明　陽遁

火華歲馬 日亡 月支 歲支 傷 乙 心 德 四 丁 合 三 父 　　　　90 貴衰　旺木　5	和 杜 九 辛 蓬 歸 八 庚 陳 六儀擊刑 父 火 ○建 72 　　　　40	金 月歲 義 開 六 己 任 魂 一 壬 雀 浴 官 56 ○六儀擊刑 帶土 45
<世> 歲劫 　　馬 　時支 迫 驚 五 戊 柱 氣 二 癸 陰 　　　　　50 六儀擊刑 病木 2	日劫 八 丙 九 怨嗔局　財 土 86 　　　　　　14	年殺 歲亡 水 生 一 癸 沖 和 宜 六 戊 地 鬼 76 生　　　　金 25
木 制 休 十 壬 芮 害 七 己 蛇 兄 75 死墓　　土 32	時日 年殺 干干 制 景 七 庚 英 體 十 辛 直 孫 63 胞　　水 44	天馬 水 死 二 丁 甫 和 命 五 乙 天 孫 78 胎養　　金 19

도널드 하비는 간호사로 일하면서 공식적으로는 37~57명을, 최대 추정치로는 87명을 독살한 살인마다. 희생자 대부분은 병원에 입원한 불치병 환자 혹은 장애인이었다. 이 때문에 불치병 환자의 고통을 덜어 주기 위해 살인한 것으로 오해받을 수 있고 본인도 그렇게 주장했는데, 그는 명백하게 살인을 즐긴 쾌락 살인마였다. 첫 살인은 개인적인 불만을 일으키게 한 상대였고, 환자가 아니라도 개인적으로 불만을 가진 사람을 독살하기도 하였다. 성적인 범죄가 없고 살인 수법이 독살이라는 비교적 얌전(?)한 방법이어서 그런지, 죽인 숫자에 비해 유명세는 덜한 편이다. 첫 살인에 성공했을 때, 그는 이것을 자신의 권능이라 생각하고 계속 살인을 저지르게 되었다고 한다.

그는 잘생긴 외모에 밝고 서글서글한 인상의 간호사였다. 어머니나 지인, 교사의 평가도 좋았는데, 품행이 좋고 사교적이고 인기가 있으며 늘 깔끔한 차림새의 평범한 남자였다고 한다.

기문으로 포국한 사주를 보면, 우선 너무나 명백한 정격삼형(正格三刑)이 눈에 띈다. 심지어 사주의 기가 오로지 삼형밖에 안 하는, 극단적인 삼형의 사주다. 게다가 천반 역시 금목충(金木冲)의 충국이다. 바탕은 자체가 어느 정도 살성을 가진 국으로 보는 원진살(怨嗔殺)인데, 이것은 완벽주의자 기질로 승화되기도 한다. 하비의 경우에는 완전범죄로 잘못 승화되었다.

이토록 깔끔하게 정격삼형밖에 안 되는 사주도 드문데, 정격삼형에 은복삼형(隱伏三刑)까지 겹치고 거기에 천반의 금목충국까지 겹치니, 참 무시무시하게 살성이 강한 사주라 하겠다.

그런데 사지화살(四支化殺)의 귀인격(貴人格)인 것을 볼 수 있는데, 겉모습이 호감형에 깔끔하고 좋은 이미지였던 것은 이 덕

분인 듯하다. 사지화살답게 모든 죄를 자백하는 조건으로 사형을 면하였다. 원진국 특유의 완벽주의자 성격 덕분인지, 사지화살 덕분인지 무려 17년간의 살인 끝에 비교적 늦게 잡힌 편이다. 음화(陰火)는 오행 중 가장 영특하다고 하는데, 아마도 살인할 때에도 영특함을 잘 발휘한 모양이다.

절명(絶命)이 붙은 토(土)가 금(金)을 조어해서 칠 때 무시무시한 일이 벌어질 수 있다고 했는데, 그 기간이 바로 15~19세다. 명백하게 사문절명에 천마(天馬)라는 죽음의 징조가 뚜렷한 토가 중궁(中宮)의 금을 조어해서 삼형을 하고 있다. 이 시기에 첫 살인이 일어났다고 한다.

이후의 관귀운(官鬼運) 때도 살인깨나 저질렀겠지만, 33~36세의 인수운(印綬運) 때 특히 많이 저질렀을 듯하다. 왜냐하면 비록 인수운이라고는 하나, 구멍이 뚫리고 격형(擊刑)에 걸리며 원진살로 금목충이 되는 흉흉한 인수운이기 때문이다. 인수운이라서 살인 성공률 자체는 매우 높았을 것이며, 밝혀지지 않은 살인도 이 시기에 많이 저질렀을 것이다. 이 시기에 검거된 그는 범죄 인정을 조건으로, 어쨌든 사형 선고는 면하였다.

연쇄살인자가 흔히 그렇듯 죄책감이 전혀 없어서, 형을 선고받을 때 화사하게 웃는 표정을 지어 희생자 가족들을 몹시 분노케 하였다. 이 화사하고 서글서글한 웃는 인상은 재판에서나, 인터뷰에서나, 수감 사진에서도 발견되는 공통점이다. 음화의 경우 상황과 기분에 상관없이 화사한 표정과 인상을 가지는데, 이것은 살인자가 아니더라도 흔하게 발견되는 일이다.

아직 수감 중인 도널드 하비는 64~72세 때인 2015년부터의 시기가 종명운일 가능성이 있다.

콜린 노리스

Colin Norris
살인 간호사

奇門

陰曆: 1976年 1月 13日 戌時
陽曆: 1976年 2月 12日 戌時

1	1	7	3	三
甲	甲	庚	丙	八
戌	午	寅	辰	年
時	日	令月	木	5
11	7	3	5	

九 上 雨 陽
局 元 水 遁

콜린 노리스
(Colin Norris)

Born on   12 February 1976
         at 19:14 (= 7:14 PM)
Place   Glasgow, Scotland,
         55n53, 4w15
Timezone GMT h0e
          (is standard time)

火 華 歲劫 歲	<世> 天馬	金 月干
制 生 九 壬 甫	和 傷 四 戊 英	義 驚 一 庚 芮
命 二 壬 合	害 七 戊 陳	氣 十 庚 雀
帶 兄	49	孫 88
○ 六儀擊刑 建 木 79 22	旺 火 7	病衰 土 19
日干 年殺	伏歲馬 歲干	年殺
制 死 十 辛 沖	三 八 癸	義 休 六 丙 柱
魂 一 辛 陰	父	體 五 丙 地
浴 鬼 87 20	戰局 70 土 30	死 孫 60 金 39
木 歲亡 日劫	時干 日馬	水 華 時支
義 開 五 乙 任	義 杜 二 己 蓬	迫 景 七 丁 心
歸 六 乙 蛇	宜 九 己 直	德 四 丁 天
官 54	財 90	財 67
生養 土 45	胎 水 16	墓胞 金 34

콜린 노리스는 앞서 해단한 도널드 하비처럼 간호사로 일하며 사람들을 죽인, 일명 '죽음의 천사'다. 또한 도널드 하비처럼 삼형(三刑)을 가지고 있다.

다만, 도널드 하비가 훨씬 흉흉한 정격삼형의 사주인 반면 콜린 노리스는 불규칙삼형이다. 흉의 정도와 사건 규모가 꼭 일치하는 것은 아니나, 어쨌든 그는 추정 사망자가 80여 명에 이르는 하비보다는 비교적 소박한(?) 숫자인 네 명의 노인을 살해하였다. 살해한 노인들은 79세, 80세, 86세, 88세의 고령이었다. 이것을 보고 콜린 노리스가 도널드 하비보다 덜 흉악해서 적게 죽였다고 말하기는 어렵다. 그보다는 오랫동안 잡히지 않았던 하비와 달리 노리스는 다행히도 살인을 시작한 다음 해에 비교적 일찍 잡혔기 때문으로 보인다. 만일 잡히지 않았다면 훨씬 더 많은 사람을 죽였을 것이다.

콜린 노리스는 불규칙삼형에 금목충(金木冲)에 수화충(水火冲)이 다 되는, 정신적 징후가 비교적 뚜렷한 깨진 사주를 가지고 있다. 더군다나 공 맞은 비견겁(比肩劫)을 직충하는데, 이것 역시 살인자에게 종종 발견되는 징후다. 아마도 비견겁을 직충하는 것이, 비견겁을 결국 죽이는 것으로 나타나는 듯하다. 이 기질은 형사나 기자 등에게서는 재능으로 승화되기도 하는데, 보통 비견겁을 잡거나 비견겁을 추궁하는 기질로 나타난다. 관귀(官鬼)는 명예로도 치환되기 때문에 기자 등의 직종은 때론 비견겁의 명예를 키워 주는 것으로도 나타난다.

흥미로운 점은 관으로 직충하고 있는 비견겁의 모양새다. 어른을 뜻하기도 하는 세지(歲支) 자리의 비견겁이며, 나이가 많음을 뜻하기도 하는 구금(九金)을 엎고 있는 비견겁이다. 거기

에 구멍이 뚫렸으니 문제 있는 비견겁, 즉 병환이 있다. 노리스가 병든 노인만 죽였음을 생각해 보면 꽤 흥미로운 부분이다.

살인이 일어난 기간도 주목할 만하다. 삼형이 되는 인수운(印綬運) 때 살인을 저질렀다. 삼형의 시기에 살인을 저지른 예는 많으나, 삼형의 인수운에 저지른 예는 뒤에 나오는 이안 브래디의 사주에서도 확인할 수 있다.

그의 사주는 이안 브래디와 다소 비슷한 면이 있으나, 양상은 다르다. 이안 브래디는 여자를 뜻하는 재(財)와 삼형을 작하였고, 콜린 노리스는 여러모로 나이가 많음을 뜻하는 특징들을 가지고 있는 비견겁(兄)과 삼형을 작하였다. 때문에 이안 브래디는 여자를 상대로 강간살인을 했고, 콜린 노리스는 성적인 것과 전혀 관계없는 나이 많은 인물들을 죽였다.

또한 콜린 노리스는 이안 브래디와 마찬가지로, 바닥과 칠칠자형(七七自刑)을 하고 있다. 이것은 화란지사를 뜻한다. 일간(日干)은 도화살(桃花殺)과 끼를 타고 있는데, 살인마들은 끼가 다분한 경우가 많다. 거기에 자리죄명(自罹罪命)을 타고 있는데, 자리죄명 역시 범죄자에게 종종 발견되는 흉격(凶格)이다.

콜린 노리스는 삼형운에서 살인을 저질렀고, 이후의 운은 역시 금목충의 흉흉한 시기다. 만일 잡히지 않았다면 많은 사람들이 예상하는 대로 계속 살인을 저질렀을 것이니, 비교적 일찍 잡힌 것을 천만다행이라 하겠다.

크리스틴 말레브

Christine Malèvre
안락사 전문 간호사

奇門

陰曆: 1969年 12月 3日 申時
陽曆: 1970年 1月 10日 申時

1	7	4	6	
甲	庚	丁	己	九
申	寅	丑	酉	六
時	日	令月	水年	
9	3	2	10	
五局	下元	小寒	陽遁	

크리스틴 말레브
(Christine Evelyne Marcelle Malèvre)

Born on   10 January 1970
              at 16:15 (= 4:15 PM)
Place   Mantes la Jolie, France,
              48n59, 1e43
Timezone   MET h1e
               (is standard time)

火 杜害 死墓	五十父 胞	乙乙 木	甫雀 65 34	天馬 景命 ○病	十五父	壬壬 火	英地 90 9	金 制體 ○衰	月干 休體	七八財 旺土	時支 丁丁 78 24 芮天
年殺 迫宜 祿胞	開九兄	歲亡日馬 丙丙 木	沖陳 71 33	歲馬日劫 刑破局	九六孫	戊 土	60 40	歲劫 日干 制傷氣 建	時干 傷氣	二三財 金	歲支 庚庚 48 45 柱直
木 <世> 華 生德 胎養	一四	月支 辛辛 土	任合 46 4	迫死魂 生	八七官	癸癸 水	蓬陰 86 16	水 驚歸 浴	歲干 三二鬼 帶	華日亡 己己 金	心蛇 51 42

프랑스 출신의 간호사 크리스틴 말레브는 병원에서 여섯 명의 환자를 안락사시킨 것이 인정되었고, 많게는 30여 명을 죽인 것으로 추정된다. 사건이 발각된 후 말레브는 피해자의 가족 혹은 피해자 등이 죽음을 호소해서 안락사를 시켰다고 주장하였다. 이것은 병원에서 환자를 죽인 살인 간호사들 대부분이 공통적으로 주장한 말이긴 하나, 크리스틴 말레브의 이 주장은 어느 정도는 사실일 것으로도 추정된다.

크리스틴 말레브는 형파국(刑破局)에 불규칙삼형을 하는 사주다. 특히 성국(成局)이 되는데도 삼형(三刑)을 작함을 볼 수 있는데, 앞서 말했듯 성국이 되는 효수(爻數)가 성국으로도 면형이 되지 않고 삼형을 할 경우 하늘의 명령에 의한 삼형이라 효력이 더 크다. 또한 형파국의 삼형은 그 효력이 더욱 크다.

그 외에 일지(日支)에는 자리죄명(自罹罪命), 세지(歲支)와 일간(日干)에는 전격(戰格)의 흉조가 있다. 홍국수의 흐름은 성국에 의해 착실하게 식신생재(食神生財)로 가다가 결국 삼형으로 끝나는 것을 볼 수 있다. 때문에 처음에는 착실히 환자를 보살피는 간호사였다가, 그 과정에서 삼형을 만났음을 볼 수 있다. 모든 살인이 그러했을지는 몰라도, 아마도 그 시작은 죽음을 호소하는 환자 본인 혹은 환자 가족의 부탁 및 의견에서 비롯했을 가능성이 있긴 하다.

또한 살인을 자행한 것이 살인이 많이 일어나는 운 중 하나인 구금(九金)의 운인데, 구금 자체가 살성인 데다 금(金)이 또 금을 만날 경우 흉흉한 일이 자주 일어난다. 거기에 패란(悖亂)까지 겹쳐 있다.

다만, 이 시기는 문괘(門卦) 좋은 비견겁(比肩劫)이 손(孫)을

생해 주는 운이다. 아마도 환자를 위해선 죽음이 최선이라고 판단한 비견겁, 즉 환자의 가족이 환자의 죽음을 원했을 가능성이 있다. 물론 그렇다고 해서 죽여 달라는 부탁을 들어주어 살인을 시작할 만큼 이상한 정신머리를 가진 것은, 말레브가 삼형을 작하기 때문에 가능한 일이었을 것이다.

어쨌든 이러한 정황을 고려해 정상참작을 했는지, 확정된 것만 여섯 명을 죽인 사람치고는 비교적 적은 10여 년의 형을 받았다. 형량을 비교적 낮게 받은 데는 문괘가 좋고 살을 피하는 사지화살(四支化殺)이 되는 점도 작용된 듯하다.

이 책에 실린 의료계의 살인마 전원에게서 삼형이 발견되었다. 거기다 성국이 됐는데도 면형되지 않은 삼형도 흔히 볼 수 있었다. 물론 삼형은 다른 살인마들에게서도 흔히 발견되는 것이다. 그런데 삼형은 의료계의 재능으로도 나타나는 살성이기 때문인지, 의료계 범죄자들 전원에게서 삼형이 나타난 것이 인상적이다.

4부
희대의 살인마 커플

제럴드 갈레고와 샬린 갈레고

Gerald Gallege & Charlene Gallego

성노예 변태 킬러 부부

제럴드 갈레고와 샬린 갈레고는 변태 부부로 유명하다. 이들은 종종 자신들 사이에 가출소녀를 끼워서 스리섬(Threesome) 등을 즐기며 질펀한 성생활을 하다가, 더 큰 자극을 위하여 마음대로 즐기고 처분할 수 있는 성노예를 만들기 위해 납치 및 살인을 자행하였다. 이들은 흔히 '성노예 킬러들(The Gallego Sex Slaves Killers)'이라고 불린다.

보통 부부 살인마 혹은 연인 살인마들은 남자 쪽 명성이 더 높은 데다 주도권 역시 남자에게 있는 반면, 갈레고 부부는 아내인 샬린의 유명세가 더 큰 편이다. 아마도 샬린의 캐릭터가 변태 살인마와는 상당히 대조적이라는 점, 구속된 뒤 남편을 배신하고 범행 일체를 증언하는 조건으로 형량을 줄인 점 등이 작용한 듯하다.

여기선 샬린 갈레고의 사주만 해단하였다. 제럴드 갈레고의 사주도 같이 보면 좋겠지만, 그는 출생 시간이 경계선인 데다 둘 다 금목충(金木冲)과 재극인(財尅印) 등의 특징이 비슷하여 어느 쪽 사주가 맞는지 선택하기 어려운 면이 있어 여기선 해단하지 않겠다.

奇門

陰曆: 1956年 9月 16日 未時
陽曆: 1956年 10月 19日 未時

8	6	5	3	
辛	己	戊	丙	四
未	未	戌	申	九
時	日	令月	年	
8	8	11	9	

三局　下元　寒露　陰遁

샬린 갈레고
(Charlene Gallego,
  Charlene Adele Williams)

Born on   19 October 1956
    at 14:50 (= 2:50 PM)
Place   Stockton, California,
   37n57, 121w17
Timezone   PST h8w
   (is standard time)

火 歲馬 華 日亡 制 任蛇 死 壬 德 十乙 　 三 墓 孫 89 六儀擊刑 胞木 6	時 干 景 五 戊 沖直 歸 八 辛 　 孫 　　　　　55 胎　　　　火 41	金 <世> 日 華　　　時干 制 休 乙 歲支 魂 二 己 甫天 　 一 　　　　　47 生養　　　土 1
月 干 制 一 庚 蓬陰 生 二 戊 氣 財 90 死　　　　木 3	歲劫 日馬 歲干 貴 四 丙 　 九 　 父 戰局　　　土 80 15	年殺 　　　　　歲亡 驚 七 辛 英地 宜 六 癸 　 兄 　　　　　68 浴　　　　金 26
木 義 六 丁 心 開 七 壬 合 害 財 　　　　　61 ○ 祿病 衰土 33	年殺 義 三 癸 柱 杜 十 庚 虎 體 官 　　　　　50 ○ 旺　　水 45	水 天馬 月支 制 八 己 芮 傷 五 丁 武 命 鬼 　　　　　76 建帶　　金 20

샬린 갈레고 279

① 샬린 갈레고

샬린 갈레고의 사주를 보면, 변태 살인마다운 부분이 전혀 없다. 오히려 재능이 출중하고 품위가 있으며 수완 좋은 모양새를 하고 있다.

그런데 이것은 실제 샬린의 이미지와 일치한다. 세상 사람들은 성노예 살인 사건을 일으킨 변태 살인마가 아이큐 160에, 바이올린 천재에, 품위 있는 집안의 여자라는 사실에 경악하였다. 아마도 샬린의 평소 모습은 화끈하고 변덕스러운 부분은 있을지언정 품위가 있고 매력적이며 재능 많고 영리한 여자였을 것이다.

그런데 이 사주의 가장 큰 문제는 관운(官運)이 최악에 가깝다는 것이다. 관의 모양새가 흉하면서 극관(尅官)을 하고, 관에게 얻어맞고 있다. 이런 사람은 학교나 직장에서 평범하게 생활하기가 다소 힘들 수 있다.

아마도 15세까지의 인수운(印綬運) 때까지는 신동 내지 천재로 불리면서 이름 좀 날렸을 것이나, 10대 후반부터는 관귀운(官鬼運)에 가서 극심하게 힘들었을 것이다. 극관하는 관귀운이므로 특히 학교생활과 남자 문제로 힘들었을 것인데, 실제로 일찍부터 자퇴와 이혼을 반복하며 방황했다고 한다. 관운이 형편없어서 아마 남자 보는 눈이나 남자 취향도 극악을 달렸을 것인데, 극관 특유의 나쁜 남자 좋아하는 성향이 아마도 제럴드 갈레고를 선택하게 만든 듯하다.

사이코패스에게 가끔 유로무화(有爐無火)의 징조가 발견되기도 하는데, 샬린은 잘 보면 수미복배(首尾腹背) 자리에 유로무화의 징조가 나타난다. 수미복배 자리의 징조는 영향을 미칠 수 있다. 유로무화의 징조가 사이코패스 성향으로 나타날 수 있다면, 샬린 갈레고 역시 사이코패스 성향이 있을 수 있다.

마지막 문제는 샬린은 아주 왕한 물(水)인데, 그 물이 흐르지 못하고 있다는 점이다. 지나치게 태왕(太旺)한 물이 흐르지 못하면 썩기 마련이므로 문제가 될 수 있다고 한다.

샬린은 머리가 좋고 수완이 좋은 데다 쌍인(雙印)을 가지고 있는데, 쌍인도 극단적으로 가지 않게 해준다는 화살(化殺)의 작용을 갖고 있다. 더군다나 인수가 왕할 경우 자신의 이권을 잘 챙기는 경향을 가지고 있다. 쌍인을 가진 수완 좋은 여자답게 그녀는 구속 후 제럴드 갈레고의 범행 일체를 자백하는 조건으로 사형이나 무기징역을 피하고 17년형을 선고받았다.

찰스 스타크웨더와 카릴 앤 퓨게이트
Charles Starkweather & Caril Ann Fugate
네브래스카의 연인 살인마

미국 네브래스카 주의 유명 살인마 커플, 찰스 스타크웨더와 카릴 안 퓨게이트 커플의 사주다. 이들이 특히 유명해진 이유는 살인을 자행한 나이 때문이다. 찰스가 열아홉 살, 연인인 카릴이 불과 열네 살일 때 사람을 죽였다.

찰스는 카릴과의 교제를 반대하던 카릴의 부모와 두 살밖에 안 된 카릴의 어린 동생을 총으로 쏴 죽인 뒤 카릴과 함께 달아났고, 가는 길에 마주친 열한 명의 사람들을 무차별적으로 살해하였다.

이들의 섬뜩한 이야기는 문화 전반에 큰 파장을 던졌고, 영화의 소재로도 많이 이용되었다. 올리버 스톤이 연출하고 쿠엔틴 타란티노가 각본을 쓴 영화 〈내츄럴 본 킬러(Natural Born Killers)〉, 영화감독 테렌스 맬릭의 1973년 데뷔작 〈황무지(Badlands)〉, 영화감독 바이런 워너의 2004년작 〈스타크웨더(Starkweather)〉는 이들 커플의 이야기를 담고 있다. 그 외에도 1963년 영화 〈사디스트(The Sadist)〉, 1993년 영화 〈캘리포니아(Kalifornia)〉 등도 이들 커플에게서 영감을 받았다고 알려져 있다.

또 음악계에도 영향을 미쳤는데, 록 가수 브루스 스프링스틴이 1982년에 발표한 〈네브래스카(Nebraska)〉도 그 결과물이다. 메탈 록 밴드 '스타크웨더' 역시 그러한데, 찰스 스타크웨더의 이름을 따 밴드명을 지었다. 그 외에도 이들을 소재로 한 창작품들은 꽤나 많다.

奇門

陰曆: 1938年 10月 3日 戌時
陽曆: 1938年 11月 24日 戌時

3	7	10	5	
丙	庚	癸	戊	七
戌	申	亥	寅	八
時	日	月	年	
11	9	12	3	

二局　下元　小雪　陰遁

찰스 스타크웨더
(Charles Ray Starkweather)

Born on   24 November 1938
         at 20:10 (= 8:10 PM)
Place   Lincoln NE, USA,
        40n49, 96w40
Timezone   CST h6w
       (is standard time)

火 時干 制 死命 衰 旺	華 歲亡 日劫 庚 英 三 丙 直 二 父 86 父 木 6	日干 景 八 害 七 建 父	戊 芮 庚 天 64 36 火	金 <世> 歲干 制 休 氣 五 壬 柱 十 戊 地 50 浴 帶 土 3
天馬 制 生 四 丙 甫 魂 一 乙 蛇 病 財 90 木 4		伏日馬 七 丁 八 83 刑破局 鬼 土 14		年殺 驚 十 癸 心 體 五 壬 武 兄 75 生 金 23
木 歲劫 日亡 歲支 義 開 九 乙 沖 歸 六 辛 陰 死墓 財 73 ○ 土 29		歲馬 義 杜 六 辛 任 宜 九 己 合 56 ○祿 孫 胞 水 45		水 月干 華 時支 蓬 制 傷 一 己 月支 虎 德 四 己癸 孫 76 胎 養 金 18

찰스 스타크웨더

① 찰스 스타크웨더

카릴의 부모와 어린 동생을 총으로 쏴 죽인 것부터 해서, 대부분의 범죄는 찰스 스타크웨더의 주도로 이루어진 것으로 알려져 있다.

찰스는 중궁관귀(中宮官鬼)에게 얻어맞는 사주로, 이는 범죄자들에게서 종종 발견되는 사주다. 그 외에도 일지(日支)의 지망차폐(地網遮蔽), 세지(歲支)에 있는 4대 흉격(凶格) 중 하나인 청룡도주(靑龍逃走), 광증으로 나타날 수 있는 일간(日干)의 천예성(天芮星) 등의 이상 징후들과 금목충(金木冲)의 징조를 가지고 있다.

끼가 아주 많아서 영화배우 같은 끼가 있고, 문괘(門卦)의 모양새도 매우 좋아서 실제로 매우 매력적인 남자였을 것으로 보인다. 사주로 보았을 때 어린 시절이 상당히 힘들었는데, 이때 인격적으로 피폐해졌을 것이다. 또 10대 초중반에 본격적인 사춘기가 시작되어 사고깨나 쳤을 것이다.

범죄는 19~23세 때, 천망사장(天網四張)의 비견겁운(比肩劫運)에 들어가서 일어났다. 지망차폐가 천망사장을 만났다는 것이 큰 문제가 될 수 있다는 추측을 해볼 수 있다. 이때 도화살(桃花殺)이 있는데, 이것이 연애사건으로 이어진 듯하다. 비견겁운이어서인지 살인 동료로서 여자를 만났다. 비견겁운은 흔히 경쟁자 등이 사랑의 장애요소로 나타나는데, 이 경우처럼 부모나 집안사람들의 반대로 나타나기도 한다.

여자궁이 4대 흉격 중 하나인 청룡도주가 들어 있어 매우 흉한데, 이것이 여자로 인한 살인으로 나타났다. 하지만 이것은 여자를 흉하게 만들어서, 자기 여자를 살인자로 만드는 것으로도 나타났다. 여기에 머리를 상징하는 자리가 함께 있어서 원래부터 잔인한 면이 있는 사이코였을 것이다.

끼가 유달리 많고 관(官)이 왕(旺)한 살인마의 경우, 본인이 연예인이 되지 못하면 대신 영상물에 직접적인 영향을 주는 것을 볼 수 있다. 이러한 예는 특히 끼가 대단히 많고 관이 매우 왕한 에드워드 게인의 사주에서도 볼 수 있었다. 찰스 스타크웨더도 끼와 매력이 상당하고 관이 왕한 연예인형 사주인데, 역시 많은 영상물에 큰 영향을 주는 것으로 그 끼가 발휘되었음을 볼 수 있다.

奇門

陰曆: 1943年 6月 29日 午時
陽曆: 1943年 7月 30日 午時

7	6	6	10
庚	己	己	癸	二七
午	丑	未	未
時	日	令月	土年
7	2	8	8

四局 下元 大暑 陰遁

카릴 안 퓨게이트
(Caril Ann Fugate)

Born on 30 July 1943
 at 12:55 (= 12:55 PM)
Place Lincoln NE, USA,
 40n49, 96w41
Timezone CWT h5w
 (is war time)

火迫 開魂 癸戊 任陰	日馬 年殺 時支	制驚 宜 三六 財 己壬 沖蛇	金華 歲劫 日亡 時干 迫 傷德 十九 孫 戊庚 甫直 歲支
八一財 70 六儀擊刑 木 31	○旺 90 火 11	○貴 病 衰土 86 28
日干 杜命 九十兄 辛己 蓬合	伏歲馬 二七父 乙	義休歸 五四孫 壬丁 英天
浴 木 79 30	祿和局 土 62 38	死 金 54 45
木<世> 歲干 天馬 華 生體 四五 丙癸 心虎	年殺 迫死害 一八官 丁辛 柱武	水 迫景氣 六三鬼 庚丙 芮地 歲亡日劫
生養 土 49 5	胎 水 87 19	墓胞 金 60 41

288 4부 희대의 살인마 커플

② 카릴 안 퓨게이트

카릴은 스스로도 무죄를 주장했고, 보통 스타크웨더의 주도로 일어난 살인 사건으로 알려져 있다. 그런데 살인 사건 당시 불과 열네 살이었음에도 불구하고 그녀의 무죄 주장은 통하지 않아 무기징역이 되었던 것으로 보아선 범죄에 전혀 연루되지 않은 것은 아니었던 것 같다.

사주를 보아도 단순히 카릴을 피해자라고 말하기엔 힘든 면이 있다. 일단 삼살(三殺)이 동해 있는 데다 백호살(白虎殺), 노복배주(奴僕背主) 등의 흉조가 있어 스스로도 살성이 많은 편이다. 평화주의자가 많은 화국(和局)이라고는 하나, 앞서 보았듯이 화국이라고 살인을 절대로 저지르지 않는 것은 아니다. 게다가 살인을 저질렀던 시기가, 다른 살인자들도 살인을 저지르는 경우가 많은 관운(官運)이다. 관이 없다가 나타난 데다가 원상통기(圓狀通氣)의 관운이니 여자로서는 운명적이라고 느끼는 남자를 만나는 시기이기도 하다.

'왜 하필 그 운명을 저런 미친놈한테 느꼈을까' 싶었는데, 사주를 보니 관의 모양새가 좋지 않고 죽음의 징조도 나타나 있다. 원상통기의 관이라 어쨌든 서로간의 사이는 좋았고, 만났을 당시는 정말 운명적인 사랑에 빠졌을 가능성이 높다. 사리분별이 아직 잘 안 되는 어린 나이인 데다 원래 갖고 있던 폭력성과 결합되어 살인을 함께 저질렀다. 만일 이때 남자만 잘 만났어도 살인까지는 안 되었을 가능성이 크긴 하다.

어쨌든 생존본능이 강하다는 화국인 데다 어떤 일이든 극단적으로 가지 않는다는 징조인 쌍인(雙印), 사지화살(四支化殺) 등이 있어 최악의 결과는 면하였다. 그녀는 '미성년자의 무기징역

은 불법'이라는 명분하에 무기징역도 면해서 1976년에 출소하였다. 출소한 시기를 보면 역시나 쌍인의 인수운(印綬運)인 것을 볼 수 있다.

 이후 원래는 기술직 사주인 인아생손(印我生孫)의 사주답게 기술자로 일했으며, 60대에 온 관운 때 결혼도 하였다. 출소 직후의 인수운 때나, 이후 39~41세의 관운 때도 결혼할 기회는 있었을 것인데 천반의 관운에 가서야 꽤 늦은 나이에 결혼식을 올렸다. 결혼하고 몇 년 뒤, 70대의 극관운에 가서 교통사고로 남편을 잃었다고 한다.

이안 브래디와 마이라 힌들리

Ian Brady & Myra Hindley

커플 강간살인마

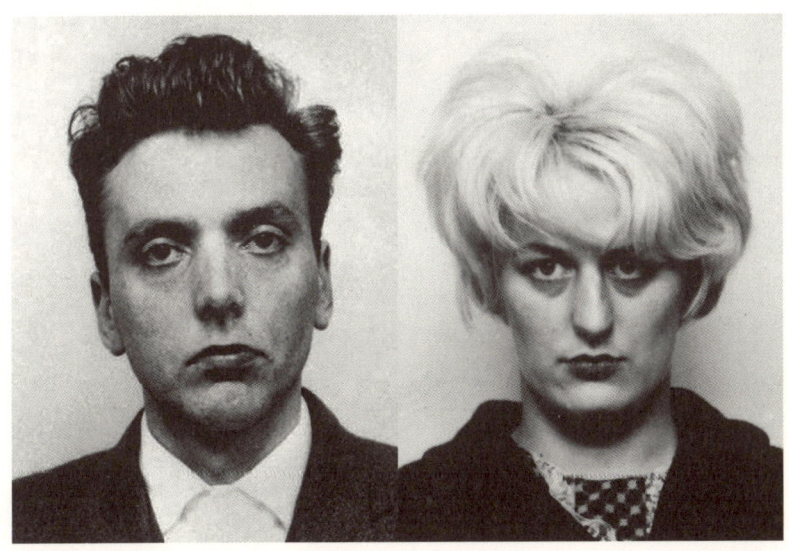

'무어의 살인자들(Moors Murderers)'이라고 불리는 이안 브래디와 마이라 힌들리는 커플 강간살인마다. 정확히 말하면 이안 브래디의 살인 행각에 마이라 힌들리가 동참한 형태인데, 그녀는 단지 브래디가 시키는 대로 했다고 한다. 하지만 억지로 한 일이 아니라, 이안 브래디를 사랑한 마이라 힌들리가 자발적으로 참여했다고 알려져 있다.

이들의 사주를 보면, 둘 다 비교적 흉조가 뚜렷하다. 폭력성은 이안 브래디가 강하지만, 마이라 힌들리도 변태적 특성과 끼를 강하게 가지고 있다. 이로 짐작하건대, 어린아이를 잡아 강간하고 죽이는 행동에 둘 다 참여했을 듯하다. 다만, 그것에 대해 마이라 힌들리는 자신이 변태적 성향이 있어 주도한 게 아니라, 이안 브래디를 사랑해서 참여했다고 한다.

奇門

陰曆: 1937年 12月 1日 午時
陽曆: 1938年 1月 2日 午時

7	1	9	4
庚	甲	壬	丁
午	午	子	丑
時	日	令月	年
7	7	1	2

三八

二局　上元　小寒　陽遁

이안 브래디
(Ian Brady,
 Ian Duncan Stewart)

Born on 2 January 1938
        at 12:40 (= 12:40 PM)
Place   Glasgow, Scotland,
        55n53, 4w15
Timezone GMT h0e
        (is standard time)

火 制生命 ○帶	時干 九二兄 建	戊庚	日亡 芮直 木 79 22	<世> 和傷害 旺	年殺 四七	時支 癸丙 火	柱蛇 49 7	金 義驚氣 貴病	一十孫 衰土	壬戊	心陰 88 19
制死魂 浴	年殺 十一鬼	丙己 木	英天 87 20	日干 戰局	伏天馬 三八父	伏歲劫 辛 土	70 30	義休體 死	六五孫	乙癸 金	蓬合 60 39
木歲干義開歸 生養 六儀擊刑	華歲馬日 五六官	歲劫 庚丁 土	歲支 甫地 54 45	歲亡日馬 義杜宜 胎	月支 二九財	己乙 水	沖雀 90 16	水月干迫景德 墓	七四財	丁壬 金	華任陳 胞 67 34

이안 브래디

① 이안 브래디

 이안 브래디는 의외로 쌍인(雙印)에 관인상생(官印相生)이 되는 사주로, 영악스런 면모가 있다. 또한 혀가 둘 달린 뱀의 요정이라는 등사(螣蛇)가 불의 바닥에 있는데, 등사가 불의 바닥에 있을 경우 그 독살스러움이 극에 달한다고 한다. 이와 동시에 말을 아주 잘하고 사교성이 있었을 것이며, 도화살(桃花殺)이 있어서 이성을 끄는 매력이 풍부했을 듯하다.

 대표적인 흉조는 불규칙삼형으로, 이 삼형(三刑)에 여자 자리가 걸려 있다. 삼형이 여자 자리에 걸려 있는 점과, 살인을 저지른 시기가 마이라 힌들리를 만나고 나서라는 점을 볼 때 이안 브래디가 마이라를 만난 것이 살인의 증폭제가 되었을 가능성은 있다.

 하지만 마이라 힌들리가 원해서 어린아이를 상대로 강간과 포르노 제작 및 살인을 했다는 말은 거짓말일 것이다. 폭력성만 따진다면 이안 브래디가 월등한 데다 등사 특유의 교활함까지 지녔고, 처세술과 입담이 좋은 특성에 관인상생의 이기적인 면모도 있기 때문이다. 그 스스로가 살인 행각을 즐겼을 것인데, 괜히 마이라에게 뒤집어씌우려 했다는 것이 맞을 듯하다.

 이안 브래디의 이상 징후는 8~16세 때인 삼형의 구금운(九金運)부터 나타났을 수 있다. 동물들을 괴롭히고 죽이는 등의 연쇄살인마의 전형적인 품행장애가 이때에 많이 나타났을 것이다. 거기다 17~19세 때 사춘기가 와서, 이때부터 반항이 극심해졌을 것이다.

 특히 21~22세가 본격적인 타락 시기였다. 원래는 불규칙삼형이었던 것이 이때 가서는 정격삼형이 되기 때문이다.

23~30세 때는 인수운(印綬運)이라고는 하지만, 천반삼형(天盤 三刑) 자리에 들어간다. 이안 브래디 역시 삼형에 들어가는 시기에 살인을 저지른 것이다.

奇門

陰曆: 1942年 6月 11日 子時
陽曆: 1942年 7月 23日 子時

7	4	4	9
庚	丁	丁	壬	六九
子	丑	未	午	九
時	日	令月	火年
1	2	8	7

五局　下元　小暑　陰遁

마이라 힌들리
(Myra Hindley)

Born on   23 July 1942
          at 02:45 (= 02:45 AM)
Place   Manchester, England,
        53n30, 2w15
Timezone   GDWT h2e
          (is double war time)

火 日劫	年殺 歲支	金	月支
杜德 二三父 丙己 柱天 71 木 25 帶建	和歸 傷歸 七八父 乙癸 心地 90 火 15 旺	義 驚魂 四一鬼 壬辛 蓬武 78 土 20 ○病衰
時干迫 開氣 浴 三二兄 辛庚 芮直 74 未 22 年殺 歲亡	六九 戊 財 69 土 34 刑破局 歲馬 日亡	迫 景宜 九六官 丁丙 任虎 62 金 45 ○死 歲劫日馬
木〈世〉 死害 祿生 八七 日干 癸丁 月干華 英蛇 53 土 7 養	歲干迫 生體 五十孫 己壬 時支 甫陰 83 水 19 胎	水 休命 十五孫 庚乙 天馬 沖合 63 金 39 義 華 墓胞

② 마이라 힌들리

마이라 힌들리의 경우, 그 흉조가 오히려 이안 브래디보다 더 뚜렷하다. 우선 딱 봐도 눈에 들어오는 등사요교(螣蛇妖嬌)의 흉격이 보인다. 더군다나 등사요교가 등사를 만났다. 등사요교는 등사를 만나면 그 흉이 더욱 증폭된다고 한다. 등사를 만나 등사요교의 흉이 증폭된 여자와, 불바닥의 등사라 등사의 독살스러움이 증폭된 남자가 커플이 되었으니, 꽤 어울리는 면이 있다. 등사요교에 천망사장(天網四張)까지 중첩되어, 더더욱 변태스러움과 살성이 강하다.

그런데 자신을 뜻하는 일지(日支) 자리가 이렇게 극악한 데 비해, 홍국수의 흐름은 원상통기(圓狀通氣)다. 아마도 이 요사스러움을 긍정적으로 발휘할 수 있는 일을 했다면, 이 등사요교의 흉격이 변태스러운 살인 행각에 동참하는 것으로 나타나지 않고 끼로 승화되어 성공적인 인생을 살았을 수도 있다. 하지만 이 엄청난 등사요교의 끼를 가진 사람치고는 너무나 재미없고 평범한 일상을 보낸 나머지, 자신의 타락적인 판타지를 이룩해 줄 이안 브래디를 보고 단숨에 반했던 것이다.

변태적 성향은 마이라 힌들리도 강하지만 폭력적 성향은 이안 브래디만 못하고, 더군다나 여자이니 직접 그런 행동을 하기보다는 매개체가 되어 줄 남자를 만나 이 흉조가 고스란히 일어났다. 더군다나 관왕(官旺)의 사주라서, 남자 말을 잘 따르고 남자에 의해 많은 것이 좌우된다. 이렇듯 관이 왕한 여자는 원상통기가 되어도 상황이 안 좋으면, 즉 살인마 기질이 다분한 남자를 만나면 아무 소용없음을 볼 수 있다.

다만, 마이라 힌들리는 등사요교가 등사를 만난 데다 천망사

장까지 겹친 흉조가 너무 커서, 살인마가 된 것은 이 흉조의 영향이라고 할 수 있다. 이 영향으로 인해 평범한 일상에 극심한 따분함을 느끼고 성적 판타지를 이뤄 줄 남자를 꿈꿨을 것이다. 또한 관궁에 구멍이 뚫려 있어, 애초에 문제가 좀 있는 남자에게 끌리는 경향이 있다.

이안 브래드를 만났을 때는 구멍 뚫린 관운이니, 정말 운명적인 사랑이라고 느꼈을 것이다. 게다가 그다음 운은 21~22세(1962~63년) 때의 삼형운(三刑運)이다. 삼형의 남자가 삼형운에 있을 때 만나, 마이라 힌들리 역시 삼형운에 들어가자 이 살인 사건들을 일으키고 다닌 것이다. 마이라 힌들리는 이안 브래디의 폭력성에, 또 이안 브래디는 마이라 힌들리의 등사요교의 흉격에 영향을 받았을 것으로 보인다.

커플 살인마들이 흔히 자기 짝을 만난 뒤에야 살인을 저지르는 것을 보면, 좋은 일에도 궁합이 중요하듯이 살인 같은 나쁜 일에도 궁합이 맞아야 하나 보다. 즉 살인도 흉조의 궁합이 맞음으로 해서 일어나는 모양이다.

폴 베르나르도와 칼라 호몰카

Paul Bernardo & Karla Homolka
캐나다 변태 살인 부부

폴 베르나르도와 칼라 호몰카는 앞의 커플들처럼 변태 연쇄살인마 커플로 유명하지만, 앞서의 커플들보다 훨씬 큰 인기를 끌었다. 이들은 겉으로 보아선 전혀 살인마 같지 않았다. 돈 잘 벌고 잘나가는 잘생긴 회계사와 아름다운 동물병원 조수로, 멀쩡한 직업과 멀쩡한 외모를 갖고 있었다.

커플 살인마를 보면 희한하게도 범죄 주도는 남자가 많이 하더라도 실제 사주는 여자의 사주가 더 흉흉할 경우가 많다. 특유의 행동력과 폭력성 때문에 살인에서의 주도권은 남자가 쥐고 있다 할지라도, 살인까지 가게 만드는 데는 여자가 더 큰 영향을 미치는 듯하다. 아마도 이들 변태 살인마 커플의 남자들이 해당 여자를 만나지 않았다면 단순 범죄로 끝났을 가능성이 있으며, 살인까지는 저지르지 않았을지도 모를 사주들이 많다.

물론 변태적인 성향과 폭력성을 북돋워 줄 만한 여자를 만났다고 해서 살인을 저지른 남자들의 죄가 작아지는 것은 아니다. 여자가 강제로 시킨 것도 아니고, 남자 자신이 원하고 주도해서 일으킨 강간살인들에 대해 여자 책임이 더 크다고 할 수는 없다. 여자 역시 태생적으로 폭력성과 행동력이 남자보다 덜해 스스로는 흉조를 살인으로 나타내지 않다가 행동해 줄 만한 남자를 만나 살인을 일으켰으니, 해당 남자를 만나지 않았다면 살인자가 되지 않았을 것이다.

앞서 소개한 스타크웨더의 경우에는 남자 쪽 흉조가 더 큰 편이었고, 갈레고의 경우도 시간이 경계선인 데다 어느 쪽인지 확신이 서지 않아 해단은 안 했지만 두 시(時) 모두 직접적인 흉조나 폭력성이 샬린보다 뚜렷한 편이었다. 그런데 이안 브래디와 폴 베르나르도의 경우를 보면, 남자 주도의 살인이 분명한

데 사주는 어째 여자 쪽 흉조가 더 뚜렷하였다.

어쨌든 커플 살인마의 경우는 주도하지 않은 쪽의 흉조가 더 큰 경우도 종종 있다. 평강공주가 직접 전쟁터로 나가진 않았어도 온달 장군이 큰 공을 세우는 데 영향을 미친 것과 같이, 흉한 일에서도 서로 영향을 미치나 보다. 아마도 살인은 남자의 주도로 이루어졌으나, 만일 해당 여자를 만나지 않았다면 살인마까지는 되지 않았을 수도 있다.

奇門

陰曆: 1964年 7月 20日 辰時
陽曆: 1964年 8月 27日 辰時

3	5	9	1	
丙	戊	壬	甲	九
辰	申	申	辰	一
時	日	令月	年	
5	9	9	5	

폴 베르나르도
(Paul Kenneth Bernardo)

Born on 27 August 1964
　　　　at 08:31 (= 08:31 AM)
Place　Toronto, Ontario (CAN),
　　　　43n39, 79w23
Timezone　EDT h4w
　　　　(is daylight saving time)

七　下　處　陰
局　元　暑　遁

火 華	時歳	時	金 〈世〉	月
制 生 氣	支 支 五 五 丙 辛 財	英蛇 84	迫 休 體	癸 丙 十 十 財	芮直 64	和 景 命	七 三	戊 癸	柱天 52
衰 病		木 12	死	火 43	墓 胞	歳馬 日馬	土 3

月歳		伏歳亡 伏日亡	日干	年殺
干 制 死 德	辛 壬 六 四 官	甫陰 90 7	九 一 父	庚 79	制 傷 害	二 八 兄	己 戊	心地 67
○ 旺	木		和 局	土 13	胎		金	28

木 迫 杜 宜	壬 乙 一 九 鬼	沖合 65	和 開 歸	八 二 孫	乙 丁	任虎 60	歳劫 日劫	驚魂	三 七 孫	天馬 丁 己	蓬武 70
○ 建	帶 土	37	浴 祿	水		45	生 養			金	20

① 폴 베르나르도

폴 베르나르도의 사주는 언뜻 그리 큰 흉조를 보이고 있진 않다. 다만, 천망사장격(天網四張格)이 있어서, 약물이나 특정 성욕에 취하면 빠져나오지 못하는 감이 있다. 또한 극을 당하는 바닥에 있는 신약한 나무라서 대단히 예민하며, 남에게 당한 일이나 상처는 잘 잊지 못하는 성격을 가지고 있다.

그런데 그의 성장과정에 여동생을 성폭행하는 아버지가 있었다고 한다. 이러한 환경은 그의 예민한 성격과 결합되어, 다른 살인마에 비하면 비교적 작은 흉조들이 변태 성향으로 발전하는 데 큰 영향을 끼쳤을 듯하다.

도화살(桃花殺)이 있어서 끼가 있고 이성에게 인기가 많은데, 여자운이 썩 좋지 못하다. 여자로 인한 손해나 명예훼손이 나타나 있고, 여자를 극하고 있다. 군겁쟁재(群劫爭財)뿐 아니라 자신이 여자를 직극하는 것도 이따금 가학적인 성욕으로 나타날 수 있다. 하지만 여자의 문괘(門卦)가 매우 좋고 자리가 왕(旺)해서, 여자의 영향을 많이 받는다. 평소 변태 성향을 갖고 있었다고는 하나, 그것 때문에 살인을 저지른 것 같지는 않다. 아마도 살인에 이르게 한 증폭제가 된 것은 연인인 칼라 호몰카였을 듯하다.

물론 살인의 원인 제공과 주도를 한 인물은 명백하게 폴 베르나르도다. 그는 칼라 호몰카가 처녀가 아닌 것에 화를 내며, 그녀의 여동생의 처녀성을 자신에게 주는 것으로 대신하라는 뻔뻔하고 엽기적인 요구를 하였다. 이 미친 요구를 칼라 호몰카가 들어줌으로써 이들의 첫 희생자는 그녀의 여동생 태미 호몰카가 되었다.

살인마 커플의 경우, 비견겁운(比肩劫運)에 여자를 만나 살인하는 경우가 많다. 폴 베르나르도도 마찬가지다. 남자의 경우 군겁쟁재가 되는 것이 여자운에서 가장 안 좋게 보고 이것이 흉하게 나타나는 경우가 많은데, 직접 군겁쟁재를 하진 않더라도 비견겁운에 군겁쟁재의 작용이 일부 되어서 살인을 함께할 수 있는 여자를 만난 듯하다.

더군다나 이후 운이 관귀운(官鬼運)이라, 이때부터는 자신도 본격적으로 살인을 즐기게 되어 아마도 칼라 호몰카의 배신이 아니었다면 더 많은 살인을 저질렀을 수 있다.

奇門

陰曆: 1970年 3月 29日 子時
陽曆: 1970年 5月 4日 子時

1	1	7	7	七
甲	甲	庚	庚	八
子	申	辰	戌	
時	日	令	月	年
1	9	5	11	

一局　中元　立夏　陽遁

칼라 호몰카
(Karla Leanne Homolka)

Born on　4 May 1970
　　　　at 00:20 (= 12:20 AM)
Place　Mississauga, Ontario
　　(CAN), 43n35, 79w37
Timezone　EDT h4w
　(is daylight saving time)

火 華　歲亡 　　日劫　月支 制　三二　辛辛　甫合 　死　　　　　　　　　　86 　命　　　　　父 衰　　旺　　　　　　木　6	 制　八七　乙乙　英陳 驚　　　　　　　　64 害　　父　　　　火　36 　　　　　　○建	金　　　　　　　　＜世＞ 迫　五十　己己　芮雀 傷　　　　　　　　50 氣　　　　　　　土　3 　六儀擊刑　　○浴　帶
日月歲 干干干　年殺 制　四一　庚庚　沖陰 生　　　　　　　　90 魂　　財　　　　木　4 病	伏日馬 　　七八　壬　 　　　鬼　　　　　83 刑破局　　　　　土　14	天馬　　　　　年殺 迫　十五　丁丁　柱地 景　　　　　　　　75 體　　兄　　　　金　23 　　　　　　　　生
木　　　　歲劫 　　　　　日亡 迫　九六　丙丙　任蛇 杜　　　　　　　　73 歸　　財　　　　土　29 死墓	時干　歲馬　時支 和　六九　戊戊　蓬直 開　　　　　　　　56 宜　　孫　　　　水　45 胞	水 華 義　一四　癸癸　心天 休　　　　　　　　76 德　　孫　　　　金　18 　　　　　　　　　胎　養

② 칼라 호몰카

칼라 호몰카는 일지(日支)의 격형(擊刑)과 광증으로 나타나기도 하는 천예성(天芮星), 일간(日干)의 전격(戰格)을 가지고 있고, 불규칙삼형으로 극관(尅官)을 하는 흉흉한 사주를 가지고 있다. 사건의 주도는 분명 폴 베르나르도가 했지만, 사주의 흉흉한 정도는 칼라 호몰카가 더 심하다.

남자운이 심상치 않은데, 아래위로 극관을 하는 데다 관에게 얻어맞고 있다. 이로 인해 가학적 성향을 좋아하는 동시에, 남자에게 당하기만 하지는 않는 속성도 있다. 아마 쾌락을 위한 가학적 성향은 받아들이고 좋아하면서도, 당하기만 하거나 지는 것은 싫어할 것이다.

결국 이 극관 기질은 폴 베르나르도와 다투던 도중에 일방적으로 두들겨 맞자 바로 폴의 살인을 전부 자백하는 것으로 나타났다. 덕분에 살인은 멈췄으니 다행이긴 한데, 어쨌든 관귀에 얻어맞고 자신은 극관을 하는 성향이 가장 두드러지게 드러난 경우라 하겠다.

칼라 호몰카도 비견겁운에 폴을 만났다. 비견겁은 형제를 뜻하기도 하는데, 첫 희생자가 자신의 여동생이었음을 생각하면 의미심장하다. 이 자리에 정가정(丁加丁)의 끼와 도화살이 나타나 있다. 도화살은 연애 문제로 나타나는 데다 결혼을 뜻하는 경(景)의 문이 있는데, 그 아래의 괘가 좋지 못하다. 더군다나 비견겁운이니, 결혼하기에 적절한 시기는 아니었다. 또한 토(土)가 금목충(金木冲)하는 금(金)을 생할 때 흉한 일이 일어날 수 있는데, 이 시기는 바로 그러한 때이기도 하다.

궁합으로 보면 둘은 첫눈에 반할 만하다. 폴의 사주에서 보면 자신은 나무(木)이고 여자가 생문생기(生門生氣)의 좋은 문괘에 쌍토(雙土)인데, 칼라는 자기 자신이 쌍토이고 남자가 나무다. 그리고 폴은 재(財)를 직극하고 있다. 재를 직극하는 남자는 극관하는 여자와 잘 맞는 경향이 있는데, 칼라는 극관을 하고 있다. 칼라는 중궁(中宮)의 나무인 남자라서 누가 봐도 잘나 보이면서 훤칠한 외모의 남자를 좋아하는데, 폴은 돈 많고 잘나가는 회계사인 데다 매우 훤칠한 외모의 소유자다. 거기에 삼형(三刑)으로 극관을 하니 내면적으로 문제 있는 남자나 나쁜 남자, 살기가 있는 남자 등을 좋아하는데, 폴은 나쁜 남자인 데다 변태적 성향이 있었으니 아주 이상형의 남자였을 것이다.

폴 역시 만만찮아 보여서 감당 못할 만한 성향의 여자, 그러면서 외모는 아름다운 여자를 좋아하는 경향이 있다. 결국 자신의 뒤통수를 치는 아름다운 외모의 칼라를 만났으니, 이 역시 이상형의 여자에 가깝다.

칼라의 사주가 훨씬 흉한 것으로 보아 비록 사건은 폴이 중심이 되어 일어났지만 칼라의 영향력 또한 무시 못 할 듯하다. 삼형극관의 여자 옆에서 신약의 남자가 있음으로 해서 남자의 살성이 더욱 폭발했을 가능성이 많다.

괸에게 얻어맞고 자신도 극관하는 경우, 남자가 치면 자신도 남자를 치게 된다는데 그게 그대로 일어났다. 더군다나 관이 삼형에 걸려 있고 자리죄명(自罹罪命)에 걸려 있으니, 남자를 감옥살이 시킬 수 있는 사주다.

결국 칼라의 배신으로 폴은 감옥살이를 하게 되었고, 그 대가로 칼라는 적극적인 공범자였음에도 불구하고 12년형만 받게 되었다. 아무래도 살인 등의 강력범죄의 발생빈도나 재범률이

여자가 훨씬 낮기 때문에 이런 사건에서는 사법 거래가 여자를 상대로 더 활발하게 일어나거나 여자가 형을 더 낮게 받는 경향이 있다.

30~36세 때가 인수운(印綬運)인 데다 형기도 이때 끝나, 칼라는 인수운 시기인 2005년에 출소하였다. 다만, 재범을 방지하기 위해 집주소와 직장주소, 동거인 이름, 개명할 경우 바뀐 이름, DNA 샘플 등을 모두 제공하고 치료를 계속 받는 등의 아홉 가지 조건의 명령을 받고 출소하였다.

여자는 남자를 끌어들이는 인수운답게 출소 후 바로 새로운 남자를 만났는지, 2년 후의 자손운 때 아이를 낳았다. 현재는 캐나다 퀘벡에 거주한다고 알려져 있다. 45세까지 삼형운인 데다 천반도 삼형이니, 형이 끝났어도 평생 당국의 철저한 감시를 받는 것은 현명한 처사라 하겠다.

5부
유명 연쇄살인 용의자

아론 코스민스키

Aaron Kosminski
'잭 더 리퍼'의 가장 유력한 용의자

奇門

陰曆: 1865年 7月 22日 亥時
陽曆: 1865年 9月 11日 亥時

2	1	2	2
乙	甲	乙	乙
亥	申	酉	丑
時	日	令月	金年
12	9	10	2

三局 中元 白露 陰遁

아론 코스민스키
(Aaron Mordka Koźmiński)

Born on 11 September 1865
at 22:00 (= 10:00 PM)
Place Klodawa, Poland,
52n16, 18e55
Timezone LMT m18e55
(is local mean time)

火 時干 制生害 浴帶	華 月干 歲干 己乙 芮直 三十財 木 86 18	年殺 迫休命 ○生	八五財 癸辛 柱天 火 64 38	金 和景體 ○胎	五八 丁己 心地 土 50 8 <世>
制死宜 建	天馬 四九官 辛戊 英蛇 木 90 17	歲亡 歲馬 日亡	七六父 丙 戰局 土 83 24	歲劫 日馬 制傷氣 祿胞	年殺 十三兄 庚癸 月支 蓬武 金 75 29
木華 迫杜德 旺衰	歲支 九四鬼 乙壬 甫陰 土 73 33	日干 和開魂 病	六七孫 戊庚 沖合 水 56 45	水 日劫 驚歸 死墓	時支 一二孫 壬丁 任虎 金 76 26

1888년에 일어난 영국 런던 화이트채플 거리의 매춘부 연쇄 살인마 '잭 더 리퍼' 사건은 역사상 가장 유명한 연쇄살인이며, 최초로 과학적 수사가 진행된 연쇄살인으로 꼽힌다. 범인이 잡히지 않은 영구미제 사건으로, 전 세계 수많은 영구미제 사건들 중에서 가장 유명하다. 잭 더 리퍼에 대한 연구나 관련 서적은 너무나 많아 나열하기 힘들 정도며, 심지어 잭 더 리퍼를 연구하는 '리퍼학(Ripperology)'이라는 학문도 있다고 한다. 잭 더 리퍼는 신문사에 직접 편지를 보내기도 해서, 최초의 극장형 살인으로도 꼽힌다.

잭 더 리퍼의 용의자는 《이상한 나라의 앨리스》를 쓴 작가 루이스 캐럴부터 빅토리아 여왕의 손자까지 아주 다양하게 있다. 이중 후대에 와서 중요하게 지목되는 용의자는 아론 코스민스키로, 당시 잭 더 리퍼를 수사하던 도널드 스원슨 경감의 사후 메모에 의해 용의자임이 드러났다.

아론 코스민스키는 폴란드계 유대인으로, 스원슨 경감은 유대인을 당대 가장 유명한 살인 사건의 용의자로 세우는 일에 심적 부담을 느껴 체포하지 않았다고 한다. 살인 현장에는 "유대인들은 그 어떤 것으로도 비난받지 않을 존재다(The Jewes are the men that will not be blamed for nothing)"라는 글이 남겨진 적도 있었다.

몇 년 전, 경매에 나온 잭 더 리퍼 피해자의 숄을 구매한 사람이 숄에 묻은 미토콘드리아 DNA를 아론 코스민스키의 후손과 대조해 본 결과 유전자가 일치한다는 결론을 내렸다. 하지만 이 결론만으로는 그가 잭 더 리퍼라고 단정 짓기는 어렵다. 우선 가난한 창녀였던 피해자가 사건 당시 비단 숄을 두르고 다

아론 코스민스키

녔고, 그 처참한 살인 현장에서 형사가 아내한테 주기 위해 피 묻은 숄을 몰래 챙겼다는 게 정말 확실한지에 대한 증거도 불충분하다. 경매로 숄을 판매한 사람의 주장만 있기 때문이다. 또한 피 묻은 숄을 일부러 100년 이상 빨지 않은 게 확실하다는 증거도, 직업이 창녀라는 여자가 그 숄을 두르고 만난 남자가 오로지 잭 더 리퍼 한 명뿐이어서 그의 유전자만이 묻었을 것이라는 증거도 없다.

물론 숄을 구매하여 DNA 검사를 한 사람도 바보는 아닌지라 이러한 맹점을 잘 알고 있었다. 숄을 구매한 사람은 오히려 그 가난한 창녀가 비싼 비단 숄의 원래 주인이라는 것은 타당성이 떨어지기 때문에 잭 더 리퍼가 수사의 혼란을 주기 위해 사건 현장에 일부러 남겼을 것이라는 가설을 세웠다. 이 가설이 맞는다면 숄에는 잭 더 리퍼와 피해자의 DNA만 남아 있을 가능성이 있긴 하나, 숄을 100년 이상 절대로 빨지 않았다는 점에 의문이 생기는 건 여전하다. 게다가 숄에 남아 있는 상피세포가 너무 불분명하여 일반적인 검사로는 유전자 일치 여부를 확인하기 어려웠다. 그래서 모계 쪽 미토콘드리아 DNA를 검사했는데, 이것은 타인끼리도 일치할 확률이 높다고 한다. 결과적으로, 이 유전자 검사 자체가 여러 과정상 잘못된 점이 많아서 '전혀 신뢰할 수 없는 결과'라는 결론이 난 상태다. 하지만 "아론 코스민스키는 절대 범인이 아니다"라는 결론도 나지는 않았다.

마침 아론 코스민스키의 사주가 남아 있다. 물론 사주만 봐서 "이 사람이 범인입니다"라고 할 수는 없다. 이제껏 봤듯이 흉격(凶格) 많은 사주로도 그에 맞는 일을 하면 재벌이나 스타가 될 수도 있다. 그 흉조가 광증으로 발전하여 살인까지 저지르는 것은 환경적 영향을 받은 본인의 선택이기 때문에 그것만 봐서는 알 수 없다. 다만, 살인자가 될 만한 광증으로 발전할 수 있는 흉조나 이상 징후가 있는지는 볼 수 있을 것이다.

먼저 아론 코스민스키의 사주는 겉으로 보기엔 크게 이상 징후는 없다. 관인상생(官印相生)이라 성공과 편한 삶을 추구할 수 있는데, 사주가 그렇다고 관인상생이나 원상통기(圓狀通氣) 중에는 살인자가 있을 수 없다는 이야기는 아니다. 그러한 예시는 이미 앞에서 꽤 보았다. 오히려 관인상생 중에 살인자가 꽤나 많아서, 특별한 사람이 되고 싶은 성공욕구를 충족시킬 만큼 성공하지 못했을 경우 살인을 함으로써 특별한 사람이 되고 싶은 이상욕구로 발전하는 게 아닌가 싶기도 하다. 특히 아론 코스민스키는 관(官)이 왕(旺)함으로 해서 주목받기를 원하고, 뜨고 싶은 욕구가 있을 수 있다.

매우 태약(太弱)한 신약(身弱)이라 성격이 꼬인 부분이 있을 수는 있고, 무엇보다 큰 흉조는 천반의 삼살(三殺)과 머리에 지망(地網)이 쳐진 점이다. 이러한 것이 이상취향이나 이상성욕에 빠지는 원인이 될 수 있고, 정신증으로 발전할 여지는 있을 수 있다.

아론 코스민스키는 정신증을 갖고 있긴 했었다. 이상성욕이나 이상취향에 관련된 정신증인 듯하다. 이 정신증으로 인해 정신병원에 갔고, 그 후 살인이 멈춘 것을 들어 '코스민스키 범인설'을 펼치는 사람들이 많다.

그런데 코스민스키는 말더듬 증상이 있고 소심한 성격이라, 화술이 뛰어난 준수한 신사였다는 잭 더 리퍼 목격자들의 진술과는 모습이 사뭇 다르다.

아론 코스민스키

이 사주 같으면 배우 기질이 있어 무대 위에서는 무대체질이 되는 면이 있을 수는 있다. 때문에 살인할 때의 모습과 평소 모습이 완전히 달라지는 것은 가능하다.

하지만 개인적으로는, 아론 코스민스키가 범인이라는 데는 약간 회의적인 생각을 갖고 있다. 그 가장 큰 이유는 살인을 자행한 시기가 금목충(金木冲)을 완화해 주는 일육수(一六水)의 인수운(印綬運) 때라는 것이다. 물론 맨슨 패밀리의 수잔 앳킨스 같은 경우도 금목충을 완화해 주는 일육수의 인수운 때 살인을 저질렀지만, 그것은 이 경우와는 좀 다르다. 수잔 앳킨스는 자신이 추종하는 정신적 지주인 맨슨의 명령, 즉 인수의 명령에 따르고 인수를 만족시키기 위해 한 짓이었으니 수긍이 가긴 한다. 그 살인의 주체는 앳킨스가 아니라 맨슨이었으니 말이다.

물론 인수운에 살인을 저지르는 예시가 꽤 많지만, 대개는 삼형(三刑)에 걸린 인수운이거나 금목충하는 금(金)을 생해 주는 인수 등인 경우가 많다. 그런데 코스민스키의 인수는 금목충의 흉을 완화해 주는 운이다.

잭 더 리퍼의 범인은 끝까지 잡히지 않았고, 인수운 때 저질렀다면 완전범죄가 가능했을 것도 같다. 만일 코스민스키가 진짜 범인이라면, '인수운 때 살인을 하면 살인성공률이 높으면서 잡히지 않을 수 있다'는 가설과 '인수는 관을 끌어들이므로 인수운 때는 유명해지고 싶은 욕구로 극장형 범죄를 벌일 수 있다'라는 가설을 세울 수는 있을 것이다. 하지만 '그런 미친 짓을 굳이 금목충의 흉을 완화해 주는 물(水)의 인수운 때 저질렀을까' 하는 것이 필자의 개인적인 생각이다.

마리 베나르

Marie Besnard
완전범죄의 독살자

奇 門

陰曆: 1896年 7月 7日 亥時
陽曆: 1896年 8月 15日 亥時

4	7	3	3
丁	庚	丙	丙	八
亥	子	申	申	四
時	日	令月	金	年
12	1	9	9

五局　中元　立秋　陰遁

마리 베나르
(Marie Besnard,
  Marie Joséphine Philippine Davaillaud)

Born on   15 August 1896
       at 23:00 (= 11:00 PM)
Place   Saint-Pierre-de-Maillé,
    France, 46n4047, 0e5040
Timezone   LST m2e20
          (is standard time)

火 杜　四　癸　英華 歸　八　己　地 　帶建　官　79 ○六儀擊刑　　木　26	歲馬 傷　九　辛　芮 德　三　癸　武 　　鬼　61 六儀擊刑　旺火　45	金 歲亡 義 驚宜 六 丙 柱虎 　　　　六 辛 　　　　財 　　　　　　90 病衰　　　　土　11
日干 迫　開　五　己　甫 　體　七　庚　天 　　父 浴　　　木　84 　　　　　　18 沖局	天馬 八　戊 四 孫　75 土　30	月干 歲干 迫　景　一　乙　心 　魂　一　丙　合 　　財 　　　65 死　　　金　40
木 時干 死　十　庚　沖 命　二　丁　直 　父 生養　　　土　64 六儀擊刑　　　42	歲劫 日劫 迫　生　七　丁　任蛇 　氣　五　壬 　　　　52 胎　　　水　5	水 時支 義　休　二　壬　蓬陰 　害　十　乙 　　兄 　　　67 墓胞　　　金　39

318　5부 유명 연쇄살인 용의자

마리 베나르는 프랑스 사법체계 역사에 영원히 남을 수치로서 남편 두 명과 시댁과 친정 식구들을 비롯해 13명을 죽이고도 무죄방면된, 완전범죄의 독살자다.

그녀의 사주를 보면 의외로 흉격(凶格)은 적다. 무엇보다도 옥녀가 문을 지켜 주어 자리보전을 해준다는 옥녀수문격(玉女守門格)에, 적재적소의 적절한 인재를 만난다는 길격(吉格)인 삼기득사격(三奇得使格)이 눈에 띈다. 거기에 등사(螣蛇)도 머리가 좋은 편이며, 정화(丁火)가 원래 머리가 좋다. 세지(歲支) 자리를 보면 모의하는 일이 성취된다는 모사취성(謀事就成)의 길격도 있다. 전체적으로는 극단적으로 가지 않는다는 사지화살(四支化殺)까지 있다. 이 길격들을 보니, 그녀는 13명이나 죽이고도 무죄로 풀려날 능력이 충분해 보인다.

그런데 왜 이런 길격들을 갖고도 살인을 저질렀을까? 아마도 그녀의 극심한 금목충국(金木冲局) 기질과 극관(尅官) 기질 때문인 듯하다. 만일 현대에 태어나서 극관 기질과 그 뛰어난 머리를 발휘할 수 있는 일을 했다면, 아주 뛰어난 운동선수가 되거나 법조계 사람이 되거나 경찰이 되거나 했을 수 있다.

하지만 여자가 극관 기질을 발휘하는 데 제약이 많았던 시대에 태어난지라 재능을 제대로 살리지 못하였다. 그녀는 이 극관 기질로 인해 첫 살인 후 재미를 느끼면서 점점 더 살인에 빠져든 것이다.

첫 살인 희생자인 첫 번째 남편을 만난 시기를 보면, 관귀(官鬼)의 모양새가 안 좋다. 즉 문괘(門卦)도 안 좋고 격형(擊刑)에 구멍이 뚫리고 극관을 당하는 등 모양새가 매우 형편없다. 아마도 극관하는 여자의 극관 기질을 끓어오르게 할 만한 문제 많

은 남편이었을 것이고, 이후 극관운인 27~30세 때 꾸준히 살의를 가졌을 것이다. 금목충국은 그러잖아도 끝을 보는 성격을 지니고 있어서, 충국에 극관이라면 남편에 대한 살의가 실제 살인으로 나타나는 일이 발생할 수 있다. 지금 시대라면 아마도 살인보다는 27~30세의 극관운에 이혼하는 것으로 나타나겠지만 말이다.

결국 이것은 31~39세에 남편을 독살하는 파렴치한 범죄로 나타났다. 사주를 보면 비견겁(比肩劫)이 월지(月支)와 세지(歲支)를 직극하고 있는데, 월지는 남자친구나 형제 등을 나타내기도 하고 세지는 어른이나 부모 등을 나타낸다. 비견겁이 하는 짓은 자신의 행동으로 나타나기도 한다. 대표적으로 비견겁이 여자를 직극하는 양인살(羊刃殺)의 남자가 여자를 직극하는 행동인 강간범죄를 저지르는 것을 앞서 많이 볼 수 있었다.

끼가 넘치고 재능이 많으면서 극관에 충국의 강한 살성을 지닌 여자가, 이것을 발휘할 데가 없으니 그 재능과 살성을 완전 범죄로 가족들을 죽이는 데에 푸는 것으로 나타났다. 물론 그렇다고 해서 그 시대 여자들이 다 기질을 풀 데가 없다고 남편을 죽이지는 않았다. 아마도 첫 살인이 우연히 시도되었다가 완벽하게 성공한 희열이 극관 기질 특유의 승부욕과 결합되어 연쇄살인을 벌인 게 아닐까 한다.

가족과 남편을 죽인 이 천인공노할 악녀는, 이 엄청난 재능과 좋은 머리로 무죄방면되어 평화롭게 장수하다가 자연사함으로써 많은 범죄자들의 이상이자 범죄연구가들의 혈압 브레이커가 되었다.

마리 베나르가 무죄방면된 시기를 보면 66~67세(1961~62년)

때로, 자신을 생해 주는 인수운(印綬運)이다. 역시나 인수운 때 무죄판결을 받고 풀려났다. 더 큰 원인은 옥녀가 자리를 지켜 준다는 옥녀수문격과 모의하는 일이 이루어진다는 모사취성의 길격이겠지만 말이다. 옥녀수문격이 있으면 옥녀는 자신의 주인이 꼭 좋은 사람이어야만 지키는 것이 아니라, 이렇게 극악무도한 연쇄살인범이라도 지켜 주는 모양이다.

피에트로 파찌니

Pietro Pacciani
카섹스 연인들만 죽인, 피렌체의 괴물

奇門

陰曆: 1924年 12月 13日 未時
陽曆: 1925年 1月 7日 未時

2	8	4	1
乙	辛	丁	甲
未	卯	丑	子
時	日	令月	年
8	4	2	1

五局　下元　小寒　陽遁

피에트로 파찌니
(Pietro Pacciani)

Born on   7 January 1925
          at 15:00 (= 3:00 PM)
Place   Vicchio, Italy,
          43n56, 11e28
Timezone   MET h1e
          (is standard time)

火華　時干　華	天馬	金華　月干	時支
傷害　二十父　辛乙　任直 90 10	和　杜命　七五父　丙壬　沖蛇 64 30	義　開體　四八財　乙丁　甫陰 52 45
養生	○浴	○建帶
〈世〉 日劫	歲干	年殺	歲馬日亡
迫宜　驚九　三九　癸丙　蓬天 48 9	歲亡　六六孫　戊　88 16	和　生氣　九三財　壬庚　英合 81 21
胎	冲局	貴旺
木　日干　月支	年殺　歲支	水	歲劫日馬
制休德　八四兄　己辛　心地 72 25	制景魂　五七鬼　庚癸　柱雀 57 37	和　死歸　十二官　丁己　芮陳 82 18
墓祿	胞土	死	病衰	金

솔로의 마음속 어두움을 증폭시킨 듯한 범행을 벌인 피렌체의 괴물, 피에트로 파찌니의 사주다. 그는 한 맺힌 솔로처럼 피렌체의 관광객들 중에서 오로지 연인들만 죽인 것으로 유명하다. 정확히는 카섹스를 즐기는 커플들을 살해했다고 한다.

사주를 보면, 금목충(金木冲) 바탕에 양인살(羊刃殺)이 극심한 것이 눈에 띈다. 양인살은 남자의 연애운으로는 가장 안 좋다고 한다. 이 사주는 양인살 중에서도 가장 극심한 형태로 양인살이 있다. 여자 자리에 구멍이 뚫리고, 바닥에서도 일순위에서도 정식으로도 모두 양인살을 하고 있다. 지상최악의 연애운을 자랑하는 사주인 것이다. 비견겁(比肩劫)의 여자, 즉 남의 여자를 죽인 사람의 사주답다고도 할 수 있다.

또한 비견겁의 모양새가 휴문복덕(休門福德)인 것이 눈에 띈다. 해석하면 '쉬는 것이 좋다'라는 뜻인데, 이렇게 쉬는 것이 좋은 사람들을 죽인 것이다. 말 그대로 휴양 와서 잘 쉬고 있는 사람을 죽였고, 그 수미복배(首尾腹背)에 여자가 있다. 잘 쉬고 있는 비견겁과, 함께 쉬고 있는 비견겁의 여자를 죽이기에 알맞은 사주를 가지고 있다.

그 외에 세지(歲支)의 대격, 일간(日干)과 월지(月支)에 기가신(己加辛) 등의 자잘한 흉격(凶格)들이 있다. 하지만 가장 결정적인 것은 역시 지상최악의 연애운이라 할 정도로 여자 자리의 양인살이 극심하다는 것과 금목충의 바탕이라고 할 수 있을 듯하다.

범죄가 일어난 시기를 보면 흥미로운데, 양인살의 운인 45세 때 첫 살인을 저질렀다. 두 번째 살인은 천반 양인살 시기이자 비견겁 시기에 일어났다. 그다음에 찾아온 인수운(印綬運) 동안은 살인하지 않았다. 물론 파찌니는 인수운 때 사람을 죽이지

피에트로 파찌니

않은 게 아니라, 살인하고도 들키지 않은 것일 수도 있다.

그리고 역시나 천반의 구멍 뚫린 왕(旺)한 관귀운(官鬼運)에 가서 나머지 살인을 모두 자행하였다. 이때는 절명(絶命)의 괘까지 있으며, 욕(浴)끼는 살인마의 경우 이상성욕 내지는 이상쾌락으로 변질되는 것을 볼 수 있다. 천마(天馬)를 탄 관귀이니, 이때 본격적으로 사람들을 하늘나라로 보내는 데에 열중한 듯하다.

관귀운에 들어서자마자 두 커플을 죽였고, 이후 매해 커플들을 죽였다. 연쇄살인마들은 삼형운(三刑運)과 관귀운 때 살인을 많이 저지르는 것을 볼 수 있다.

사실 파찌니는 이 커플 연쇄살인마의 확실한 범인이라고 할 만한 직접적인 증거는 없다고 한다. 단지 이전에 약혼녀와 껴안았던 남자를 죽인 데다 시체를 강간한 적도 있고, 친딸도 강간하는 등 원래부터 미친 짓을 꽤 많이 했기에 유력한 범인으로 지목된 것이다. 결국 파찌니는 증거불충분으로 항소심에서 무죄를 선고받았다. 더군다나 최종심을 받기 전에 죽어서 범인이라고 확정되지도 않았다.

하지만 아론 코스민스키의 경우는 진범이 아닐 수도 있겠다는 생각이 든 반면, 파찌니는 이 사건의 진짜 범인이 맞을 수도 있겠다는 생각이 들었다. 관귀운에 들어서자마자 첫 살인이 일어났고, 나머지 대부분의 살인들도 관귀운에 일어났다. 범행이 행해진 시기와 범행을 할 만한 운대가 일치해서 사주상으로는 범인일 가능성이 많을 것 같다는 생각이다.

당시 경찰은 공범과 함께 저지른 살인집단의 소행이라 주장했는데, 금목충의 살성을 주체하는 쪽이 동료인 것으로 보아선 서너 명의 동료가 있었을 가능성은 있다.

알버트 드살보

Albert DeSalvo
그린맨인 건 진짜, 보스턴의 교살자인 건 가짜

奇門

陰曆: 1931年 7月 21日 巳時
陽曆: 1931年 9月 3日 巳時

10	8	3	8	二
癸	辛	丙	辛	六
巳	酉	申	未	年
時	日	令月	金	8
6	10	9		

七　下　處　陰
局　元　暑　遁

알버트 드살보
(Albert DeSalvo)

Born on 3 September 1931
   at 11:58 (= 11:58 AM)
Place   Chelsea MA, USA,
   42n23, 71w02
Timezone   EDT h4w
   (is daylight saving time)

火 日干 義景害 衰病	歲干 辛八十財	時支 辛陰 甫 木 66 37	月干 和杜命 死	年殺 三五財	丙丙 英蛇 火 86 12	金華 義開體 墓	時干 十八兄 胞	月支 庚癸 土	歲支 禽直 82 27
和休宜 旺	九九鬼 木	壬壬 沖合 75 36		二六父 冲局	庚 土 58 43	和死氣 胎	五三 戊戊		柱天 金 50 3
木 義驚德 祿○建	四四官 帶土	乙乙 任虎 90 7	義傷魂貴 ○浴	一七孫 水	丁丁 蓬武 83 19	水 和生歸 生養	六二孫	己己 金	歲馬 心地 56 45

알버트 드살보는 '그린맨(The Green Man)'이자 '보스턴의 교살자(The Boston Strang)'로 유명하다.

그린맨은 미국 매사추세츠, 뉴햄프셔, 로드아일랜드 등지에서 무려 300여 명의 여성을 강간하며 악명을 떨친 범죄자다. 푸른 작업복 차림으로 혼자 사는 여성들을 찾아다니며 성폭행을 해서 '그린맨'이라는 별명이 붙었다.

보스턴의 교살자는 노인들로 시작해 젊은 여성까지, 11명의 여성을 잔인하게 죽인 살인마다. 살인 후 시체에 리본 매듭을 만들어 두는 사인을 하는 것으로 유명하였다.

그린맨의 피해 여성으로부터 결정적 증거를 넘겨 받은 경찰이 알버트 드살보를 검거한 뒤, 드살보는 범행 일체를 자백하였다. 그런데 여기서 드살보는 갑자기 자신이 '보스턴의 교살자'라고 주장하였다. 드살보가 보스턴의 교살자라 주장한 자백은 인정받았지만 기소는 되지 않았다. 그는 300명의 여성을 강간한 그린맨으로서의 죄목으로만 종신형을 받고 복역하던 중에 동료 죄수에게 살해당하였다.

일단 드살보의 체포 후 보스턴의 교살자 사건이 멈춘 것은 맞다. 그렇다고 그가 진범이라고 단정 짓기는 어렵다. 진범이 바보가 아닌 이상 자신이 범인이라고 주장하는 사람이 잡힌 마당에 또 살해를 해서 추격당하는 어리석음을 저지르진 않았을 것이고, 그 뒤 살인을 멈추거나 활동 지역을 바꾸거나 했을 가능성도 있다. 이 외에도 여러 가지 의문점으로 인해 지금은 드살보가 그린맨인 건 맞지만 보스턴의 교살자는 아니라는 것이 중론이다.

그린맨의 피해 여성들은 드살보가 강간만 하고 폭력을 휘두

르진 않았다고 증언하였다. 더군다나 그린맨 사건은 보스턴의 교살자 사건 이후에 일어났다. 강간 후 잔인하게 죽이면서 살인에 맛들인 살인마가 이후 300명의 여성들은 강간만 하고 폭력은 휘두르지 않은 것은 좀체 이해되지 않는다. 전적이 없을 정도로 범죄자의 일반적인 패턴에 크게 어긋난다. 거기다 보스턴의 교살자 사건을 목격한 사람들의 증언과 드살보의 인상착의는 전혀 일치하지 않았고 사건 피해자 몸에서 발견된, 살인자로 추정되는 DNA도 드살보와 일치하지 않았다.

그렇다면 그는 왜 자신이 하지도 않은 짓을 했다고 자백했을까? 추리해 보면, 이유는 많다. 일단 남자의 허세만으로도 이유는 충분하다. 잭 더 리퍼 사건이나 조디악 사건처럼 유명한 살인 사건의 경우, 자기가 범인이라며 허세로 허위자백한 인물이 얼마나 많은지만 봐도 그렇다.

더군다나 그린맨으로서도 이미 종신형 확정이니, 이래나 저래나 똑같이 종신형일 드살보 입장에서는 기왕이면 연쇄살인범이 더 폼 났을 것이다. 게다가 미국은 자백을 대가로 사법거래가 가능한 데다 자백하면 사형을 면할 수도 있었을 것이다. 또한 당시는 범죄자가 자신의 범죄를 이용해 돈을 벌 수 없다는 '샘의 아들 법'이 제정되기 전이라, 보스턴 교살자임을 이용해 자서전을 내고 영화 판권을 팔아서 돈을 버는 것도 가능하였다.

평소 드살보의 성격도 허풍이 있는 성격이었다고 한다. 여기에 보스턴의 교살자를 잡지 못해 욕을 먹고 있던 당시 공권력의 상황도 허위자백을 하는 데 영향을 미쳤을 것이다. 즉 서로의 이해타산이 맞아 떨어진 공권력과의 합작으로 허위자백을 했다는 것이다. 드살보가 옥중에서 살해당한 것 역시 그가 자백을 번복하려 하자 공권력에서 죽인 것이라는 의견도 있다. 어쨌든 현재는 드살보가 그린맨인 건 맞지만 보스턴의 교살자는 아니라는 데 대부분 동의한다.

드살보의 사주에서 가장 흥미로운 점은 일간(日干)의 자리죄명(自罪罪命)이다. 이것은 '스스로 죄를 뒤집어쓴다'는 뜻의 흉격(凶格)이다. 스스로 보스턴의 교살자라는 죄를 뒤집어썼으니, 참으로 흥미로운 흉격이 아닐 수 없다. 이것을 보니 보스턴의 교살자 사건은 알려진 대로 스스로 뒤집어쓴 죄가 맞을 듯하다.

드살보는 또한 참혹한 성장환경으로도 유명하다. 매우 폭력적인 아버지 밑에서 자랐는데, 아버지는 자식들 보는 앞에서 매춘부를 불러 관계를 하고 어머니를 매우 잔인하게 폭행했다고 한다. 특히 기억에 남는 사건은, 아버지에게 맞아서 이가 모두 부러진 어머니가 살기 위해 기어서 도망가는 것을 아버지가 붙잡은 뒤 구둣발로 어머니의 손가락을 하나씩 하나씩 짓밟아서 부러뜨렸다는 것이다.

사주를 보면, 세지(歲支)가 세간(歲干)을 극하고 있다. 이렇게 세지와 세간이 서로 극할 경우 아버지와 어머니 사이가 매우 안 좋거나 심각한 문제가 있을 것으로 보기도 한다. 더군다나 세간과 세지 모두 대격(大格)과 자리죄명이라는 흉격이 있다.

군겁쟁재(群劫爭財)를 하고 있는데, 이것은 남자 사주에서 가장 안 좋게 보는 여자운으로 강간범에게서 흔히 발견된다. 물론 군겁쟁재라고 해서 모두가 강간을 하는 건 아니지만 말이다. 여자 자리가 왕(旺)한 데다 머리에도 여자를 얹고 있고 일간도 여자와 함께 있어서, 여자를 대단히 밝힌다. 그런데 식신생재(食神生財)도 하지 않고 자신이 여자를 치지도 않고 비견겁이 여자를

알버트 드살보 **331**

치고 있으니, 정상적인 방법으로는 여자를 정복하기 힘들거나 정상적인 방법으로 정복한 여자는 흥미가 없었을 것이다.

거기에 세지가 대격에 걸려 있는데, 대격인 사람은 큰 성공을 한 배포 큰 사람으로 승화가 되기도 하지만 잘못 풀리면 허풍쟁이가 된다. 대격은 그 큰 스케일을 살인으로 증명하기도 해서 대격이 발견되는 살인자도 있긴 하다. 드살보의 경우엔 이것이 살인이 아닌 허풍으로 나타났다.

범죄를 저지른 시기는 28~36세 때의 관운(官運)이다. 관운이라 유명세를 얻고 돈을 벌고 싶은 욕망이 강한 시기라, 이러한 맥락에서 허위자백을 했을 것으로 보인다. 이후 복역했을 때는 인수운(印綬運)이라, 이 시기 동안은 비교적 편한 혹은 성공적인(?) 감옥생활을 했을 것이다.

드살보의 죽음이 공권력의 소행이라고 주장하는 사람들이 많은데, 교도소 측 주장은 다르다. 교도소 관계자는 드살보가 교도소 내 마약거래상이었으며 다른 판매상보다 싼 가격에 거래를 하자 이에 불만을 품은 다른 판매상이 그를 살해한 것이라고 밝혔다.

사주를 보면, 교도소 측에서 발표한 내용이 더 가능성 있어 보인다. 군겁쟁재를 하니 재물을 가지고 비견겁과 다투는 형상을 보이고 있는데, 이 과정에서 비견겁이 자신의 재를 극하고 있다. 이것을 보면 재물과 관련된 일로 말미암아 경쟁자에게 죽임을 당했다는 말이 맞을 것 같다.

부록

· 기문둔갑 Q&A
· 기문둔갑 기초지식
· 태청궁 청구태학당(太淸宮 靑邱太學堂) 역대 전맥자
· 태청궁 청구태학당에서 개발한 기문둔갑 프로그램의 종류
· 태청궁 청구태학당 강의 안내

기문둔갑 Q&A

Q. 쌍둥이의 사주는 똑같나요?
A. 같지 않다. 보통 선동이, 후동이로 나누는데 후동이는 선동이 다음의 시간을 갖게 된다. 예를 들면, 3시에 태어난 선동이는 축시(丑時)이고, 3시 5분에 태어난 후동이는 태어난 시간상으로는 축시이나 그다음 시(時)인 인시(寅時)가 되는 것이다.

Q. 제왕절개로 태어날 경우에도 사주의 영향력이 있나요?
A. 물론 있지만, 자연분만일 경우보다는 해당 사주의 영향을 덜 받는다고 알려져 있다. 보통 기문학에서는 의사에게 맡길 경우 사주의 영향을 7할(70퍼센트) 정도 받는 것으로 본다. 택일을 해서 낳을 경우에 대해서는 임상을 토대로 본 결과, 대략 절반 정도의 영향을 받는 것 같다. 예를 들면, 필자의 조카는 택일을 해서 관인상생(官印相生)에 화국(和局)의 시간에 태어났지만 성격이 유하지 않아 화국 기질은 아니다. 그러나 영특하고 자기 것을 잘 챙기는 관인상생의 기질은 갖고 있다.

Q. 기문둔갑에서 말하는 가장 좋은 사주와 가장 나쁜 사주는 어떤 것인가요?
A. 최악의 사주니, 최상의 사주니, 못 쓸 사주니 하는 것은 기문에 없다. 물론 '보통 사주 좋다고 말하기 좋은 사주'도 있고, 험한 사주도 있다. 쓰기 좋은 사주도 있고, 쓰기 힘든 사주도 있을 수 있으나, 전혀 못 쓸 사주라는 것은 없다. 예를 들어 좋은 사주라 함은 원상통기(圓狀通氣)를 통기 중에서 최고로 친다. 그다음은 삼원통기이고, 삼원통기 중에서는 관인상생을 더 좋게 보는 경향이 있다.
흉격(凶格)이 많은 것에 삼형(三刑)이 겹치거나, 관귀가 몰아서 얻어맞거나, 모든 통기를 비견겁(比肩劫)에게 빼앗기거나 하는 사주는 일반적으로 좋게 보지 않는다. 하지만 기문학에서 말하는 '일반적으로 좋게 해석하는 사주'라 할지라도, 그에 알맞은 일을 찾지 못하면 그 사주대로 누리지 못하고 살 수가 있다.

또한 난세(亂世)에 영웅이 난다고, 난세에는 통기가 되는 사주보다는 위에서 말한 '일반적으로는 좋게 보지 않는 사주'로 이름을 날리는 경우가 더 많다. 난세가 아니더라도, 이름을 날린 유명인이나 천재들 중에는 통기가 깨져 있거나 흉격·살성(殺性) 등이 많은 풍운아의 사주를 가진 경우가 많다.

1권의 예시에서도, 안경 재벌 델 베키오나 버진그룹 회장 리처드 브랜슨, 유명 디자이너 몇몇이나 배우 몇몇, 달 착륙으로 미국 영웅이 된 우주비행사 등이 모두 기문학에서는 '일반적으로 좋게 보지 않는 사주', 즉 깨지거나 흉격이 많은 사주를 가지고 그 위치에 올랐다. 또한 2권의 예시에서도, 원상통기나 관인상생씩이나 되는 좋은 사주로 희대의 연쇄살인마가 된 사람들을 볼 수 있다.

결국 사주를 어떻게 쓰느냐에 따라, 또 자신이 어떤 선택을 하느냐에 따라 인생은 달라질 수 있다. 아무리 좋은 사주를 가졌더라도 최악의 인생을 살 수도 있고, 또 아무리 나쁜 사주를 가졌더라도 최상의 성공을 할 수도 있는 것이다. 좋은 선택을 하도록 돕는 것이 바로 기문학의 역할이다. 결코 최악의 인생을 살 것이니, 최상의 인생을 살 것이니 히면서 인생의 길을 정해 주는 데 의미가 있지 않다.

Q. 기문둔갑에서 알 수 없는 영역도 있나요?
A. 우리는 신이 아니라 인간이다. '나는 산신령이라 너희들은 모르는 세상의 모든 걸 다 알고 있다'는 헛소리를 정 듣고 싶으면 사이비 종교를 찾아가라고 권하고 싶다. 기문둔갑은 엄연히 필자 같은 '인간'이 배우고 볼 수 있는 학문이고, 하늘만 아는 영

역까지 다 알 수는 없다. '나는 인간이 아닌 존재라 그것까지 다 안다'고 떠들어 대는 사람을 굳이 보고 싶다면 사이비 종교 쪽에 가면 많이 있을 것이다.

하늘만 아는 영역으로 대표적인 것은 '횡액'과 '횡재'다. 횡액과 횡재는 사주와 상관없이 일어난다. 천재지변으로 일어난 사고는 사주에 나타나지 않고, 복권 당첨 등의 횡재도 사주와 상관없이 일어난다.

그런데 사주에 따라 횡액을 피할 수 있는 사람이 있고, 사주에 따라 횡재를 유지할 수 있는 사람도 있을 수는 있다. 예지몽이나 약속이 깨진 등의 요행으로 횡액을 피한 사람의 이야기나, 복권에 당첨된 사람이 더 알거지가 되는 이야기 등이 흔히 들려오듯이 말이다.

귀인의 효수(爻數)가 있는 사람은 횡액을 피하기도 한다. 한 예로 일본에 쓰나미가 발생했을 때, 사고 지역에 살고 있던 친구가 귀인의 효수를 갖고 있었는데 정확히 지진 발생 일주일 전에 귀국하여 화를 면하였다. 횡재의 경우, 보통 사주가 통기가 될 경우에는 횡재를 유지한다.

Q. 동물도 사주가 있나요?

A. '설마 이런 황당한 질문을 나 말고 또 하는 사람이 있을까' 싶지만(오래전, 필자가 입문 초기에 했었던 질문), 가끔은 필자처럼 그런 게 궁금한 사람도 있을 거라 생각하고 답변을 써 보았다.

"사주는 사람에게만 적용됩니다."

기문학에서는, 동물은 철저히 땅에 속한 존재로 본다. 때문에 철저히 자신이 처한 환경에만 영향을 받으며 살아간다. 하긴, 상담료를 내고 "1년 전에 태어난 우리 쫑의 사주가 궁금해요" 하는 사람이 우리나라에 과연 있을까 싶지만 말이다.

기문둔갑 기초지식

1. 육친(六親) 해설

세(世) : 자기 자신
일지(日支)가 놓인 곳이 <世>. 일간(日干)은 대외적 자기 자신. 일지의 상하(上下)는 부부(夫婦)가택궁으로 위쪽은 남편(夫), 아래쪽은 아내(婦).

손(孫) : 자손
손은 <世>의 식신, 상관으로 자손, 아랫사람, 기능이나 일. 시간(時干)은 아들, 시지(時支)는 딸.

재(財) : 재물, 여자
남녀 모두 재물을 상징하나, 남자에게는 처첩(妻妾)궁에 해당하여 여자와 재물을 함께 상징.

관귀(官鬼) : 관청, 직장
관(官)은 <世>의 정관(正官)에 해당하고, 귀(鬼)는 편관(偏官)에 해당.
여자에게는 남자를 상징.
직장이나 관록, 명예, 학교, 관청, 중간관리자, 질액(疾厄) 등을 상징.

부(父) : 부모, 윗사람
부는 <世>를 생하여 주는 인수(印授). 세간(歲干)은 아버지(父), 세지(歲支)는 어머니(母).
부모, 윗사람, 문서, 공부나 학문, 스승, 비축된 재물, 월

급, 연금, 명예 등을 상징.

형(兄) : 동료
　　　　형은 <世>의 동료. 월간(月干)은 남자동료나 형제, 월지
　　　　(月支)는 여자동료나 자매.
　　　　형제, 자매, 동기, 동료, 친구.

2. 홍국수(洪局數) 해설

* 홍국수(洪局數)는 운(運)을 형성하는 데 있어서 전체(팔문, 팔괘, 구성, 팔장, 신살 등)에서 50퍼센트 이상의 영향력을 미치는 주요체로서, 전 세계에서 우리나라에만(중국에는 없음) 있는 독특한 이론이다. 특히 오행의 흐름을 파악하는 홍국수의 오기(五氣 : 木火土金水) 유통법(流通法)은 기문학의 제34대 전맥자이신 수봉(粹峯) 이기목(李奇穆) 선생님께서 임상을 바탕으로, 자세한 이론을 처음으로 정립(定立)하셨다. 홍국수의 오기 유통법에 대한 이론은 1989년도에 출간한 《동기정해(東奇精解)》 1~3권에 자세히 수록되어 있으므로, 만일 그 이후(1989년)에 나온 다른 책들의 내용 중에서 홍국수의 오기 유통법에 대한 해설이 있다면 저작자의 허락 없이 《동기정해》를 표절한 것이 분명함을 밝혀 둔다.

(1) 일육수(一六水)의 특징 : 수(水)는 지혜를 상징.
　　수(水)가 너무 왕(旺)하면 정신이 혼미하여 사리분별을 못하고,
　　수(水)가 너무 약(弱)하면 간지에 흘러 잔꾀와 임기응변에 능함.
　　수(水)가 공망(空亡)을 만나면 유(流)라 하여 이별과 흩어짐을 상징.

(2) 이칠화(二七火)의 특징 : 화(火)는 예의를 상징.
예의가 깍듯하고 밝고 쾌활하며 명랑함.
오행 중에 이화(二火)는 영기와 영성이 가장 뛰어난 오행으로, 정신세계를 비추는 힘이 강하여 예언적 능력이 있고 도(道)가 통함.
삼(三), 이(二), 구(九)가 만나게 되면 삼형(三刑)을 이룸.

(3) 삼팔목(三八木)의 특징 : 목(木)은 인(仁)을 상징.
어질고 인자하며 자비로워 전형적인 선비의 기질이 있음.
목(木)이 공망(空亡)을 만나면 절(折)이라 하여 다치거나 부러질 수 있음.
삼목(三木)이 이(二), 구(九)와 함께 만나게 되면 삼(三), 이(二), 구(九) 삼형살(三刑殺) 성립.

(4) 사구금(四九金)의 특징 : 금(金)은 의리와 정의(義)를 상징.
금(金)이 공망(空亡)을 만나면 명(鳴)이라 하여 소리가 울려 퍼짐.

(5) 오십토(五十土)의 특징 : 토(土)는 신의와 믿음을 상징하고 생각을 주관.
오토(五土)가 칠(七), 구(九)와 만나게 되면 오(五), 칠(七), 구(九) 삼살(三殺)을 형성.

3. 격국(格局) 해설

① 격국(格局) : 갑(甲)

갑가갑(甲加甲) : 쌍목성림(雙木盛林), 정직위엄(正直威嚴), 영화

부귀(榮華富貴)
쌍목이 숲을 이루었으니 정직하고 위엄이 있어 부귀영화(재산이 많고 지위가 높으며 귀하게 되어서 세상에 드러나 온갖 영광을 누림)를 누린다.

갑가을(甲加乙) : 등라반목(藤羅絆木), 귀인제발(貴人提拔), 후산유고(後山有靠)
칡과 등나무가 나무를 휘감은 격.
앞뒤가 비비 꼬이지만 귀인이 풀어 주어 외진 곳에 가도 의지할 곳이 있다.

갑가병(甲加丙) : 제십이격(第十二格) 길격(吉格)
청룡회수격(靑龍回首格). 일명 군신회좌(君臣會座)라고도 한다.
임금과 신하가 한자리에 모여 회담을 하니, 귀인을 만나고 관직에 길(吉)하며 여타 제반사도 모두 길하다.

갑가정(甲加丁) : 일박즉합(一拍卽合)
손뼉 한 번에 즉시 합하여 길하다. 귀인을 만나면 소망사를 성취한다.
햇볕에 장작을 말리는 격.

갑가무(甲加戊) : 독산고목(禿山孤木)
벗겨진 산에 홀로 서 있는 나무와 같이 고립무원(孤立無援)하다.

갑가기(甲加己) : 공협호혜(共協互惠), 흔흔향로(欣欣向勞)

소나무의 뿌리가 흙과 서로 엉키어 서로 의지하니, 매우 기쁘고 만족스러운 상.

갑가경(甲加庚) : 비궁작벌(飛宮斫伐)
　　　　　　　매사가 끊김. 나무가 무너져서 원숭이가 흩어지고 나무가 뿌리째 뽑힌다.

갑가신(甲加辛) : 목곤쇄와(木棍碎瓦)
　　　　　　　나무막대로 기왓장을 깨뜨리는 격.
　　　　　　　정(靜) 즉 길하고 동(動) 즉 흉하다.

갑가임(甲加壬) : 척범표양(隻帆漂洋), 유거무귀(有去無歸)
　　　　　　　돛단배 한 척이 대양에 표류하는 격.
　　　　　　　가는 자는 있어도 오는 자는 없는 격.

갑가계(甲加癸) : 수근노수(樹根露水)
　　　　　　　나무뿌리가 물속에 잠겨 있는 격.
　　　　　　　험한 것이 평범한 것으로 변하는 격.

② 격국 : 을(乙)

을가갑(乙加甲) : 금상첨화(錦上添花)
　　　　　　　길 위에 길을 더하고 경사 위에 경사를 더하다.

을가을(乙加乙) : 복음잡초(伏吟雜草)
　　　　　　　마치 뽑아도 뽑아도 자꾸 돋아나는 잡초와 같아서 앞으로 나아가는 데는 장애가 있으니, 분수를 지켜 쉬는 것이 상책.

을가병(乙加丙) : 천관진직(遷官進職), 부처분리(夫妻分離)
관록에는 길하지만 남편과 아내 사이에는 분리가 있는 격.

을가정(乙加丁) : 문서사길(文書社吉)
문서에 관한 일들이 길한 격.

을가무(乙加戊) : 선화명병(鮮花名甁)
한 포기 꽃이 선명하게 빛나니 풍류가 아름다운 격.
혼인(결혼)사에 대길한 격.

을가기(乙加己) : 이일당십(以一當十)
하나로서 열을 당하고 유한 것으로 강한 것을 이기니, 승리를 쟁취하는 격.

을가경(乙加庚) : 쟁송재산(爭訟財産), 부처회사(夫妻懷私)
재산으로 인한 쟁송이 따르므로 부부간에는 서로 딴 마음을 품는 격.

을가신(乙加辛) : 제사십일격(第四十一格) 청룡도주격(靑龍逃走格)
청룡이 백호의 등을 타고 도망가는 격.

을가임(乙加壬) : 남유천하(男遊天下), 여귀후문(女歸侯門)
남자는 천하를 주류하고, 여자는 왕후의 문호로 돌아오는 격.

을가계(乙加癸) : 둔적수도(遁跡修道), 녹야조로(綠野朝露)
은둔하여 수도함에 길한 격.

숲속에 내린 아침 이슬과 같은 격.

③ 격국 : 병(丙)

병가갑(丙加甲) : 제십삼격(第十三格) 비조질혈격(飛鳥跌穴格)
도모하는 바가 이루어지고 이익을 얻는 길격.
천반(天盤) 병기(丙奇)가 갑자직부(甲子直符) 위
에 앉는 것을 말한다.

병가을(丙加乙) : 염양여화(艶陽麗花), 공사개길(公私皆吉)
요염한 태양 아래 아름답게 핀 꽃 한 송이.
공적인 일이나 사적인 일 모두 개길하고, 안과
밖으로 이익을 얻는 격.

병가병(丙加丙) : 유용무모(有勇無謀), 파모손실(破耗損失)
용맹은 있어도 꾀가 없어서 파모(장애, 깨지고
없어지다)와 손실을 가져오는 격.

병가정(丙加丁) : 귀인길리(貴人吉利), 상인평정(常人平靜)
귀인은 길한 이익을 얻고, 상인은 평정을 얻는
격.

병가무(丙加戊) : 병기득사(丙奇得使), 유리유익(有利有益)
제육격(第六格)의 삼기득사격(三奇得使格) 중
하나. 모든 일에 이익이 있는 격.

병가기(丙加己) : 대지보조(大地普照)
태양이 대지를 비추는 격.

병가경(丙加庚) : 제사십오격(第四十五格) 형입태백격(熒入太白格)
도적둔주(盜賊遁走) 문호파재(門戶破財)
도적이 들어오니 재산상의 손실이 발생하는 격.

병가신(丙加辛) : 일월상회(日月相會), 모사취성(謀事就成)
해와 달이 서로 만나니, 하고자 하는 일이 성취
되는 격.

병가임(丙加壬) : 강휘상령(江揮相映), 시비파다(是非頗多)
햇살이 강물에 비침과 같은 격.
큰 이익은 있으나 문제도 있어, 처음에는 길하고
나중에는 흉한 격.

병가계(丙加癸) : 흑운차일(黑雲遮日), 음인해사(陰人害事)
검은 구름이 햇빛을 가린 격.
모르는 사람에게 해를 입을 수도 있는 격.

④ 격국 : 정(丁)

정가갑(丁加甲) : 청룡전광(靑龍轉光), 관인승천(官人陞遷)
청룡이 전광을 발휘하는 격. 관인은 승천함.

정가을(丁加乙) : 소전종작(燒田種作), 가관진록(可官進祿)
화전을 일구어 종작을 하는 격.
귀인은 관직이 승진하니 길한 격.

정가병(丁加丙) : 항아분월(姮娥奔月), 락극생비(樂極生悲)
월궁의 달 속에 있는 선녀가 분주히 노는 격.

즐거움이 극에 달하면 슬픔이 생기는 법이니, 처음에는 길하나 끝이 흉한 격.

정가정(丁加丁) : 양화성염(兩火成炎), 문서즉지(文書卽至)
양화가 성염이니, 문서에 관한 일이 길한 격.

정가무(丁加戊) : 평안수복(平安壽福), 교탈천공(巧奪天工)
평안하고 복이 수하니, 재주를 다해 천적의 공인이 되는 격. 매사의 성공을 의미한다.

정가기(丁加己) : 성타구진(星墮句陳), 간사구원(奸私仇寃)
생신(生神)이 호랑이 굴에 떨어진 격.
간악한 원구가 복수를 노리니, 역공에 몰리게 될 위험이 있는 격.

정가경(丁加庚) : 화련진금(火煉眞金), 문서창달(文書暢達)
불속에 진금(순금)을 녹여 보화를 만드는 격. 만사성취.

정가신(丁加辛) : 소훼주옥(燒毀珠玉), 상인몽원(常人夢寃), 관인실위(官人失位)
불속에 주옥을 넣어 형체를 더럽히는 격.
상인은 원한을 입고 관직인은 실직의 징조가 있는 격.

정가임(丁加壬) : 정기득사(丁奇得使), 귀인은소(貴人恩紹), 송옥공평(訟獄公平)
귀인은 은인의 부름을 받고, 송사 사건은 공평하게 처리되는 격.

정가계(丁加癸) : 제사십사격(第四十四格) 주작투강격(朱雀投江格)
참새가 연못에 빠져서 헤어 나올 길이 없는 격.
난처한 일들이 속출하거나 궁지에 몰리는 등 어려운 일들이 발생한다.

⑤ 격국 : 무(戊)

무가갑(戊加甲) : 불평난신(不平難伸), 이직송굴(理直訟屈)
매사가 불공평하고 난신하여, 이치는 곧아도 송사는 굽게 결론이 나는 격.

무가을(戊加乙) : 청룡합령(靑龍合靈), 문길대길(門吉大吉), 문흉평상(門凶平常)
문이 길한즉 대길하고, 문이 흉해도 해가 없고 보통인 격.

무가병(戊加丙) : 일출동산(日出東山), 초난후이(初難後易)
아침 해가 이제 막 동산에 떠오르는 격.
처음엔 어렵고 나중엔 쉬워지는 격으로 길흉상반(吉凶相半).

무가정(戊加丁) : 이소승다(以小勝多), 이과적중(以寡敵衆)
적은 것으로 많은 것을 이기고, 적은 수로 많은 무리를 이기는 격.

무가무(戊加戊) : 복음준산(伏吟峻山), 정수위길(靜守爲吉)
정한즉 길하고 동한즉 매사가 막히는 격.

무가기(戊加己) : 물이유취(勿以類聚), 호일악로(好逸惡勞), 좌식상
공(座食常空)
편한 것을 좋아하고 힘들여 수고하는 것을 싫어
하니, 매사 이루는 것 없이 공허함만 남는 격.

무가경(戊加庚) : 조주위학(助紂爲虐), 길사불길(吉事不吉)
폭군을 도와 폭정을 가중시키니, 길한 일도 불길
해진다.

무가신(戊加辛) : 십사구패(十事九敗), 초재실패(招災失敗)
열 가지 일들 중에서 아홉은 실패하는 격.
실패와 재앙을 초래하는 격.

무가임(戊加壬) : 영도이해(迎刀而解), 산명수수(山明水秀)
칼날을 맞이해도 능히 이를 풀어 나갈 수 있는
길격. 산에는 해와 달이 떠 밝고, 강은 맑고 수
려한 격.

무가계(戊加癸) : 암석침식(岩石浸蝕), 문길불길(門吉不吉)
암석이 침식해 들어오는 격으로, 문이 길하여도
불길한 격.

⑥ 격국 : 기(己)

기가갑(己加甲) : 영불발아(永不發芽), 태공초관(太公招觀)
영원히 싹이 나지 않는 격.
흉모와 음험한 암계(暗計)가 있으니 주의를 요하
는 격.

기문둔갑 기초지식 347

기가을(己加乙) : 유정밀의(柔情密意), 낭재여모(郎才女貌)
오가는 정이 부드럽고, 그 뜻이 친밀하여 길한 격.

기가병(己加丙) : 양인상해(陽人相害), 음인음오(陰人淫污)
남자는 서로 상해를 입고, 여자는 음란함을 떨치는 격.

기가정(己加丁) : 주작입묘(朱雀入墓), 선곡후직(先曲後直)
주작이 입묘를 한 격.
처음에는 구부러지고 나중에는 펴지는 격.

기가무(己加戊) : 견우청룡(犬遇靑龍), 상인견희(上人見喜)
윗사람을 만나는 일에 기쁜 일이 중중하고, 바라는 일이 이루어진다.

기가기(己加己) : 병자필사(病者必死), 백사불수(百事不遂)
병자는 필히 사망에 이르고, 백 가지 소원하는 일이 이루어지지 않는다.

기가경(己加庚) : 사송모해(詞訟謀害), 활귀전신(活鬼纏身)
송사 사건으로 말미암아 모해(모함하여 해침)가 있는 격.
활귀가 붙어 있어 질액이 몸에서 떠나지 않는 격.

기가신(己加辛) : 습니오옥(濕泥污玉), 실족일순(失足一瞬), 회한천추(懷恨千秋)
귀한 옥구슬을 진흙 속에 빠뜨린 격.

한순간의 실수로 천추의 한을 남기는 격.

기가임(己加壬) : 반음탁수(反吟濁水), 교동질녀(狡童佚女), 간정상
　　　　　　　살(姦情傷殺)
　　　　　　　교활한 소년과 게으르고 방탕한 여인이 간사한
　　　　　　　마음으로 불상사를 저지르는 격.

기가계(己加癸) : 호사필지(好事必止), 병인필사(病人必死)
　　　　　　　좋은 일은 정지되고, 질병을 앓는 사람은 필히
　　　　　　　사망하는 격.

⑦ 격국 : 경(庚)

경가갑(庚加甲) : 관인실위(官人失僞), 상복실위(商覆失位)
　　　　　　　관직인은 지위를 잃고, 물건을 사고파는 상매는
　　　　　　　역전되어 실패로 끝나는 격.

경가을(庚加乙) : 퇴길진흉(退吉進凶), 동구정안(動咎靜安)
　　　　　　　물러나면 이로우나 나아가면 흉한 격.
　　　　　　　움직이면 근심이 생기고, 가만히 있으면 편안한
　　　　　　　격.

경가병(庚加丙) : 제사십육격(第四十六格) 태백입형격(太白入熒格)
　　　　　　　점적필래(占賊必來), 위주파재(爲主破財)
　　　　　　　점적이 필히 오고, 주로 재물을 파하는 격.

경가정(庚加丁) : 정정지격(亭亭之格), 문길즉길(門吉卽吉), 문흉즉
　　　　　　　흉(門凶卽凶)

문이 길문이면 길하고, 문이 흉문이면 흉한 격.

경가무(庚加戊) : 유로무화(有爐無火), 완철무련(頑鐵無鍊), 난성대기(難成大器)
용광로에 불이 없으니 쇠를 녹일 수 없어 대기(큰 그릇)를 만들지 못하는 격.

경가기(庚加己) : 제사십격(第四十格) 형격(刑格)
관재구설이나 신체 손상, 구금 등의 흉액이 있는 격.

경가경(庚加庚) : 제사십팔격(第四十八格) 전격(戰格)
불화쟁론(不和爭論). 대립과 갈등이 있는 격.

경가신(庚加辛) : 차절마사(車絶馬死)
차는 끊기고 말은 죽어 없으니, 먼 길을 나가지 말 것.

경가임(庚加壬) : 제삼십구격(第三十九格) 모산소격(耗散小格)
태산이 허물어져 조그만 산봉우리로 변하는 격. 소모와 손상이 허다하게 일어나므로 난성자재(難成資財, 돈을 모으기 힘듦)한 격.

경가계(庚加癸) : 제삼십팔격(第三十八格) 반음대격(反吟大格)
대인(大人)은 크게 일어나나, 소인(小人)은 반복하여 실패하는 격.

⑧ 격국 : 신(辛)

신가갑(辛加甲) : 월하송영(月下松影), 회재불운(懷才不運)
달빛에 드리워진 소나무 그림자인 격.
유능한 재능을 가진 인재가 때를 못 만나 유두무미(有頭無尾)인 격.

신가을(辛加乙) : 제사십이격(第四十二格) 백호창광격(白虎猖狂格)
백호가 청룡의 머리 위에서 미쳐 날뛰는 격.
원행이나 출입, 거동의 일체가 흉한 격.

신가병(辛加丙) : 수유대리(雖有大利), 인즉치송(因卽治訟)
큰 이익이 있으나 요기가 발동하여 재물로 인한 송사가 일어나는 격.

신가정(辛加丁) : 경상배리(經商培利), 수인봉살(囚人逢殺)
장사에는 배의 이익이 남고 죄인은 죽으니, 일희일비인 격.

신가무(辛加戊) : 관사파재(官司破財), 망동화앙(妄動禍殃)
관사로 인해 재물을 잃고, 경거망동으로 인한 재앙을 초래하는 격.

신가기(辛加己) : 노복배주(奴僕背主), 소송난신(訴訟難伸)
사내종은 주인을 배신하고, 소송 사건은 어려움에 처하게 되는 격.

신가경(辛加庚) : 백호출력(白虎出力), 도인상접(刀刃相接)
주객상잔(主客相殘), 철퇴쇄옥(鐵退碎玉)

백호가 출력하는 격.
칼과 검이 서로 부딪히니, 주와 객이 모두 상해를 입는 격.

신가신(辛加辛) : 백호양립(白虎兩立), 자리죄명(自罹罪命)
백호가 서로 양립하는 격.
공의를 폐하고 사리를 탐하여 스스로 죄명을 뒤집어쓰는 격.

신가임(辛加壬) : 한당월영(寒塘月影), 표실내허(表實內虛)
싸늘한 연못가에서 달그림자를 쳐다보는 격.
겉은 실한 것 같아도 내용이 빈약하여 실속이 없는 격.

신가계(辛加癸) : 오입천망(誤入天網), 동지괴장(動止乖張)
자칫 잘못하여 천망의 그물에 걸리어 오도 가도 못하는 격.

⑨ 격국 : 임(壬)

임가갑(壬加甲) : 내외위험(內外危險), 속결위주(速決爲主)
긴박한 위기일발이므로 속결만이 상책인 격.

임가을(壬加乙) : 축수도화(逐水挑花), 남인경박(男人輕薄), 여인음탕(女人淫蕩)
도화가 물을 희롱함과 같으니, 남인은 경박하고 여인은 음탕하다.

임가병(壬加丙) : 일락사해(日落四海), 회광반조(會光返照)
모든 일의 종말을 뜻하지만, 다시 빛이 나타나는 시기가 오고 있는 격.

임가정(壬加丁) : 문서순리(文書順理), 귀인부지(貴人扶持)
문서는 순리대로 이루어지고, 귀인의 도움이 있는 격.

임가무(壬加戊) : 소사화룡(小蛇化龍), 남인발달(男人發達), 여좌금여(女座金輿)
남인은 발달하고 여인은 금방석에 앉아 금은보화를 만지는 격.

임가기(壬加己) : 반음니장(反吟泥漿), 대화장지(大禍將至), 소송이곡(訴訟理曲)
진흙을 뜨물에다 짓이긴 격.
장차 큰 화란이 올 것을 예시. 송사 사건은 사리 불통.

임가경(壬加庚) : 등사상전(螣蛇相戰), 종득길문(終得吉門), 역불능안(亦不能安)
등사가 서로 다투니 길문을 득해도 안정을 찾기가 어려운 격.

임가신(壬加辛) : 도세주옥(淘洗珠玉), 형옥공평(刑獄公平)
깨끗한 보옥을 다시 물에 씻는 격.
매사 공평하고 무사하게 처리됨을 의미하는 격.

임가임(壬加壬) : 제삼십육격(第三十六格) 지라점장격(地羅占蔣格)

들고 나는 모든 일이 얽히고설키며 새끼처럼 꼬이는 격.

임가계(壬加癸) : 유녀간음(幼女姦淫), 반복위화(反福爲禍)
어린 여자아이가 간음을 하고, 복이 화(재앙)로 변하는 격.

⑩ 격국 : 계(癸)

계가갑(癸加甲) : 곤시득조(困時得助), 험시유구(險時有救)
곤궁한 시기에 도움을 얻고, 험난한 시기에 구함을 만나는 격.

계가을(癸加乙) : 이화춘우(梨花春雨), 노연분비(勞燕分飛)
봄비에 배꽃이 떨어지니, 이별과 흩어짐을 말하는 격.

계가병(癸加丙) : 귀인록위(貴人祿位), 상인평안(常人平安)
귀인은 녹위(녹봉과 벼슬자리를 아울러 이르는 말)에 오르고, 상인은 평안함을 누리는 격.

계가정(癸加丁) : 제사십삼격(第四十三格) 등사요교격(螣蛇妖嬌格)
문서관사(文書官私), 화형막도(火熒莫逃)
문서로 인한 관사가 발생하고, 화재가 나면 도망갈 길도 없을 만큼 막히는 격.

계가무(癸加戊) : 천을회합(天乙會合), 재희혼인(財喜婚姻), 길인찬조(吉人贊助)

재물과 혼인에 길하며, 길인의 찬조를 받는 격.

계가기(癸加己) : 음신개조(音信皆阻), 남녀불안(男女不安)
　　　　　　　　음신(먼 곳에서 전하는 소식이나 편지)이 모두 막히고, 남녀는 모두 불안한 격.

계가경(癸加庚) : 완철불연(頑鐵不鍊), 불능성강(不能成鋼)
　　　　　　　　철을 제련할 수 없으니, 모든 일을 이루지 못함을 나타내는 격.

계가신(癸加辛) : 점병점송(占病占訟), 사죄막도(死罪莫逃)
　　　　　　　　병점과 송사점에서 이를 봉하면 병인은 죽고 죄인은 명을 보전하기 힘든 격.

계가임(癸加壬) : 충천분지(沖天奔地), 가취중혼(嫁娶重婚), 급진오사(急進誤事)
　　　　　　　　경천동지(驚天動地, 세상을 몹시 놀라게 하는 일 또는 사건)로 매사에 두서가 없고 가취하면 중혼이요, 일을 급하게 진행하면 일을 그르치게 되는 격.

계가계(癸加癸) : 복음천라(伏吟天羅), 행인실반(行人失伴), 병송개상(病訟皆傷)
　　　　　　　　행인은 실반하고 병송은 개상이니, 모든 일이 흉한 격.

태청궁 청구태학당(太淸宮 靑邱太學堂) 역대 전맥자

(자부선사 : 자부비문 창제. 삼청궁에서 공공, 헌원, 창힐, 대요에게 전수)

제1대(초대) : 을파소(乙巴素 : 자부비문(紫府秘文) 편저, 태청궁
　　　　　　　청구태학당 설립)
제2대　: 구재(久載)
제3대　: 마간(馬杆)
제4대　: 혁소(赫素)
제5대　: 을지(乙智)
제6대　: 구일(九逸)
제7대　: 마휴(馬烋 : 연개소문의 스승)
제8대　: 도신(都神)
제9대　: 창록(蒼綠)
제10대 : 지마(支麻)
제11대 : 원해(袁海)
제12대 : 창해(蒼海)
제13대 : 덕공(德珙 : 여성)
제14대 : 우려(牛慮)
제15대 : 혁수(爀殊)
제16대 : 원희(元喜)
제17대 : 보역(報易)
제18대 : 태창(太蒼)
제19대 : 역조(域照 : 여성)
제20대 : 순치(純致)
제21대 : 순려(珣麗)

제22대 : 가덕(伽悳)
제23대 : 덕조(德照 : 여성)
제24대 : 수혁(修爀)
제25대 : 수혜(遂慧)
제26대 : 열고(悅固)
제27대 : 원훈(袁熏)
제28대 : 호당(昊撞)
제29대 : 태충(兌充)
제30대 : 보윤(輔尹)
제31대 : 산웅(山雄)
제32대 : 응청진인(凝淸眞人 : 이기목 선생님의 스승)
제33대 : 기봉(奇峯 : 이기목 선생님의 스승)
제34대 : 수봉 이기목(粹峯 李奇穆 : 奇學의 제34대 전맥자 2006년 작고)
제35대 : 민강 손혜림(旼岡 孫憲琳)
  - 동국기문학회(東國奇門學會) 대표
  - 태청궁 청구태학당(太淸宮靑邱太學堂) 제35대 방주(坊主)
  - 수봉 이기목 선생님께 기문 수학
  - 2001~2014년 경희대학교 사회교육원에서 기문 강의
  - 2014년 10월 이기목 선생님의 모든 저작권(전 60여 권) 인수
  - 2014년 11월 태청궁 청구태학당 제35대 출범

태청궁 청구태학당에서 개발한 기문둔갑 프로그램의 종류

1. 기문종합 프로그램
- 기문명리 조식과 해설(손혜림 해설), 기문택일, 기문양택이 모두 포함되어 있다.
- 기문양택은 택좌의 방위와 명지(命支)를 입력하면 건물 전체의 길흉과 층별 길흉에 관한 내용이 자동으로 나타난다.
- 택일을 하기 위한 기문삼원력이 프로그램에 내재되어 있으며, 택일에 관한 요건을 입력하면 하면 길일(吉日)과 선시(選時)에 관한 내용이 자동으로 계산되어 나타난다.

2. 기문해설 프로그램
  기문명리 조식과 해설(손혜림 해설)이 담긴 프로그램이다. 홍국수의 성국이 자동표시 되어 나타난다.

3. 기문작명 프로그램
  기문작명에 관한 프로그램으로 수리사격 해설(손혜림 해설), 삼원오행, 한글음령 오행 등이 자동으로 계산되어 나오고 작명증도 자동으로 출력되어 나온다.

4. 기문조식 프로그램
  생년월일시를 입력하면 기문명리 포국이 자동으로 나타난다.

※ 기문 프로그램 예시 이미지

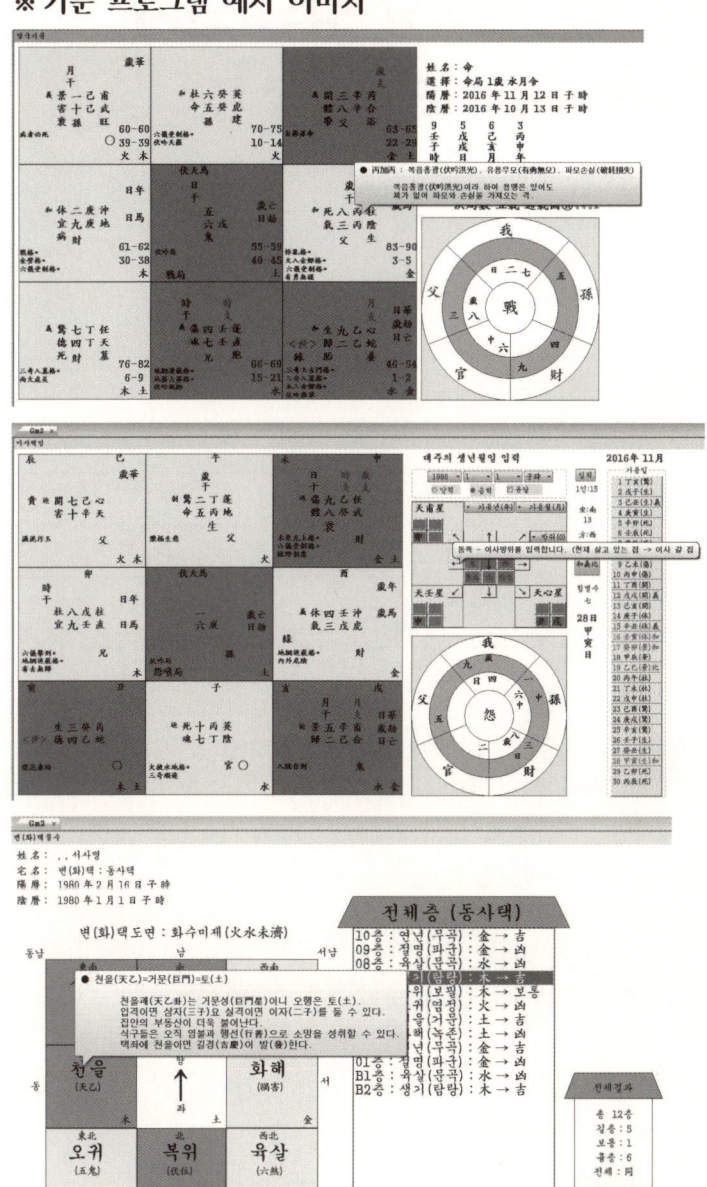

기문둔갑 프로그램의 종류

태청궁 청구태학당 강의 안내
(02-3476-3433)

1. 강의 시간
오전반 10:30부터 100분, 주 1회.
오후반 19:30부터 100분, 주 1회.
반 인원들의 논의에 따라 시간조정 가능.

2. 강의 과정

과정	내용
기초과정	기문포국과 원리론
중급과정	홍국수 통기론과 인사명리 해단법
고급과정	단시론과 병방론
특강과정	기문작명, 기문택일, 기문양택, 관상

기문명리학 초급과정(조식법과 원리론)
1. 음양오행의 원리 및 사주의 성립
2. 육의 삼기와 연국의 조식방법
3. 구성과 팔장의 조식방법
4. 홍국수의 조식방법
5. 팔문과 팔괘의 조식방법
6. 십이운성과 십이신살의 조식방법
7. 공망과 일록의 조식방법
8. 사간과 사지, 육친부법
9. 홍국과 오국의 바탕원리
10. 삼살과 삼형의 원리
11. 성국과 화살의 원리

12. 동처와 정처, 순위와 진가의 원리
13. 구성과 팔장의 원리
14. 팔문과 팔괘의 원리
15. 신살과 육친, 격국의 원리

기문명리학 초급과정(홍국수의 통기방법)
1. 원상통기
2. 결과적 통기
3. 변칙통기
4. 역류의 통기
5. 역할위임의 통기
6. 기국통기
7. 삼지연생성국의 통기
8. 사지연생성국의 통기
9. 순음성국의 통기
10. 순양성국의 통기
11. 성국으로 통기가 변형된 경우
12. 성국으로 인하여 삼살이 면형된 경우
13. 성국으로 인하여 삼형이 면형된 경우
14. 삼살과 성국이 공존하는 경우
15. 삼형과 성국이 공존하는 경우

기문명리학의 중급과정(인사명리 해단방법)
1. 여러 가지 사주유형의 해단방법
2. 부부금실이 안 좋은 유형
3. 남자복의 유무
4. 여자복의 유무
5. 부자의 사주유형
6. 자수성가형의 사주유형

7. 공직자의 사주유형
8. 학자의 사주유형
9. 한의사의 사주유형
10. 양의사의 사주유형
11. 법조계의 사주유형
12. 연예계의 사주유형
13. 운동선수의 사주유형
14. 정신질환자의 사주유형
15. 연운,월운,일운의 해단방법

기문명리학의 기문작명 과정
1. 작명을 할 때의 마음자세
2. 작명할 때의 문제점과 주의 사항
3. 수리사격의 구성법
4. 작명후의 수리사격과 새로 구성되는 홍국수
5. 각 수리의 특징
6. 좋은 이름이 좋은 운을 만드는 이유
7. 자원의 의의와 행렬문제
8. 한문획수 산정법
9. 한글의 음령오행
10. 삼원오행의 대의
11. 각 단위의 수리 해설
12. 성공운과 기초운과의 실제관계
13. 작명과 인체병증과의 연쇄관계
14. 작명후의 사주변화 예증
15. 인명용 한자

기문명리학의 기문택일 과정
1. 혼인 택일

2. 이사택일
3. 개업택일
4. 성조택일
5. 출행택일
6. 홍국법
7. 강국법
8. 연국법
9. 월장가시법
10. 천삼문방
11. 지사호방
12. 지사문방
13. 제갈무후의 태을구성낙국법
14. 십이황도법
15. 기문장례택일법

기문명리학의 기문단시 해단과정
1. 단시란?
2. 단시를 볼 때의 마음가짐과 주의 사항
3. 단시의 삼대 요체
4. 궁합단시
5. 병점단시(수술유무와 쾌차유무등)
6. 기출인의 단시
7. 민사소송의 단시
8. 형사소송의 단시
9. 부동산 매매시의 단시
10. 승진이나 시험 볼 때의 단시
11. 인사를 영입할 때의 단시
12. 출행단시
13. 운동경기의 단시

14. 개업단시
15. 주객이해론

기문명리학의 기문병방론 해단과정
1. 홍국수오행과 경락의 오행관계
2. 각 장부의 오행과 장부별 병증
3. 간, 담 부위의 병증
4. 심장, 소장부위의 벼증
5. 비장, 위장부위의 병증
6. 폐장, 대장부위의 병증
7. 신장, 방광부위의 병증
8. 시력장애자의 병증
9. 정신질환자의 병증
10. 지체장애자의 병증
11. 암환자의 병증
12. 피부병의 병증
13. 뇌출혈의 병증
14. 혈압의 병증
15. 성정체성의 병증

풍수지리학의 기문양택법 과정
1. 동서사택과 동서사명
2. 양택의 대유년법과 인명의 유년법
3. 정택의 유년법
4. 동택의 유년법
5. 변택의 유년법
6. 화택의 유년법
7. 문방배합론
8. 상택정법

9. 정정자 양택총요
10. 양택회도 해설
11. 이십사산 방수정국
12. 성조 간택법
13. 음양 산수법
14. 택지 길흉론
15. 올바른 나경 사용법

풍수지리의 기문음택법 기초과정(중급과 고급은 별도)
1. 풍수지리 용어 해설
2. 풍수란 무엇인가?
3. 풍수지리의 양택과 음택
4. 용, 혈의 유래와 근원
5. 명당의 의미와 총론
6. 사세와 사요
7. 형기법과 이기법
8. 입수와 현무정
9. 청룡과 백호
10. 안산과 조산
11. 사세와 사요
12. 이기법 해설
13. 삼반총설
14. 나경해설
15. 제혈의 방법

태학당 출판물 안내

* 기문둔갑 관련 서적 소개 *

이기목 선생님의 저서들과 새로운 기문둔갑 전문지식을 한글(한문)음 표기와 가로쓰기로 읽기 쉽게 개정하였습니다.

기문둔갑 기초편 - 원리론과 조식편
: 기문둔갑을 포국하는 조식법을 도표와 함께 설명, 그에 대한 원리론 요점 정리

　　　　　　　　　　　* 2017년 1월 출간 예정

기문둔갑의 모든 것 1권 - 종합해단과 삼형살
: 사주명운, 연운, 월운, 일운 등의 임상 사례와 삼형살의 임상 사례 수록

　　　　　　　　　　　* 2017년 3월 출간 예정

기문둔갑의 모든 것 2권 - 단시론
: 개인의 사주와 무관하게 객관적이고 단편적인 사안에 대해서만 운세를 파악해보는 방법인 단시에 대한 설명. 매매, 병점, 소송사건 등의 임상 사례 수록

　　　　　　　　　　　* 2017년 3월 출간 예정

기문둔갑의 모든 것 3권 - 병방론
: 타고난 사주에서 발생하는 원초적인 질병에 대한 해단 방법과 임상 사례들을 수록

　　　　　　　　　　　* 2017년 3월 출간 예정

기문둔갑의 모든 것 4권 - 동서명해
: 우리나라 및 세계의 지도자들과 유명인들에 대한 이기목 선생님의 사주해단 수록

* 2017년 3월 출간 예정

※ 故이기목 선생님 저서의 핵심, 동기정해 (개정판)

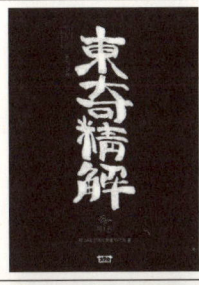

동기정해(東奇精解) 1권 (개정판)
: 기문둔갑의 모든 기초. 조식법과 원리론, 예제 등과 단시해단법 수록

* 2017년 5월 출간 예정

동기정해(東奇精解) 2권 - 천문지리 (개정판)
: 국운과 별자리, 기문택일법, 기문양택법 등을 수록

* 2017년 5월 출간 예정

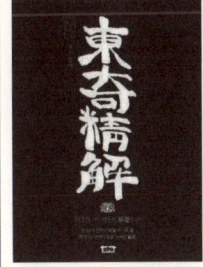

동기정해(東奇精解) 3권 - 해단(解團)편 (개정판)
: 인사명리 해단, 여러 가지 직업에 대한 특징과 사건사고에 대한 사례들 수록

* 2017년 5월 출간 예정

※ 이 외 작명편, 택일편, 풍수지리편, 관상편, 우도편 등 다수의 기문둔갑 관련 서적들이 곧 출간될 예정입니다.

* 소설 소개 *

신선 이야기 시리즈

　현 시대에 아직도 신선들이 살고 있다면, 과연 그들은 어떻게 살고 있을까?
　비행기가 날아다니고, 고층건물이 즐비하고, 과학과 물질문명이 절정을 이루고 있는 이 땅에 신선들이 살고 있다.
　'신선 이야기'는 무한한 비밀을 간직한 환상의 세계에서 지극히 인간적인 문제에 부딪히는 신선들의 모습을 다룬다.

신선 이야기 1 - 무한의 비밀
: 불로불사의 계약을 맺은 톱스타 현건우. 그의 앞에 나타난, 자칭 신선이라는 여자, 윤기로. 그들의 불가사의한 모험이 시작된다!
쪽수 192쪽 ｜ 가격 6000원

신선 이야기 2 - 밤의 지배자
: 작은 섬마을 전체에 되풀이되는 정체불명의 악몽. 악몽을 없애려는 기로 앞에 나타난 정체불명의 사나이. 그와 마을 사이엔 비극적인 비밀이 숨어 있었다.
쪽수 204쪽 ｜ 가격 6000원

신선 이야기 3 - 매혹신사
: 아름답지만 역겨운 '능력'을 가진 매혹신사, 김수빈. 유능하고 위험한 인물, 장백우. 장백우의 농간으로 김수빈과 기로는 위험한 음모에 휘말리는데…….
쪽수 252쪽 ｜ 가격 6000원

기문둔갑 사주풀이 - 1권 소개

제1권에서는 사회적으로 큰 성공을 거머쥔 사람들의 사주를 주로 다룬다. 주 대상은 사업가, 연예인, 패션 디자이너, 대통령 등이다. 특히나 지금 시대에서는 사업으로 재벌이 된 사람이나 세계적인 스타 등을 최고 높은 계층으로 보는 경향이 있으므로, 이 분야 사람들의 비중이 높다.

워런 버핏, 빌 게이츠, 스티브 잡스 등의 부자들과 할리우드 고전 배우, 현대 배우, 역대 대통령, 유명 과학자와 성공한 작가들의 사주를 수록하였다.

1권 차례

1부. 세계의 부자들
- 워런 버핏
- 빌 게이츠
- 스티브 잡스
- 마이클 블룸버그
- 테드 터너
- 루퍼트 머독
- 미켈레 페레로
- 베르나르 아르노
- 프랑수아 피노
- 레오나르도 델 베키오
- 리처드 브랜슨
- 로널드 페렐만
- 로베르 루이드레퓌스
- 실비오 베를루스코니

2부. 세계의 유명 디자이너들
- 가브리엘 "코코" 샤넬
- 조르지오 아르마니
- 베르사체 삼남매
- 위베르 드 지방시
- 크리스토발 발렌시아가

3부. 할리우드 은막의 전설
- 마릴린 먼로
- 엘리자베스 테일러
- 비비안 리
- 그레이스 켈리
- 캐서린 헵번
- 오드리 헵번

4부. 현대 할리우드 스타
- 마이클 잭슨
- 안젤리나 졸리, 브래드 피트, 제니퍼 애니스톤
- 조니 뎁
- 우디 앨런
- 기네스 팰트로
- 마릴린 맨슨
- 저스틴 비버

5부. 미국의 역대 대통령
- 존 F. 케네디
- 빌 클린턴
- 조지 W. 부시
- 버락 오바마

6부. 큰 업적을 남긴 사람들
- 마리 퀴리, 이렌 졸리오
- 알버트 아인슈타인
- 스티븐 킹
- 움베르토 에코
- 닐 암스트롱
- 버즈 올드린

7부. 역사 속 인물들
- 영조와 논개
- 양귀비
- 덕혜옹주

부록
- 기문둔갑 Q&A
- 기문둔갑 기초지식
- 태청궁 청구태학당 역대 전맥자
- 기문둔갑 프로그램의 종류
- 기문둔갑 강의 안내

기문둔갑 사주풀이 2 - 세기의 살인마들

초판 1쇄 발행 2016년 12월 2일

지은이 민강 손혜림, 예곡

펴낸이 방주연
펴낸곳 태학당
그림·편집·표지디자인 리림
캘리그래피 강형신 Kanalog (www.kanalog.co.kr)
교정 여성희

주소 광명시 너부대로57 203호
전화 02-2282-3433
출판등록 2016년 5월 30일 제 2016-000010호
이메일 taehagdang@naver.com

ISBN 979-11-958272-4-4
ISBN 979-11-958272-1-3(세트)
가격 16000원

· 잘못 만들어진 책은 구입처에서 바꾸어 드립니다.
· 이 책의 저작권은 저자(손혜림 및 예곡)에게 있으므로 무단 복제 및 무단 전재를 금지합니다.

「이 도서의 국립중앙도서관 출판예정도서목록(CIP)은 서지정보유통지원시스템 홈페이지(http://seoji.nl.go.kr)와 국가자료공동목록시스템(http://www.nl.go.kr/kolisnet)에서 이용하실 수 있습니다.(CIP제어번호: CIP2016027905)」